松原 明
Akira Matsubara

大社 充
Mitsuru Okoso

協力の
テクノロジー

関係者の相利をはかる
マネジメント

JN098286

学芸出版社

はじめに

「もし、私が世界をより良く変えたいと思ったら、どうすれば良いのだろうか？」。

この本は、あなたの、このたった一つの問いに答えるために書かれています。それも、特別な権力も持たず、財産も取り立ててあるわけでもなく、人脈も十分にない、そして、世界^{注1}をどうやって変えたら良いか分からず困っている「あなた」の問いに答えるためにです。

あなたが変えたい世界は、そんなに大きな世界ではないかもしれません。地域の可哀想な野良猫（飼い主のいない猫）を助けたい。職場の仲間ともっとより良いチームワークを築きたい。禁止事項だらけの公園をもっと使いやすくしたい。都市の中でも野菜の収穫を仲間と一緒に楽しみたい。これらの希望は、すべてあなたの大切な「世界を変えたい」です。

いやもしかしたら、あなたは、もう少し大きな世界を変えたいのかもしれません。衰退した商店街を活性化したい。地域にもっと観光客を呼び込みたい。大好きな歴史的文化財を保存していきたい。町の人口減少をくいとめたい。自治体の環境政策を生態系に配慮したものにしたい。これらもあなたの「世界を変えたい」に他なりません。

さらに望みは、もっと大きいかもしれません。新しい産業を育てたい。国の子育て政策を変えたい。発展途上国の貧困問題を解決したい。国際的な軍縮を一歩でも進めたい。気候変動の危機を回避したい。これらの希望も、すべてあなたの大切な「世界を変えたい」です。きっとあなたには、いろいろな「世界を変えたい」があるに違いありません。

では、「世界を変えたい」と思ったあなたは、どうしたら良いのでしょうか。本屋に行けば、「世界を変える」をテーマにした本がずらりと並んでいます。地域活性化や貧困問題などの様々な社会問題に取り組んだ事例や、成功のコツを紹介する本もたくさんあります。ソーシャル・ビジネスや社会課題解決のための事業立ち上げのノウハウは人気のようです。インターネットで検索すると、「世界を変える」をテーマにした講座も全国各地で開催されていることが分かります。多くの場合、成功者が登壇し、「私はこうやって

世界を変えた」と、ノウハウを提供してくれます。それぞれが意義ある方法を伝えていることに間違いありません。

　もし、あなたが、どれか自分にぴたりと合うやり方を見つけ出せたなら、その方法を試してみるのも良いでしょう。しかし、これらの本を読んでも、講座を聞いても、十分に納得できない方もいるでしょう。本当にそのやり方は、自分でも使えるものなのだろうか？再現性はあるのだろうか？その成功者に才能があったからできたのではないか？その時の運や状況が幸いしたからできたのではないか？

　また、あまりにも、いろいろな世界を変える方法が提示されていて戸惑っているかもしれません。たくさんの方法があるけれども、どこから学べば良いのだろうか？もっと体系的に学ぶにはどうしたら良いのだろうか？様々な疑問が湧いてきて、動けなくなっているかもしれません。

　もし、そうであるなら、ぜひこの本を読んでいただければと思います。きっとあなたは、これらの疑問への答えを手に入れることができるでしょう。

　「誰もが世界を変えられる技術がある。そして、誰もがそれを習得することができる」。

　これが、大社と松原が持つ共通の信念であり、この本で、あなたにお伝えしたいことなのです。

2022.1.20　大社 充・松原 明

Part 1

協力を組み立てる
基礎を知る

私たちは、日常的に、協力という行為を行っています。地域での協力、職場での協力、学校での協力。私たちの世界は、協力に満ちあふれていると言って良いでしょう。しかし、これだけ日常的に行われているにもかかわらず、多くの人はどうしたら適切に協力を組み立てられるかについて、十分理解していません。協力とはいったい何なのか、どうしたら人々の間で上手く組み立てられるのか、実際には分かっていないことがたくさんあるのです。Part 1 では、協力とは何か、それはなぜ必要か、どう組み立てれば良いのか、について解説します。

（第 1 章） なぜ今、協力について 考えることが大切なのか

1. 今「協力」が注目されている

　「協力」は、今日ホットなテーマです。

　私たちが活動する様々な世界で、誰かが常に協力することの必要性を説いています。地域づくり、福祉、観光、市民活動、ビジネス、企業マネジメント、自治体、国際的課題解決など、あらゆる分野で協力の必要性は高くなる一方です。

　各分野で、どのように協力が必要とされているか、見てみましょう。

　地域づくりや地域福祉の分野では、市民参加によるまちづくりや地域共生社会の構築が大きなテーマとなっています。かつては、地域づくりや地域福祉と言えば、行政が主導して、様々なサービスや事業を企画し展開するのが当たり前でした。しかし、それでは現在の多様化する住民ニーズに応えきれません。また、財政も厳しく、行政だけでは、地域の公共サービスを担いきれなくなってきています。これからの地域の豊かさや福祉の充実は、もはや行政だけでは実現できないのです。そのため、地域づくりや地域福祉においては、多様な住民が主体的に参加・協力して、地域課題の解決に当たることが求められるようになってきています。これからの地域をより良く変えていくためには、住民を中心とした協力が不可欠なのです。

　大社が長年、その振興に尽力してきた DMO (Destination Management/Marketing Organization) においても協力は大きなテーマです。DMO とは、「観光地域づくり法人」と呼ばれる観光地域づくりの主体として期待される機関です。2015 年から地方創生施策として各地に設立されてきました。この DMO が担うマネジメント[注2]では、地域住民や農林漁業者、文化財保存団体など地域の多様な人や組織と共に観光地域づくりを推進していくことが期待されています。いかにして、地域の多様な人々と協力していけるか、が DMO のなすべき第一の仕事といっても過言ではありません。観光によって地域をより良く変えていくためにも、DMO は地域の協力体制を作っていかなければ

ならないのです。

松原が、その制度作りに取り組んできた NPO (Non-Profit Organizations：民間非営利の市民活動団体)注3 の分野でも、常に、多くの人の参加や協力が必要です。ボランティア・寄付者・参加者などいろいろな協力者が求められています。さらに、NPO は、行政や企業、助成財団などと協力していくことで、世界をさらにより良くしていくことができます。

ビジネスでのチームビルディングでも協力は求められています。同じ職場の人間だけと仕事をしていた昔と違い、今日では、目標ごとにプロジェクトチームが組まれ、異なる人たちとそのつど高い生産性をあげるチームを作らなければなりません。社内だけでなく、社外の様々な人や組織、そして、国境を超えてチームは結成されていきます。必要とされるのは、協力に基づく多様性のマネジメントです。

企業マネジメントでも、近年、協力の重要性が増しています。2020 年スイスで開かれた世界経済フォーラム年次総会 (ダボス会議) では、「関係者 (ステークホルダー) 資本主義」が今後の企業の進むべき道として提案されました。関係者資本主義とは、株主の利益だけでなく、多様な関係者 (ステークホルダー) の利益注4 を重視し、政府や市民社会との協力を通じ、持続可能で結束した世界を築くことを目的とする新しい資本主義の形だとされています。ここでも、協力が大きなテーマなのです。

自治体マネジメントでも、協力 (協働) は大きなテーマです。地域の産業や福祉、文化、行事などを発展させていこうとしても、自治体の能力や資金には限界があります。そこで、地域の人々とどう協力できるかが重要となります。地域の多様な人々との協働が、今日の自治体マネジメントの一大テーマとなっているのです。

国際社会においても、現代の大きなテーマは、SDGs (Sustainable Development Goals：持続可能な開発目標) の実現です。SDGs は、2015 年の国連サミットで採択された世界のすべての国が取り組むべき国際目標のことです。「誰 1 人取り残さない」持続可能で多様性と包摂性のある社会を実現することを目的とし、世界のすべての国と多様な主体が、パートナーシップを組んで、つまり協力して、目標の実現に当たるべきとされています。ここでも、協力が大きなテーマなのです。

今、協力はあらゆる分野で強く求められているのです。

2. しかし「協力の不全」が広がっている

　私たちは、日々様々な場面で協力を行っています。学校でも、職場でも、地域でも、趣味の仲間同士でも、協力なしには私たちの生活は成り立ちません。協力は、私たちが非常によく知っている活動のはずです。

　それなのに、なぜ今、改めて協力の必要性が訴えられているのでしょうか。

　それは、今日、「協力の不全」と呼べる状況が拡がっているからです。つまり、協力が必要なのに、上手く協力できていないのです。

　もう一度各分野の現状を見てみましょう。

　福祉分野での大きなテーマは、地域共生社会の構築です。多様な住民の主体的参画が求められ、当事者化や我が事化が議論されています。それにも拘わらず、主体的な参加者がなかなか増えない状況があります。

　町内会や自治会といった地縁組織においても、その多くで、高齢化が進み若い人がなかなか入ってこないという悩みを抱えています。一方、調査をすると地域のためにボランティアをしたい人の割合は、ボランティア活動を希望する者のトップを占めています。参加したい人はいるのに活動を担うところまできてくれないのです。ここにも協力の不全があります。

　多くのNPO運営者は現在、「会員や寄付者が増えない」「若い人が参加しない」「活動を継ぐ人がいない」などの悩みに直面しています。世論調査では、社会貢献活動をしたいと考えている人は6割を超えています。一方、NPOやボランティア活動に参加している人は3割を切っています。協力したい人はいるのに、協力ができていないわけです。まさに協力の不全が起こっているのです。

　ビジネスでのチームビルディングにも課題があります。年齢、国籍、性別、宗教などが異なる多様な人とチームを組むことが増えてきています。しかし、このような新しい状況にまだ多くのビジネスパーソンは戸惑っているようです。欧米からは、日本人はチームで仕事をするのが上手ではないと見られるようになっています。

　企業マネジメントでも、多くの企業経営者は、関係者資本主義の理念の重要性を理解しつつも、具体的に、どうやって市民社会や多様な関係者と協力

していくのかについて、まだ明確な方法論を持っていません。

　自治体マネジメントでも、同じことが起こっています。地域の産業や福祉、文化、教育などを発展させていこうとして、協力や参加を求めても、いつも限られた人たちばかりが参加して、協力者の輪が拡がらないことに、多くの自治体担当者は頭を悩ませています。

　こうして並べてみると、協力の不全が、実に多分野にわたっている現状には驚かされます（表1・1）。しかも、起こっている事態には、分野を問わず共通の問題があるのです。この問題を一言で言えば、多様で利害関心が異なる人々との協力が必要となってきているのに、それに対応できていないことだ、と言えるでしょう。

【表1・1　協力の不全が問題となっている主な分野と状況】

分野	協力の不全
地域づくり／地域福祉	参加する人がいつも同じで、限られたメンバー。参加者が拡がらない。
町内会等の地縁組織	加入者が減ってきている。担い手不足。若い人が参加してこず、後継者がいない。
DMO	観光関連事業者以外の関係者の主体的参加が上手く作れない。協力の輪が広がらない。
NPO（市民活動）	ボランティア、寄付者が増えない。後継者が見つからない。行政・企業・地縁組織との協力の仕方が分からない。
チームビルディング	同質性のある人々との間では、協力体制が組めるが、異質な人々とのプロジェクトチームを運営していくことが難しい。
企業マネジメント	関係者マネジメントが重視される時代となったが、複雑な利害関係者と関係構築していく手法が未確立。
自治体マネジメント	協働事業では、いつも同じような人が参加しており、参加が拡がらない。住民の関心が薄い。合意形成においても、反対者との合意が作れないことが多い。
国家マネジメント	行政、企業、NPO、地域、家族等の各セクターが、どのように役割分担して良いのか、自助共助公助論を含めて役割分担論が明確になっていない。
SDGs	SDGsに関する関心が低い。参加が増えない。マルチステークホルダーパートナーシップが十分進まない。

3. 時代のトレンドが協力の不全を引き起こしている

　なぜこういう状況が起こっているのでしょうか。

　ここで理解しておきたいのは、この背景には20世紀後半からの大きな時代のトレンドがあることです。そのトレンドが、分野を問わず、協力の不全を引き起こしているのです。

　もともと日本は、第2次大戦以前は極めて同質性が高い社会でした。「村社会」とも呼ばれ、家族、地域、同業者組合など、狭い範囲の同じ利害関心でつながった人々が、社会の基盤を作っていました。そこでは、共通の価値観、共通の利害関心があり、協力を組み立てるのにも、共通の目標が簡単に設定できたのです。

　戦後の高度経済成長期には、都市化に伴う急速な人口移動や市場経済の発達、地域共同体の衰退などの大きな変化がありましたが、一方で、所得倍増やナショナル・ミニマム（国民の最低限度の豊かさ）の達成など、多くの国民にとって共通する目標がありました。

　会社の成長が業界の発展をもたらし、業界の発展が日本経済の成長を生み出す。その成長が、人々への分配を拡大し、国の豊かさを底上げしていくという善循環が、人々が共通して持っていた社会のビジョンです。そして、地域共同体に代わって、会社が一つの運命共同体の場を提供することで、職場を中心とした人々のつながりも生まれました。

　「一億総中流」と呼ばれ、急拡大した中間層が消費の豊かさを求めていた時代でもあります。経済の成長が消費の豊かさとなり、消費の豊かさが生活の豊かさと直結していたのです。1950年代には、冷蔵庫、洗濯機、白黒テレビが「三種の神器」と呼ばれ、1960年代には、エアコン、カラーテレビ、自動車（カー）が「3C」と呼ばれ、人々の共通した憧れとされていました。同じ目標、同じ価値観が、経済的豊かさを中心に、日本全体をまとめていた時代だったのです。民主主義も、科学技術も、この「経済的豊かさ」をもたらしてくれる存在として、人々の意見の違いを調整する権威を発揮することができました。

　しかし、1980年代からこのような同質性は、徐々に崩れていきます。ナショナル・ミニマムも一定程度達成され、人々が共通して同じものを求める消費スタイルも薄れてきます。「分衆の時代」と呼ばれ、人々が求めるもの

が多様化していきます。大量生産大量消費の時代から、多品種少量生産の時代へ転換が始まったのでした。

　さらに、1991年にバブル経済が崩壊し、1997年には日本で金融危機が起こります。この二つの危機は、日本の経済社会を大きく変えていきました。企業はリストラに取り組み、非正規雇用も増えていきます。この結果、会社は急速に運命共同体としての役割を失っていきます。会社から同質性が失われていったのです。

　一方で、一つの会社に囚われず多様な働き方を試してみたいという人も増えていきました。市場経済の発達や社会保障の整備は、家族や会社にずっと所属しなくても生きていける状態を生み出します。家族もどんどん少人数になり、単身世帯も増えていきます。このようなトレンドは、脱組織化と呼ばれ、20世紀後半の大きなトレンドとなっています。

　さらに、21世紀に入ると、新自由主義と呼ばれる新しいトレンドが日本で大きな力をふるい出します。これは、個人も、家族も、地域も、自治体も、政府も、一種の企業とみなし、また世界を競争市場とみなして効率的に成長することを求めていく思想だと言えるでしょう。勝ち組と負け組に社会を2分し、すべてを個の責任に帰していきます。勝ち組地域／負け組地域、勝ち組企業／負け組企業、勝ち組自治体／負け組自治体などの言葉が流行していくのは、2000年代半ばからでしょうか。

　こうなると、家族、地域、組合、会社、自治体、国家は、人々の共同性を生み出す基盤ではなくなってしまいます。むしろ、市場という大きな競技場で、効率性を競い合うライバル同士となっていくのです。これでは、社会の分断は拡がる一方です。

　協力の不全は、このような時代背景に根差しています。私たちは、かつて同質性があり、共通する価値観を多数が持っていました。このような状況では、その同質性に基づいて、協力は組み立てやすかったわけです。

　しかし、人々の価値観が多様化し、個別化が進む今日において、かつて私たちが頼りにしていた同質性の基盤はもはや望めません。私たちが、かつて持っていた協力を生み出す技術は、多くがこの基盤の上に築かれていましたが、それが通用しなくなっているのです。にもかかわらず新しい時代に相応しい協力の技術を、私たちが持っていないこと。それが、今日拡がる協力の

不全の根本原因なのです。

　かつて、19 世紀のフランスの思想家トクヴィルは、次のように述べました。

「民主主義国家においては、すべての市民が独立した弱い存在である。1
人ではほとんど何もできないし、誰も仲間に対して、協力を強要することは
できない。だから、自主的にお互いが力を貸し合う術を学ばなければ、全員
が無力に陥ってしまうのだ」[注5]。

　トクヴィルの見解に従えば、民主主義国家において、人々は自由で平等で
す。私たちは、他者に協力を強制することはできません。それゆえ、お互い
に協力する技術を学ばなければ、どうしようもなく無力となってしまうので
す。

　そして、どうやら現状は、トクヴィルが心配したようになっていっている
ようです。つまり、協力の技術を持っていないために、人々は、孤立化し、
無力化していっているのです。

4. 協力の不全に対抗する四つのアプローチ

　このように拡がる協力の不全に対して、人々はどのような方策で協力を作
り直そうとしているのでしょうか。現在、主に採られている四つのアプロー
チがあります。その概要と問題点を見てみましょう。

■ 共感のアプローチ

　第一が、「共感」のアプローチです。他者に協力してもらうためには、自
分のやっていることに「共感」してもらうことが必要だ、とよく言われます。

　自分たちがやっていることの大切さ、重要性をアピールし、他者の「いい
ね」「そうだね」を得ていくことが、が協力の秘訣だとするものです。寄付
金を集める時も、ボランティアを募集する時も、いかに他者の感情に訴え同
意を取り付けられるか、を追求している団体は少なくありません。企業経営
においても、共感をマネジメントに取り入れる企業が増えてきています。共
感のある職場は、職員のモチベーションやチームワーク、イノベーションの
力を高めることができるとされています。

　しかし、他者が感情を共有したからといって協力してくれる保証はありま
せん。また、感情の共有を目指すため、共有できそうな、より強い感情体験
を追求してしまい、他者を感情でコントロールすることを目指す傾向も生ま

れてしまいます。人々の感情に受けやすく、人気が取れる施策ばかりが社会にはびこる危険性も増します。共感が得やすい分野や活動に偏り、共感が得にくい分野や活動が軽視されてしまう傾向も生まれます。何より、他者の利害関心が違う場合は、感情だけでは動かない人も多いのです。多様性が重視されるこれからの時代にあっては、共感は有効性があるとはいえ、問題と限界があるアプローチだと言えるでしょう。

❷ 当事者化のアプローチ

　第二が「当事者化（我が事化）」のアプローチです。これは、他者の問題が、自分の利害にも関わることを理解させるアプローチと言えます。この当事者化で一番よく使われるのが、「啓蒙のアプローチ」と言うべきものです。たとえば、地球環境の保護は、すべての人の利益なので、あなたがその重要性に気づけば当然協力してくれるはずだ、と考えるアプローチです。

　しかし、利害関心の在り方は人によって違います。短期的な利益に関心がある人もいれば、長期的な利益に関心がある人もいます。短期的に環境保全のために活動することで、損をする企業も出てきます。他者に自分と同じ利害関心を強要することはできません。当事者化（啓蒙のアプローチ）は、人々の利害関心の違いを十分に考慮しつくせないために、上手く機能しないことが多いのです。

❸ 交換のアプローチ

　第三が、「交換」のアプローチです。協力を、お金だけではない、精神的・人間関係的価値の社会的交換とみなすものです。つまり、相手が協力してくれたら、感謝や評判、精神的満足などを提供することによって、協力を成り立たせようとする考え方です。分かりやすいのですが、協力を作っていこうとする時にはかなり不向きなアプローチだと言えます。

　例をあげて説明しましょう。ある湿地の保全活動をしている NPO の代表は、周りの人になかなか協力をお願いできないという悩みを抱えていました。「私の団体には、お金も資源もほとんどない。感謝を返すだけでは十分ではないし、社会的名誉も提供できない。協力してくれた人にお返しにあげるものがない。心苦しくてお願いできない」とその人は言います。この人だけでなく、ボランティアになってもらうにも、協力を頼むにも、寄付をしてもらうにも、その見返りに何を返せば良いのか、と悩む人は少なくありません。

協力を交換と捉えてしまうと、たとえ精神的なものであろうと、何か報償や返礼を提供できないと協力が頼めないことになってしまいます。感謝だけで返礼とするには限度があります。評判も簡単に提供できるものではありません。この考えでは多くの人に協力を依頼できなくなってしまうのです。そのうえ、より多くリターンを生み出そうとして、たとえば障がい者や子どもたちに、支援者の過剰な感謝を求めてしまうという問題もしばしば指摘されています。

▟ 対話のアプローチ

第四が「対話」のアプローチです。これは、協力は「関係者の対話による合意形成」によって作ることができるとするものです。対話や会合によって、関係者同士の納得を目指していきます。

しかし、対話だけで異なる利害関心をそれぞれ満たしていくことはできません。「対話による合意形成」を目的としてしまっては、結局、反対意見を無理やり黙らせることにつながりかねません。さらに、関係者全員での合意形成を最初からゴールとすると、そのゴールに反対の人や不利益を感じる人は、もとより対話や会合に参加しません。そうすると、会合は賛成者だけの意味のない場となってしまいます。

そもそも、協力は、いちいち関係者が集まって全員で合意を形成しなくても作ることは可能です。協力を増やすためには、対話だけに頼らない、そして、利害関係者が一堂に集まらなくても良い合意形成の方法が必要なのです。

※

交換では、持たざる者は相手と上手く力を合わせることはできません。共感、当事者化（啓蒙のアプローチ）、対話（合意形成の目的化）はそれだけで協力を進めようとすると、異なる利害関心を排除して、特定の価値を絶対化することにつながりかねません。これらの方法では、価値観が多様化する今の時代に向いていないのです。

5.「違う」を大切に協力できる世界を作る

価値観が多様化し、人々がお互い違う利害関心を持ってそれぞれの人生を生きている今日、私たちは、いかにしてより良い協力を生み出すことができるのでしょうか。

ポイントは、考え方を変えてみることにあります。「共感」や「当事者化（啓蒙のアプローチ）」「合意形成」を使おうとする時、多くの人は、「私とあなたは同じ考えを持てるはずだ」という前提で、それを使います。つまり、「同じ」を見つけ出し、つながっていくアプローチです。

　確かに、人々の間には「同じ」ところもあります。とりわけ、利害関心が非常に共通しているグループ、たとえば差別を受けているマイノリティや非常に厳しい境遇に置かれた特定の集団などは、「同じであること」を実感しやすいので、その「同じ」をベースに結集することができます。この結集はとても強固であることは間違いありません。

　しかし、対立や無関心は、「同じ」ではないから起こります。私とあなたは「違う」という事実を無視すると、「同じ」でなければ相手が間違っている、と考えてしまうことになりがちです。現代の多様化していく、あるいは個人がますます孤立し、分断が拡がっていく世界、それでも個人の自由が大事な世界において、「同じ」をベースに人をつなげていくのは限界があるのです。

　価値観が多様化し、それぞれの人がそれぞれの大切なことを追求できることはとても良いことです。ならば、「同じ」でつながるより、「違う」を前提につながり、協力できるようにしたほうが良いのではないでしょうか。

　これからの「協力」に求められていることは、価値観も違う、利害関心も違う、世界観も「したいこと」[注6]も違う人たちが、それでも、それぞれを尊重して協力することで、より良い世界を共に作っていくことです。それは、お金や命令、お願いだけで動かない人々と、どうすれば共に世界を作っていけるのか、という問いでもあります。

【図1・1　利害も思いも違うまま、つながることができる】

この本のタイトルでもある「協力のテクノロジー[注7]」のテーマは、「あなたが、世界をより良く変えていきたいと思った時、考え方の異なる他者と、どうすればより良い協力関係を組み立てられるか？」という問い[注8]に、具体的・実用的・体系的に答えることにあります。

　協力のテクノロジーが目指すのは、誰もが多くの人々と協力を組み立て、それぞれが直面する様々な問題を解決していけるようになること。そして、その協力を発展させていけることで、様々な問題に持続的に取り組んでいける人々の関係を作れるようになることなのです。

（第 **2** 章） 協力を組み立てる 基本を理解する

1. 協力を組み立てるために道具主義的な考え方を学ぼう

　「もしあなたがカナヅチしか持っていなかったら、すべてはクギに見えるだろう」。

　「欲求の5段階説」で有名なアメリカの心理学者マズローはこう述べました。あなたの持つ道具が、あなたが世界をどう扱えるかの認識を生み出し、あなたの可能性を決めるというわけです。

　これは、いわゆる道具主義的（プラグマティック）な考え方と言われるものです。協力のテクノロジーでは、考え方が異なる他者と協力を組み立てていくために、この道具主義的な考え方を採用しています。道具主義にもいろいろ考え方がありますが、この本で使っている考え方は以下のようなものです。

　「"ものごとの見方"は道具である。ある見方を採用した場合、私たちは、何ができるようになり、何ができなくなるか、が重要である」。

　この「見方」とは、認識や考え方、視点、価値観、世界観などと、同じ意味だと考えてください。

　たとえば、あなたが、「この世界は神様が創り出した。そして、すべての運命は神様がすでにお決めになっている」という見方を持っていれば、あなたは自分の運命を自分では決めることはできなくなるでしょう。一方、あな

たが「この世界は弱肉強食で、生存競争に勝つことがすべてだ」と思っていたら、あなたの世界は無限の戦場です。そして、あなたが、「世界は、助け合いで成り立っている。他者を助ければ、きっと良いことが返ってくる」と思っていれば、人助けに熱心に励むことになります。

　どの見方が正しいかは、ここでは議論の対象ではありません。どの見方を使えば何が見え、何が見えなくなるのか。何ができるようになり、何ができないようになるか、が重要です[注9]。私たちの世界は、様々な人々が異なるものごとの見方を持って活動しています。そして、見方ごとにできることが違ってきます。他者は、それぞれ自分だけの道具として、自分自身の見方を持っているわけです。

　そこで、重要になってくるのが、他者はどのような見方を持っているのかを知ることです。その見方は、何をどう判断し、どういう結論を出す道具で、何を可能にし、何を不可能にするのか、を理解しましょう。そして、他者の見方をあなたも使えるようにしていきましょう。あなたが、他者の見方を使えるようになれば、あなたのできることも変わってくるでしょう。世界を変えようと思えば、可能性を拡げることが重要で、そのためには、様々な見方を自由に使えることが求められるのです。

　ものごとの見方を道具として扱うことで、私たちは、ある問題に直面した時、様々な見方を机の上に並べて、「この中から、どの見方を使えばより良い解決になるのだろうか？」と考えることができるようになります。

　さらに、見方を道具として扱い、他者の持つ見方を理解することは、もう一つのメリットを生みます。それは、他者と協力する時、他者が何に関心を持ち、協力の結果や価値をどう判断するのかが理解できるようになることです。これは、考え方が異なる他者と協力を組み立てるうえで、とても大切なこととなります。この具体的方法は、第6章で説明します。

2. 私たちは五つの力を使って世界を組み立てている

　協力のテクノロジーでは、このような道具主義的考え方を前提としたうえで、ある一つの見方を採用しています。それは、「世界は組み立てることができる」というものです。

　もう少し詳しく説明すると、「世界は社会関係から作られている。社会関

係は一種の構築物であり、組み立てることができる。そして、世界をより良く変えることとは、より良い社会関係を組み立てることである」というものです。

　協力も一つの社会関係であり、構築物です。それは、組み立てられるものなのです。そして、より良い協力を組み立てることで、人々の行動や決定が変わってきます。その結果、世界をより良く変えていくことができるのです。

　しばしば、人は、世界は大きな変えられない構築物だと考えてしまうことがあります。しかし、実際は、世界とは日々人々が作り直している構築物に他なりません。確かに全体はそんなに簡単には変わりませんが、それでも日々変化しています。さらに、その部分は、誰でも変えることができ、実際、多くの人が毎日社会関係を組み立てることで、世界を変えていっているのです。

　では、社会関係としての世界は、どうすれば組み立てることができるのでしょうか。

　世界を組み立てると言うと、なんだかとても難しいことのように思えてきます。しかし、心配することはありません。あなたは、日々、生活の様々な場面で人々と社会関係を組み立てています。それも１人ではなく、他者と一緒に力を合わせて組み立てているのです。この「力を合わせていくこと」が、社会関係を作るスタートとなります。協力とは、この力を合わせていくことの一つの方法にすぎません。協力をよく理解するには、この人間の力の合わせ方をよく知る必要があります。

　この「力を合わせる」を実行しようとした場合、あなたは、相手に、あなたの期待に沿って動いてもらわなければなりません。この場合、手順的には、まず、あなたから相手に何らかの働きかけをします。そして、それを受けて、相手は、あなたの期待に沿って動いてくれるという順序となります。この時、相手に及ぼす働きかけが、「力」と呼ぶものです。そこで、「力」とは、「相手を、あなたの期待に沿って動いてもらえるようにできる働きかけ」としておきましょう。

　力が上手く働いて、人々が力を合わせることを、「合力（ごうりょく）」と呼びます。私たちは、合力することで、私たちの世界を作り上げていっています。

　合力には、その使う力の違いから、五つの種類があります。「統治」「交

換」「互恵」「威信」「協力」の五つです。これを「合力の5類型」と呼びます。この合力の5類型は、それぞれ独特の「関係の形」を作りあげ（図2・1）、それぞれ代表的な「担い手」を持っています。そして、力と関係の形によって、それぞれ「集団の作り方」が変わってきます。

　協力の力を的確に使うためには、他の合力との違いをしっかり理解しておく必要があります。そこで、それぞれどのような力に基づいて、どのような関係の形が作られていくのかを見ていきましょう。

【図2・1　合力の5類型の形】

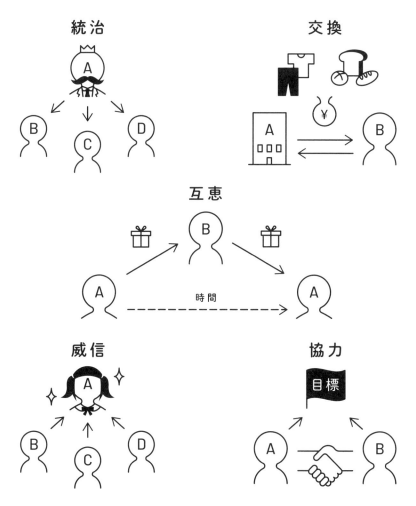

1 統治

　統治の力は、武力です。これは、警察や軍隊などが使う一種の物理的力のことです。代表的な統治の担い手は政府です。あなたが車を運転する人なら、一般道路で制限速度を守るでしょう。これは、守らなかったら警察が飛んできて違反切符を切り、反則金を払わなくてはならなくなるからです。しかし、交通法規を守ることで、あなたは安全に車で移動できるようになります。このように、政府は、武力を背景とした法令や規制、それによるメリットと罰則で、合意を取り付け、期待どおりに人を動かしていきます。被統治者は、合力することで安全が保障されるなどのメリットを受けます。

　関係の形としては、1対多の上下関係を作ります。頂点があり、そこから力を及ぼす形です。

2 交換

　交換の力とは、財力です。要は、お金やモノ、サービスなどの力です。交換の代表的な担い手は企業です。あなたが企業に入ったら、企業は給料を払うことで、あなたに期待どおりの労働をさせることができます。ここに交換関係が成り立っています。

　交換相手が何らかの不足（ニーズやウォンツ）がある場合に、その不足しているものを提供することで、その代わりにこちらも期待するものを得るわけです。

　関係性の形は、1対1の二項関係を取ります。ビジネスでの売る側と買う側という関係を思い浮かべれば分かりやすいでしょう。

3 互恵

　互恵の力は、贈り物をしたり、困っている相手を助けたりすることで生まれる力です。交換と違って、助け合いなので、直接的な見返りを求めることはありません。しかし、いつかこちらが困った時に助けてもらえる関係が作られます。贈り物や援助してもらった相手は、それを恩義に感じ、いつか何かの形で恩に報いなければと思うようになることを利用しています。その関係を使って、相手に期待どおりに動いてもらうわけです。

　互恵の代表的な担い手は、非営利共益団体です。典型的なのは、共済組合でしょう。メンバーがお金を出しあってそれを貯めておき、メンバーの誰かが困ったらそれを貸し付けたり、そこから補助したりすることで助け合うと

いうものです。互恵は、様々なリスク等に対する相互安全保障体制（助け合いの仕組み）を構築することに目的があります。関係性の形は、1対1関係の2項関係ですが、一般的に、贈り物と返礼に時間的なズレ（タイムラグ）があります。なので、時間の経過を入れると、一種の三項関係に近くなっていきます。

❹ 威信

威信の力は、個人や組織等に卓越性があり、それに従うことで何らかの恩恵を受けようとする時に生まれます。卓越する点としては、能力や人徳、専門性、魅力、先見性、戦闘力、血統などがあります。

リーダーとフォロワーの関係となります。リーダーはカリスマと呼ばれることもあります。主従関係を生み出しますが、統治が統治者の武力で従わせるのに対し、威信は、リーダーの卓越性にフォロワーが自発的に従っていきます。このため、統治と同じく、1対多関係となりますが、統治とは力の方向性（矢印の向き）が逆になります。

威信の典型的担い手は、宗教団体やファンクラブです。教祖、アイドル、タレント、インフルエンサーなどの卓越した個人（リーダー）を中心に、教徒やファンと呼ばれるフォロワーが集合していきます。アイドルが「この商品がお勧めです」とテレビで言うと、ファンがそれを買い求めるという行動をしますが、これが威信の力です。

❺ 協力

協力の力は、それぞれが利益を得られる共有の目標を設定することで生まれます。したがって、協力を組み立てるためには、共有できる目標を作ることが重要となります。共有する目標を達成しようと、人々が集まり役割分担していくことで人々の関係性が生まれてきます[注10]。

関係性の形は、目標と、それを達成しようとする二者の三項関係となります。この場合、目標も一項と数えます。三項関係であることが、協力の大きな特徴です。

協力の代表的担い手は、NPOです。非営利共益団体との違いは、活動の対象が構成員お互いにあるのではなく、外部の第三項にあることです[注11]。協力の力がどうやって人々を動かしていくのかは、次章で詳しく見ていきます。

この五つの力と関係は、どれが優れていて、どれが劣っているというものではありません。それぞれに特性があり、使い方があることを理解することが重要なのです。なお、実際には、どのような組織や活動でも、どれか一つの力と関係だけで成り立っているものはありません。すべてが、五つの力を組み合わせて構成されています。そして、それにより力を強化しています。ただし、いずれかの力を基盤として、その上に他の力を加えていく組み立て方になっています。

たとえば、企業は、交換の力（お金の力）が基盤となっています。しかし、雇用主と従業員の関係は、労働法などの法的な制約を受けています。つまり武力でその関係が保全されています。また、職場では、お互いの助け合いは仕事のパフォーマンスをあげるとして奨励されます。そして、従業員をまとめていくために、ミッションやビジョンといった共有目標注12を管理することで、協力の力も使います。同時に、職場では、トップのリーダーシップ（威信の力）も必要とされます。

このように、現実の集団や組織では、五つの力を組み合わせて、活動を展開していっているのです。

3. 社会関係は構築物であると考えてみよう

私たちは、この五つの合力による関係を組み上げていくことで、様々な社会関係を作っていくことができます。しかし、それだけでは、私たちは社会関係を上手く組み立てていくことができません。

上手く関係を組み立てていくためには、どのような組織や集団を作れば良いのかの設計図や組み立ての手順書が必要です。それがないと、どんな組織や集団を、どう作れば上手くいくのか分からないからです。ではどうしたらその設計図や手順書は入手できるのでしょうか。

ここで、社会関係という構築物の設計図と、組み立ての手順書とは何かについて考えてみましょう。社会関係を構築物として見ることは、社会関係を一種の「もの（オブジェクト）」として扱うことです。ここで、ものを組み立てる方法を、分かりやすい人型ロボットの模型を例に考えてみましょう。模型には、腕や足、胴体という部分があります。その部分に当てはまる部品があ

ります。その部品を、工具であるネジ回しなどで固定していって組み立てていきます。その組み立てのために、設計図と手順書があります。これらを、人が力を使って組み立てていくわけです。

では、この考え方を社会関係に適用してみましょう。企業の例で考えてみます。

企業は、一つの社会関係であり、社会的構築物です。企業は、設計図として定款や組織図などを持っています。定款には、組織の目的が記載されています。その目的の遂行のために各役割として、株主、社長、社員等が、組織図で定められます。株主には、個人のAさんやBさんがいます。社長はCさん、社員はDさんと固有名詞が入ります。模型で言えば、胴体や手といった部分が株主や社長といった役割に、部品がAさんやBさんといった担い手に該当します。

ところで、企業においては、人間による社会関係だけでなく、それを支える実際の物（物理的存在）もこの社会関係の重要な要素です。たとえば、資本金や事務所などです。この資本金や事務所も、ここでは社会関係における役

【表2・1　社会関係を組み立てるのに必要な要素】

	組織	企業	サッカー
構築物	組織	企業	サッカーチーム
設計図	目的、組織図、関係性の設計図	目的、企業の組織図、定款等	目的、ポジションとサッカー用具
役割	役割名、役割権能、役割期待、機能（モノの場合）	社長、株主、部長等、資本金、事務所等	フォワード、ゴールキーパー、監督、審判、練習場、ボール等
担い手	人間、物、お金、情報	Aさん、Bさん、Cさん、Dさん、お金、場所	Eさん、Fさん、Gさん、ボール、場所
手順	設立マニュアル、手順書等	会社設立マニュアル等	明確にはない
工具	組み立てに使う法律、書類、戦略等	司法書士等の専門家、ハローワーク、事業計画のひな型等	ルールブック、戦略等
力	統治、交換、互恵、威信、協力、それぞれの力	お金（交換）の力	協力の力

割とみなします。この資本金に、具体的にたとえば 100 万円というお金が担い手として当てはまります。また、事務所には具体的な場所（ex. ○○ビルの101 号室等）が担い手として当てはまります。物を担い手と呼ぶのは、少し奇妙なのですが、使い勝手が良いので、この本ではその呼称で統一します。

これを組み立てるには、設計図に基づいて、目的や各役割に該当する人・物・お金を揃えていきます。会社設立マニュアルのような手順書を使い、お金の力（交換の力）で人や物を揃えていきます。その時に使うのが、司法書士等の専門家、ハローワーク、事業計画のひな型などです。これが、模型の組み立てならネジ回し等に該当します。これらが工具となります。つまり、企業を作るには、手順書、工具、力が必要となります。これが、企業という社会的構築物を組み立てる基本的な考え方です。

このような考え方は、他の組織、たとえばスポーツチームでも、町内会でも同じです。どのような組織・集団でも、社会的構築物を組み立てるには、その構築物の種類（企業やサッカーチーム等）、設計図、役割、担い手、手順、工具、力といった七つの要素が必要となるのです[注13]（表 2・1）。

協力において、これらをどう揃えていくかは、Part 3 で解説します。

4. 世界はシステムと非システムから出来ている

私たちが、社会関係を組み立てていく時、「世界はシステムと非システムとで出来ている」と見ていくことは、とても有益です。

システムというのは、何らかのインプットをすると、定まったプロセスを経て、決まったアウトプットが出てくるものを言います。たとえば自動販売機で、お金を入れてボタンを押すと清涼飲料がゴトンと出てくる、というものがシステムです。

私たちの世界は、多数の社会的構築物で出来ています。それぞれは、システムとして構築されています。何かをすれば決まったプロセスでものごとが進み、アウトプットが出されます。たとえば、企業は、規定の労働時間を働くとお金がもらえるというふうにシステム化されています。国会に法律が提案されれば、衆議院、参議院の両院で審議され、両方で可決されれば法律が出来上がります。これも一つのシステムです。

世界が安定した秩序で構成されているということは、私たちが、何か行動

をしたら、その結果がシステムにより、予測できるということです。予測できるので、安心して活動できます。

　そして、システムには仕組みとしての決定構造（パワー構造）があります。たとえば、会社の方針は最終的には、組織として社長が決定するというようなことです。その決定構造を理解しないと、システムを適切に動かすことはできません。

　したがって、世界で何らかの成果を出そうと考えたら、まず、このシステムがどうなっているのか、をしっかり理解することが重要です。期待する成果は、多くの場合、様々なシステムを利用することで得られるからです。

　しかし一方で、世界は、非システムでも出来ています。構築物を担う個々人は、みな異なる考え方を持っています。同じ企業でも、担当者によって対応が変わることはよくあります。また、非公式な人間関係が、表面的なシステムの裏側で別に動いていることもよくあります。企業で、表の決裁権者は担当事業部長であるのに、非公式な関係で、担当ではない副社長が決裁権を持っている、ということは組織に勤めていれば、しばしばお目にかかります。

　非公式な決定構造（パワー構造）が裏で動いていて、そちらの方が場合によっては力を持っていたりするわけです。

　そのうえ、システムは非システムの影響で常に変化していきます。企業でも社長が変わると、とたんにマネジメント方針が変わり、前任者のやり方を全部やり替えてしまうことがあります。企業は変わらないのに、トップが変わり、それにより、ものごとの処理方法が大きく変わったために、以前の企業と違うシステムになってしまうのです。組織内の争い、市場の競争、政治的な闘争、人の交代などで、常にシステムには変更を求める動きが加わっています。システムは、変わらないようでいながら、実は常に変化しているのです。

　こうして、世界は非システムでも動いています。このことが分かると、いろいろな組織や関係性を見る時、システムで動く部分はどこで、非システムで動く部分はどこか、と切り分けができるようになります。システムがどのように変わる可能性があるのかも、一定判断できます。システムを利用して動かせるのは何なのか。非システムを利用できるのはどのような場合なのか。それを区別して扱えるようになるのです。

（第 **3** 章）協力を組み立てる
　　　　　キーポイントを知る

1. 協力はどうすれば発動するのか

　世界の組み立て方の基本を理解したら、次は、協力に焦点を当てて、その組み立て方を見ていきましょう。

　協力の力は、どういう仕組みで発動するのでしょうか。これを、アマチュア社会人サッカーチームの仮想事例で見てみることにします[注14]。

　あなたは、ある地区の社会人サッカーチームのディフェンダーだとしましょう。チームは11人の会社員からなるチームで、今年の地区トーナメントの優勝を目指しています。ディフェンダーのあなたには、敵の攻撃をしのぎ、ボールを前線に送ることが期待されています。ところが、試合中、あなたがディフェンダーの役割を忘れて、攻撃ばかりしていたらどうなるでしょう？チームメイトから「ディフェンダーなのだからしっかりゴールを守れ」と言われることでしょう。そして、あなたはそれに従う必要が出てきます。つまり、引き受けたディフェンダーという役割によって、あなたは、チームメイトからいろいろな指示を受け、それに従うことになります。

　あなたは、強制を受けたわけでもなく、お金をもらったわけでもなく、恩義があるからでもなく、チームメイトの卓越性に従ったわけでもありません。チームが勝つことを目指すという共有目標のために、引き受けた役割を期待どおりに遂行するのが、あなたのなすべきことなのです。この時、チームメイトには、あなたに、あなたの役割を果たすように指示できる力が生まれていることになります。

　一方、同じ力はあなたにも生まれます。たとえば、フォワードのチームメイトが、試合中に守備ばかりしていて、攻撃をしようとしない状況となりました。この時、あなたは、そのチームメイトに「フォワードなのだから、もっと積極的に攻撃してくれよ」と言うとします。そのチームメイトは、何か特別な事情がない限り、あなたの指示に従うことを求められます。

　このように、サッカーの試合では、11人のチームメイトが、共有目標（試

合に勝つ）のために別々の役割を引き受け、それを遂行する責務を負います。その責務は、チーム全体に対して負うもので、特定のチームメイトに対して負うものではありません。そして、チームの誰もが、その責務に基づいて、チームメイトに指示を出すことができます。チームメイトに対して、自分の期待どおりに動いてもらう力が生まれるのです。これが協力の力です。

　もし、あなたが、試合中に役割を放棄して、攻撃ばかりしていて、チームメイトの言うことを聞かなかったとしましょう。チームメイトは「これじゃあ、一緒にやっていけないよ」と、共有目標が達成できないことを宣言するでしょう。あなたが攻撃したくても、誰もあなたにパスを出してくれず、プレーすることもままならなくなります。ベンチに下げられるかもしれません。長期的に見れば、あなたは、次の試合やその先、このチームから誘われなくなるでしょう。悪い評判が立てば、他のチームも誘ってくれないことになります。結局、あなたはサッカーの試合をしたくても、できなくなってしまうわけです。このような判断から、あなたは、より「したい」ことを実現するために、ディフェンダーの役割をしっかり果たそうと、協力の仕組みに入っていくわけです。

　こうして考えてみれば、協力というのは不思議な仕組みです。協力においては、お金をもらうわけでも、強制されるわけでも、恩義を返すわけでも、誰かに従いたいわけでもなく、あなたは、あなたの「したい」ことのために、他者の指揮命令権に入るのです。

　協力の力とは、ある共有目標を自身の目標とし、そのために役割を受け入れた時、その役割から生まれてくる力なのです。

2. 協力に関する誤解を解く

　協力の仕組みをより理解するためには、この「したいこと」と共有目標の関係をしっかり理解することが不可欠となります。

　引き続き、アマチュア社会人サッカーチームの事例で見ていきましょう。

　地区トーナメントの途中で、チームのディフェンダーの1人が急な転勤でチームを続けられなくなってしまいました。あなたたちは、急いで新しいチームメイトを探さなければならなくなります。幸い、取引先の会社にサッカーが上手い男性がいることが分かりました。高校時代にサッカー部に所属

していて、フォワードで活躍したというのです。あなたは早速勧誘に行きました。彼はあなたの依頼を聞くと、次のように言いました。「チームに入っても良いけど、フォワードじゃなきゃやりたくない」。

聞けば今意中の彼女がいて、サッカーのフォワードでカッコ良いところを見せてアピールしたい。それができないなら興味はない、と言うのです。

あなたは困ってしまいます。あなたのチームは2人フォワード体制で、すでに2人フォワードがいます。足りないのはディフェンダーです。しかも、2人ともフォワード以外はやりたくないと言います。どうしたら良いのでしょう。

このような時、いろいろな方法で調整をしていくことになります。たとえば、フォワードを3人体制に切り替える。フォワードを試合中に交代制にする。1試合フォワードをしたら、次の試合ではディフェンダーを務めてもらうなどです。いずれにせよ、フォワードをしてもらうことで、意中の彼女にアピールできる機会を作ることがポイントとなります。このような提案をいろいろして、彼もチームメイトも、どれかの案で合意ができたとします。

すると、彼はフォワードでカッコ良いところを見せるとともに、試合に勝つことも彼の目標となります。負けてはカッコ悪いからです。

こうして、試合に勝つことは、彼も含めたチームの共有目標となるのです。

ここで分かることは、共有目標がまず先にあって、協力者がそれを受け入れて、協力がスタートするわけでは必ずしもないことです。それぞれの「したいこと」があり、その実現のために共有目標を受け入れることも少なくありません。

さて、このように、協力の仕組みを理解してくると、今日、私たちがなかなか上手く協力し合えない原因の一つが分かってきます。それは、私たちの多くが持っている、「協力」に関するある誤解です。

もともと協力の力は、相手の「したい（目的達成）」に力を貸すことで発生する力です。相手は、自分の「したい」が実現できるから、あなたに協力してくれます。それなのに、しばしば人は、協力とは自分の「したい」ことに、相手が一方的に力を貸してくれることだと思っています。自分が何かしたいことがあり、相手がそれを了解し、賛同してくれる結果、力を貸してくれることだと考えてしまうのです。

こうして、社会のために活動している人の多くは、自分の良き意図が、当然「良い」ものなのだから、いったん相手が理解すれば協力してくれるはずだ、と考えるのです。ここでは、協力とは、相手の一方的なあなたへの援助なのです。

　この考え方で上手くいくこともあるのですが、それは相手の「したいこと」が、たまたまあなたの「したいこと」と重なり合った結果にすぎません。さらに、あなたがお願いする協力が、相手の余裕のある範囲内であれば、という条件がついてきます。

　これが、協力がなかなか拡がらない理由です。これでは、あなたは、自ら協力の相手を限ってしまっています。さらに、協力を常に意図して作ることが難しくなっていきます。協力を意図的に成り立たせたいのであれば、あなたは、相手のしたいことを理解し、それがどうすれば実現できるか、に心を配る必要があります。相手への配慮 (care) が必要なのです。

　つまるところ、協力というのは、自分のしたいことと、相手のしたいことの、どちらをも実現できる共有目標を開発し、実践するという活動なのです。

3. 協力には三つの類型(タイプ)がある

　ここまでの話を、違う形で整理しましょう。

　大切なのは、協力には三つの類型(タイプ)があることを理解することです。この三つの類型を、この本では、協力 1.0、協力 2.0、協力 3.0 と、バージョンを

【図 3・1　協力の 3 類型】

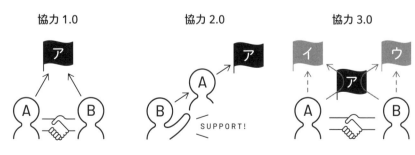

協力 1.0	協力 2.0	協力 3.0

ともに目的が同じで、同じように活動する

ともに目的が同じだが、主役 A に B が協力する

目的は違うのだが、同じ目標アを達成することで各目的を達成する

分けて呼ぶこととします。バージョンが上がると、組み合わせ方が複雑になります。ただし、バージョンが上がったほうが、より優越性のある協力だという意味ではありません。どの類型も重要です。

この類型によって協力の組み立て方も違ってきます。図3・1を見ながら、次の説明を読んでください。

1 協力1.0（同利型協力）

協力者がみな同じ目的（利益）を持っていて協力する類型です。図3・1でいえば、協力者のAとBは、最初から同じ目的アを持っています。相手の意図が、こちらの意図と合致していて、こちらの目的が達成できれば、相手の目的も同時に達成できます。みんなが目的に向かってそれぞれ役割分担[注15]し、協力するという関係性です。みなが同じ目的（利益）を追求していることから「同利型協力」とも言います。

2 協力2.0（代理型協力）

協力者はみな同じ目的を持っていますが、誰かが中心となり、他の人たちは、その「誰か」に協力するという主従関係ができる類型です。図3・1でいえば、目的アは、AとBの共通の目的ですが、Aがその目的達成に努力し、Bは、それを支援するという形です。一番多い協力の類型と言えるでしょう。あなた（中心となる人）の周りの協力者は、あなたのやることに力を貸すことで、自分のしたいこと（目的）を実現しようとします。「誰か」が、支援者の目的実現を代理して実行するので、「代理型協力」とも言います。

3 協力3.0（相利型協力）

上の二つと比べると、協力3.0は少し変わった協力となります。図3・1でいえば、Aは目的イを達成したい。一方、Bは目的ウを達成したいと考えています。それぞれ達成したい目的は違います。ここで、Aが目的イの達成のために中間的な目標アを達成することが有意義だと考えています。同時に、Bにとっても、この目標アの達成が、自身の目的ウの達成に寄与すると判断したとしましょう。すると、Bは、自身の目的ウを達成したいために、目標アの達成に力を貸す、という関係が可能となります。これが協力3.0の仕組みです。ポイントは、AとBはそれぞれ違う目的達成のために努力しているのですが、そのために共有の目標アの達成のために協力することです。それぞれの最終的な目的と活動の目標が異なるわけです。「それぞれが持って

いる異なる目的の実現（これをここでは「相利」と呼びます）」のために、共有できる目標の実現に取り組むことから、「相利型協力」とも言います。

※

多くの人は、協力1.0と2.0は理解しているのですが、3.0という仕組みはよく分かっていないようです。そのため、協力の組み立ての範囲がどうしても狭くなってしまっています。ぜひ、すべての類型を学びましょう。

4. 事例に見る協力の3類型

協力1.0、協力2.0、協力3.0について理解することは、とても重要なので、さらに事例を使って説明します。

1 協力1.0の例

ある地方の小さな町での話です。同じ手話サークルで、手話を学んだ10人の会社員がいました。会社員たちは、地域の聴覚の不自由な人たちの役に立とうと、手話ボランティアの会を立ち上げました。あちらこちらから、手話のサポートをして欲しいという依頼が来ると、連絡を取り合って、空いているメンバーが支援に駆けつけていきました。

さて、この場合、メンバーの目的は、学んだ手話を活かして社会貢献したいというものです。みな同じ目的を共有しています。その活動も、それぞれが同じ内容で手分けして当たります。全員参加型の協力体制と言っていいでしょう。これが協力1.0の典型的なパターンです。趣味や特技を活かして、社会貢献活動をしたいというボランティア団体に多いパターンです。

なお、このような協力で構成されているNPOを本書ではNPO 1.0と呼んでいます。

2 協力2.0の例

ある環境保護団体は、絶滅危惧種の調査と啓発活動を専門としています。日本各地を調査し、報告書を出し、危機にある種の保全をメディアや自治体、政府に訴えています。

調査は、専門のスタッフ（事務局員）が行います。調査結果の普及のために各地で行う学習会では、ボランティアを募って開催を手伝ってもらっています。また、調査の費用を賄うためのクラウドファンディングを行い、寄付金で活動が支えられています。

さて、この活動の主体は、団体の事務局です。学習会開催のボランティア、寄付者などは、その事務局の活動を支援します。つまり、活動する人と支援する人の役割分担が出来ています。現代のNPOでは一番多い類型です。

このような類型が協力2.0の典型です。このような協力で成り立っているNPOをNPO 2.0と呼んでいます。

3 協力3.0の例

近年、日本各地に拡がっている活動に、「地域猫活動」があります。町内会などにおいて、野良猫（飼い主のいない猫）は、トラブルの種となりがちです。可哀想だからと野良猫に餌をやる人がいる一方、野良猫の糞尿や食べ散らかしに迷惑を被っている住民や商店主、マンションの住人などがいます。住民たちは、野良猫の餌やりをしている人に困っていて、町内会長やマンションの管理人、自治体担当者にクレームを申し立てます。町内会長はご近所トラブルに困ります。自治体は動物愛護法があるので、なるべく殺処分は減らしたいと考えています。このような利害が錯綜している状況を解決するために生み出されたのが地域猫活動です。

地域猫活動では、地域の関係者の合意のもとに、猫に餌やりする人が、まず不妊・去勢手術をして、猫が増えるのを防止します。そのうえで、餌やりやトイレの管理、食べ散らかしの防止などを推進します。自治体や保健所、町内会長は、活動への住民の理解を促進する役割を担います。住民は、活動を理解して、見守るという役割を担います。この活動をすることで、猫のことが気にかかる人は猫の世話ができ、住民等は迷惑が減り、町内会長はクレームに悩まされなくなり、自治体は殺処分を減少させていくことができます。関係者の目的や利益はまったくバラバラです。しかし、地域猫活動で協力し合うことで、それぞれの異なる利益が実現できるわけです。

このような類型が協力3.0です。また、このような協力の形で運営されるNPOをNPO 3.0と呼んでいます。

5. 重要な三項相利の考え方

1 相利とは

私たちはなぜ様々な社会関係を結ぶのでしょうか。それは、個々人の欲求を実現していくためです。私たち人間は、1人では自分の欲求を実現できま

せん。個々人は、社会関係を作り、集団を組み立てることで、自分の欲求を実現することが可能となります。言い換えると、社会関係という構築物は、私たちの様々な欲求を実現するための道具なのです。企業という社会的構築物は、私たちが、お金が欲しいと考えた時の稼ぐための道具です。サッカーチームは、サッカーのプレーを楽しみたいと考えた時の楽しみを得る道具です。

　一般に、力を使う側、力を使われる側は、それぞれ十分な自己利益があると判断し、合力の関係を作り、社会的構築物の役割を担います。このお互いに利益がある関係が成り立つ時に、「相利がある」と言います。相利とは、それぞれの利益が共に実現されることです。もし、相利がない場合は、どちらかが関係の解消を常に模索したり、サボタージュしたりすることにつながります。結果として、合力の効果は低下しますし、持続性も危うくなります。効果的な合力の関係を作るには、この相利を開発することが何よりも重要となるのです。

　なお、この本では、「相利」という言葉は、二つの意味で使っています。

　一つは、「広義の相利」です。それぞれの利益が実現できる状態一般を指しています。先に述べた同利、代理も含めます。もう一つは、「狭義の相利」で、これは、「それぞれの異なる利益を実現する」意味で、協力3.0型の相利です。この本では、複雑になりすぎないように、どちらの意味でも使っています。分けるのが必要な時は、同利、代理、相利とセットで使っています。

❷ 相利性がある関係

　相利からもう一歩進んで、相手の成功が、自分の成功にとって不可欠であると双方が理解している関係を「相利性がある関係」と言います。

　とりわけ協力においては、共有目標の遂行により、この相利性を実現するようにしていくことが関係構築のカギとなります。たとえば、サッカーで言えば、フォワードが素晴らしいシュートを放とうと考えれば、チームメイトの適切なアシストが重要になってきます。チームメイトにすれば、フォワードが点を取ってくれることがチームの勝利につながります。つまり、フォワードにとっては、チームメイトのアシストが必要であり、チームメイトにとっては、自分の利益（勝利）のためには、フォワードが良いシュートをしてくれることが重要です。この相利がお互いの成功にかかっている状態を、双

方が理解していることが相利性です。

あなたが、他者と協力を築きたいと願ったら、まず考えるべきことは、どのような目標だったら相手の利益は実現できるのか、です。そして、それは自分のしたいことを実現できる目標なのか、お互いが支援し合える目標なのか、つまり相利性があるのか、を検討していくこととなります。

❸ 三項相利

もう一つ、この相利を組み立てていく時に重要なのが三項相利の考え方です。これは、協力の関係者を、三つのグループ（「項」と呼びます）に分けて、それぞれの利益＝相利の実現を目指す考え方です。

三つのグループにおける第一項は、あなた（自分）です。第二項は、協力者を含む直接の関係者です。第三項は、直接の関係者の外部にある世界の人々です。

これらの三つの項のそれぞれの利益を考えていきます。企業なら、あなたが従業員として働くとすると、労働の対価として得られる報酬が、あなたの得る利益となります。これが第一項のあなたの利益です。企業には、第二項

【図3・2　三項相利】

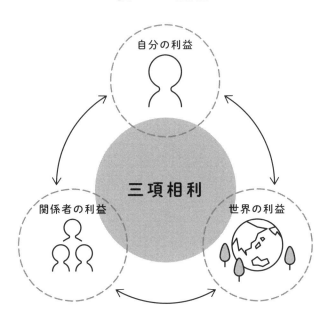

として、他の関係者がいます。たとえば、株主や社長、顧客、取引先などです。その利益は、企業からの配当だったり、役員報酬だったり、より安い商品の仕入れだったりします。これらが第二項の利益です。

　ひと昔前までは、この二つの利益を中心に考えれば足りていたのですが、今日ではさらに三項目の利益を考えることが必須となってきています。それか、「世界の利益」と言うべきものです。たとえば、環境の利益です。地球環境の持続性が重要となり、環境を破壊しないような事業活動が求められてきています。そのような利益を考えないと、消費者から支持を受けず、販売活動も上手くいかなくなってきています。世界の利益とは、関係者の外部にある、多くの人々が共有する価値と言っても良いでしょう。

　このような三項相利の考え方は、協力において、とても重要です。

　協力で作る社会的構築物が、あなたの利益、関係者の利益、世界の利益のそれぞれを強く実現すればするほど、関係者は、協力へのより強い貢献を果たしてくれます。世界の利益を第三項に入れることで、直接関係していない人や組織を、関係者にしていくことができます。なぜなら、世界の利益は、万人の利益となるからです。

　一方、第三項を無視していると、協力はいずれ「仲間うちの利益だけしか考えていない」と批判を受け破綻します。したがって、協力を組み立てる時は、必ずこの三項相利の設計を行っていきましょう。

（第 **4** 章）協力を組み立てる時に重要な工具と技能

1. 協力を組み立てる時の工具と技能とは

　協力は、一種の構築物です。様々な役割を設計し、担い手を集め、工具を駆使して、協働的に組み立てていきます。したがって、このような独特の構築物を作るための工具と、それを使いこなす技能（スキル）に関する理解も必要です。

　工具の考え方は、最初は分かりにくいのですが、慣れるとそれほど難しくはありません。すべての人が日常的に使っているものです。代表的な工具の

種類には、手法、フレームワーク、見方、システムがあります。

　第一の「手法」とは、何かをする時に使う「やり方」です。たとえば、私たちが何かについて合意形成を図りたい時は、ワークショップや検討会、円卓会議などの手法を使います。この手法が、合意形成を図るための工具となります。何かを調べる時には、アンケート調査やヒアリング調査、文献調査といった調査の手法がありますが、これも工具です。

　第二の「フレームワーク（framework）」は、やり方の一種ですが、手順を含んだ、問題を処理する定石と言えるものです。ビジネスでよく使われます。製品開発や生産・業務で用いられる PDCA サイクル（Plan-Do-Check-Action）や、事業の優位性を検討する SWOT（Strengths、Weaknesses、Opportunities、Threats）分析などは、ビジネス・フレームワークの代表例です。ビジネスだけでなく、協力の組み立てにおいても、フレームワークはとてもよく使います。

　第三の「見方」も、工具の一種です。たとえば、先ほど説明した「世界はシステムと非システムで出来ている」は、一つの見方であり、工具です。第2章の道具主義の説明で、世界観や価値観、考え方、視点は道具であると述べました。ここでは、それをさらに関係を組み立てていくことに使うことから「工具」と言い直しているわけです。

　第四の「システム」も工具となります。たとえば、法律を作ろうとすれば、国会という工具を使います。国会は、国会議員を構成要素とする社会的構築物であり、システムですが、法律や予算などを作るための工具としての働きを持っています。

　ところで、これらの工具は、協力を組み立てるための協働作業においては、単に個人が使う時とは別の価値を持ってきます。それは、ある工具を協働的に使うことで、認識や手順を一致させていけることです。

　たとえば、事業開発に関してやり方が異なる二者がいるとしましょう。そのままでは、協働して事業を組み立てることはできません。組み立てのやり方が違うのですから。しかし、仮に PDCA サイクルを使ってみようと合意すれば、後は、そのフレームワークに則って協働作業ができるようになります。多くの工具は、単に、何かができるようになるというだけでなく、ある工具を共に使うことで協働作業が可能になります。協力を組み立てるに当たっては、先に協働して使う工具を決める作業も大切なのです。

さて、協力の組み立てに、もう一つ必要なものに技能があります。これは、協力を実践していく際にも、また工具を使いこなすためにも必要となる技術と能力であり、訓練によって獲得していくものです。工具をいくらたくさん持っていても、それを使いこなせないと意味がありません。いろいろな技能が必要となりますが、とりわけ協働行動においては、他者と共に上手くやっていける技術と能力が重要となります。

この章では、よく使う工具として、仮説検証のフレームワークと関係性分析のフレームワークという二つの工具を紹介します。また、よく使う技術と能力のうち、特に必要となる協力的理性と配慮、脇に置く技術と視点移動という二つの技能を解説します。

2. 工具1：仮説検証のフレームワーク

フレームワークの中で、非常に頻繁に使うのが、仮説検証のフレームワークです。

仮説検証のフレームワークは、基本的に、「仮説⇒検証（テスト）⇒仮説の修正（再仮説）」という3ステップから出来ています。要は、何をするにしても、最初に仮説を立て、検証（テスト）をして、その結果で仮説を修正していく、というだけです。

仮説検証のフレームワークを頻繁に使う理由は三つあります。

理由の一つ目は、私たちが扱う問題が、人間関係を扱うものだからです。人々の協力を組み立てていく時、やっかいなのは、私たちの世界は、物理的世界とは異なり、常に違うことが起こり続けることです。物理的世界では、自然法則があり、それを理解すれば、ものごとはその法則に従って動いていきます。法則を理解すれば、確実な予測をすることも可能です。

しかし、私たちの人間世界では、無数の人々がまったく別々の意図に基づいて、それぞれ動いています。常に状況も人も変わります。二度と同じことは起こりません。私たちの、世界をより良くしていこうという活動は、常にそういう状況の中で行われます。どんなに頑張って同じ行動を採っても、同じ結果になることは厳密にはありえません。

しばしば、社会変革のために有効な方法は何か、について議論していると、「そのやり方に再現性はあるのか？」と問いかけられます。答えは常にノー

です。私たちの世界には、再現性が保証されたどんなやり方もありません。絶対上手くいくやり方などないのです。したがって、初めから、社会科学的な活動では、自然科学的なアプローチとは違うアプローチを採る必要があります。その一つが、この仮説検証のフレームワークを使ったアプローチです。

　同じことは2度と起こらないし、過去に上手くいったどんな経験則も、再度上手くいくとは限らない。そういう状況で、それでも、ものごとをなんとか上手く進めるためには、常に、やり方そのものを検証し、行動を修正していくことが必要です。そして、そのつど、その時の上手くいくルートを見つけ出していくこと。それが、協力を作っていくための基本的なアプローチとなります。上手くいく方法に再現性はありませんが、上手くいくように修正していく手続きには再現性があるのです。

　理由の二つ目は、変化する人間関係に対応していくためです。協力を組み立てていくという作業は、多くの場合、最初は、少人数から始めて、だんだん新しい協力者を増やしていく作業となります。新しい協力者を得ていこうと考えれば、その者が新しく求める利益や役割に照らして、従来の目標や役割を見直し、調整していくことが必要となることもあります。このことから、常に、その時持っている目標や役割を「仮説」としておくと、修正していく作業がやりやすくなるのです。

　理由の三つ目は、同じ間違いをしないようにするためです。仮説を作り、検証してみれば、上手くいかないことも多々あります。そうなれば、仮説の何かが間違っていることが分かります。なので、仮説を修正して、違うやり方を試せます。仮説を立てなければ、上手くいかない場合、やり方をどう変えれば良いのかが分かりません。同じ失敗を繰り返すことにもなってしまいます。仮説検証のプロセスだと考えれば、修正すべきところを探すということが可能になり、同じ間違いをする可能性は多少なりとも減ります。仮説検証のフレームワークを使って失敗したとしても、それは単なる失敗ではなく、仮説の誤りの可能性を発見できたという成果となります。これはとても大切なことです。

　なお、仮説検証のフレームワークにも、いろいろ種類があります。PDCAサイクルやデザイン思考、社会実験などがそれに該当します。これらについては、Part 3 の「表 10・5 解決策を見つける工具（手法）例」(p.102) や「表

10・6 解決策の優位性を調べる工具（手法）例」(p.103) で紹介します。

3. 工具2：関係性分析のフレームワーク

　協力のテクノロジーでは、「人々は必ずつながっている」と考えます。

　「6次のへだたり」という考え方があります。これは、世界中の人間は、「知り合いの知り合い」といった関係を辿っていくと、6人目までで、必ずつながるというものです。20世紀の半ばに、社会心理学者が行った実験をもとにした考えです。要は、「知り合いの知り合い」をどんどんつなげていくと、あなたは誰とでもつながることができるわけです。

　このつながりの在り方は、主に二つの点から重要となってきます。

　一つは、協力を組み立てていく時、このつながりが活用できるからです。協力を組み立てるとは、相手に力を貸すとともに、相手にも力を貸してくれるようにお願いすることです。相手が知り合いで仲が良好ならば、あなたが直接お願いすることもできるでしょう。しかし、相手が見知らぬ人の場合や、あなたとの関係で、直接お願いすることが良い結果を生まない相手もいます。そのような相手にも協力してもらおうと思えば、相手がお願いを聞きやすい第三者を仲介者に立てるのが有効です。つまり、あなたが仲介者にお願いし、仲介者が相手にお願いする、というルートを作り出す必要があるわけです。場合によっては、この仲介者が2人になることもあるでしょう。つまり、あなた→仲介者1→仲介者2→相手、というルートです。3人以上になることもないわけではありません。

　この時、つながっているという事実は、このルートがかなりの確度で組み立て可能であることを示しています。したがって、どうやって適切な仲介者を見つけ出すか、が重要になります。この際有益なのが、関係性分析です。あなたの関係者と相手の関係者を分析し、適切な仲介者を見つけ出し、そして、お願いのルートを構築していくのです。こうすれば、お願いできない相手は、理屈のうえでは、ほとんどいなくなります。もっとも、そのルートがすぐに作れるかどうかは、やってみないと分かりません。

　もう一つの重要な点は、関係性が、相手の利害関心や意図を理解するのに有益だからです。私たちの利害関心は、関係する相手によっているところが多々あります。たとえば、あなたの企業の大手取引先が、急に取引の見直し

【表 4・1　関係性分析の代表的手法】

相関図分析	人間関係や人脈、組織の取引関係等を表す際に使う。親子、友人、取引先、同窓生、仲が悪い、等の相互の直接の関係性で、多数の人の関係を図表にしていく。相関図分析の一種で、WEB 上の人間関係をマッピングしたものをソーシャルグラフという。
関係者分析	相関図と似ているが、直接関係がなくても、そのテーマにどう関係があるか、で様々な関係者の利害やつながりをマッピングしていく。企業におけるサプライチェーン分析もこの一つ。
2軸の関係者分析	関係者分析の応用で、相手の関係者、自分の関係者をマッピングし、相手と自分をつなげる仲介者のルートを見つけ出す。
多重所属分析	人や組織は、複数の組織や集団に所属している。それを列挙し、それぞれの所属における関係者をマッピングし、分析する。

を検討すると言ってきたとします。理由は、競合他社の新製品のほうが性能が良いからというものです。それまでは、あなたの企業の方針は、新規顧客の拡大だったかもしれませんが、こうなると状況が変わります。あなたの企業の関心は、インセンティブを充実させるか、より性能が良い製品を開発するか、に移るかもしれません。関係先の動向によって、あなたの企業の関心の優先順位が変わるわけです。このように関係性を理解することは、他者の利害関心を理解することにもなっていくのです。

　さて、関係性分析には、様々な方法があります。代表的な関係性分析の手法を表 4・1 に示しておきます。

4. 技能 1 ：協力的理性と配慮

◼ 協力的理性とは何か

　協力のテクノロジーでは、「理性」も一種の技能だと捉えて、その使い方を重視しています。ここで、理性とは、ある論理（何らかのつながりの規則性）を用いてものごとを関係づけたり、適否を判断したりしていく能力のことを指しています。つまり、協力において理性が重要なのは、協力を組み立てる際、基本となる論理があり、それをしっかり踏まえておく必要があるからです。

　さて、理性は、その基準となる論理（規則性）によって、複数の種類に分類することができます。まず、この違いを知っておきましょう（表 4・2）。

　ものごとを、道徳、規範、法律などに基づいて関係づけ、判断していく理

【表4・2　理性の代表的な種類】

理性の種類	概要
合規的理性	ある道理・理屈・基準・規範などに合うように、ものごとをつなげていく理性
道具的理性	世界を目的達成の道具とみなして、目的―道具関係で、ものごとをつなげていく理性
対話的理性	世界を異なる考え方を持つ人たちの集合体と見て、対話によって合意形成を進める理性
協力的理性	お互いの異なる目的・意図を理解し、共有目標を構築して、それぞれの目的達成を可能とする理性。相手との協力関係を構築する理性でもある。配慮（ケア）と公正さ（フェアネス）を重視する。

性を、合規的理性と呼びます。一方、ものごとを目的と手段の関係で関係づけ、目的に対する手段の有効性で適否を判断していくのは、道具的理性と呼ばれます。また、話し合い（対話）によって、合意を目指す理性は、対話的理性と言われています。この他にも、つなげる論理によっていろいろな理性の種類が考えられます。

　ところで、協力では、自分の目的を追求すると同時に、相手の目的実現をどう手伝えるかを考えていくことが重要となります。自分と相手の双方の利益が実現できる段取りを推論し、同時に、それが可能になる目標や活動を設定していくわけです。これは、合規的でもなく、道具的でもなく、対話的でもない理性です。そこで、この時使う理性を、「協力的理性」と呼ぶことにします。さらには、世界の利益である第三項も重要となります。したがって、ここで使うのは、三項相利を追求する協力的理性です。

　これは、常に、自分（たち）の意図、相手（複数）の意図、第三項に設定した世界の利益の三つを関係づけ、どうすれば一つの目標・活動においてそれらが実現できるかを判断する能力と言って良いでしょう。

　もう一度、サッカーの例で考えてみましょう。サッカーのような協働的な活動においては、相手の動きや意図、能力等を理解し、それと合わせて自分のプレーを組み立てていく技能が不可欠となります。相手は、チームメイトもいますし、敵プレイヤーもいます。審判の動きも重要ですし、観客にアピールして、観客を味方に付けることも考えなければなりません。また、人権

などの世界の利益も重要となります。プレイヤーが差別的な言動をとるなどしたら、どんなスーパープレーも台無しになるでしょう。このような異なった相手の動きや意図を理解し、それに基づいて、自分のプレーを組み立てていくことが、協働的な活動であり、協力的理性が果たすべき役割なのです。

2 道具的理性の問題

逆に協力においては、注意すべき理性の種類があります。それは、道具的理性です。道具的理性は、とても強力な理性で、あらゆることを目的・手段の関係に置き換え、あらゆる対象を、目的を実現するための道具と見ていきます。モノ相手ならそれでも良いのですが、相手が人間や生命ある存在の場合は、この考え方を採ると、相手をただ単に自分の目的を達成するための道具としてしか見られなくなってしまいます。よく、人を「巻き込む」と言いますが、これは相手を道具としてみて、利用しようとしている状態だと言えます。こうなると相手との協力を、一種の利用関係に変えてしまい、相手をどうコントロールできるか（支配できるか）が戦略問題となります。協力関係が支配関係へと転化していってしまうのです。

確かに、協力のテクノロジーでは、世界を道具として捉えます。

ただし、世界を道具として見るのは、見方の一つとして使っているだけで、世界は道具だと言っているわけではないことに注意してください。協力を組み立てるために、そういう見方を採用しているだけです。同時に、その一方で、道具にはできないものがあることも前提とします。さらに、道具とはできないし、してはいけないものがあります。それは、自分自身と相手（他者）です。ここは、絶対間違えてはいけません。

3 必要なのは配慮と公正さ

そこで、協力的理性を使うために絶対必要なものを二つ理解しておきましょう。

一つ目は、「配慮（care）」です。相手の「したいこと」に気を配り、考え、学び、それを尊重する、そういう姿勢です。人間は、何でもついつい道具化してしまいますが、配慮は、道具化してはいけないものを道具としない方策でもあります。これは意識すれば、誰もが持てる姿勢です。したがって、「配慮」は忘れないでください。

二つ目は、追求する価値としての公正（フェアネス）です。サッカーでも、

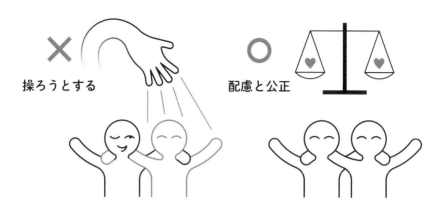

【図4・1　協力の相手はあなたの道具ではない】

×　操ろうとする　　○　配慮と公正

お互いの良いプレーが成り立つためには、フェアなプレーが必要です。これと同じで、協力においては、相手（敵であろうと）が、自分がフェアに扱われているという感覚が不可欠となります。フェアに扱われないと感じれば、協力する意欲は一気に失われてしまいます。また、相利も公正がベースになければ実現は難しくなります。何が公正（フェアネス）か、は難しい問題なのですが、誰もが認めるフェアネスがあるだけでなく、サッカーならサッカーのフェアネスがあり、柔道なら柔道のフェアネスがあるように、様々な状況やことがらに応じてもフェアネスがあり、大切だと理解しておきましょう。

5. 技能２：脇に置く技術と視点移動の技術

1 脇に置く技術

　協力的理性をしっかり使うために必要なのが、「脇に置く技術」です。協力を組み立てていくには、他者の意図を理解することが重要だと説明しました。この場合、第6章で解説するように、他者の世界観や価値観、役割などから、他者の意図を理解していきますが、私たちの多くは、他者の異なる世界観を、そのまま事実として理解することに慣れていません。

　私たちは、異なる世界観に遭遇すると、それは、間違っているとか、正しいとか、自分の価値基準で判断し、評価し、対応を決めてしまいます。そして、多くの場合、私は正しくて、他者が間違っているとしてしまいます。こうなってくると、協力に残された道は、他者を論破し、自分の正しさに従わ

せることしかなくなります。しかし、他者にとって自分の正しさを捨てることはそれほど簡単ではありません。これでは、協力を成立させるのは極めて難しい作業となります。しかし逆に、自分がたいてい間違えていて、他者がたいてい正しいと前提することも現実的ではないでしょう。それでは何一つ自信を持った行動はできないことになってしまいます。

　さて、ここで有効なのが、脇に置く技術です。

　自分の正しさ、価値基準、感情を、いったん脇に置くのです。脇に置くことは、判断を保留することであり、別に、自分の価値基準や感情、正しさを放棄することではありません。同様に、他者の価値観や論理のおかしさについても、いったんは脇に置きましょう。「イワシの頭も信心から」という言葉があります。信仰心があると、イワシの頭のようなものでも尊いものになる、と批判的に使う文言です。しかし、協力において必要なのは、批判することではありません。どういう価値観、世界観があるから、イワシの頭を信仰の対象としているのか、を理解することが大事なのです。

【図4・2　それぞれの信念、価値観を脇に置いて手を結ぶ】

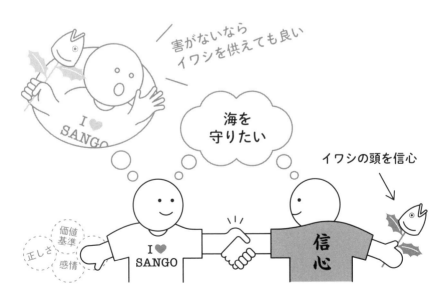

イワシの頭を拝むような行為を、おかしいと思うのではなく、その行為から、その人の世界観に分け入って、どういう理由からイワシの頭を拝んでいるのかを考えていくこと。それによって、その人の意図の構造を理解していくことを試みましょう。そして、もし協力において、イワシの頭を飾ることが大切で、それがデメリットを生まないのであれば、イワシの頭を飾れば良いだけです。このことは、その人の考えや世界観が正しいと言っているのではないことも、もちろんです。

❷ 視点移動の技術

　この延長にあるのが、「視点移動の技術」です。

　他者の世界観を、一つの工具として、そのあるがままに事実として扱えるようになれば、次は、その世界観を使うと世界がどう見えるのかを考えていきます。たとえば、鉄道の駅にある階段でも、健康な人の視点から見える階段と、車いす利用者の視点から見える階段、そして高齢者の視点から見える階段では、違って見えています。公園の公衆トイレも、男性と女性、性的マイノリティ、子ども、文化が違う外国人では意味が違ってきます。それぞれの違いを、視点の移動で見ていくわけです。これは、協力行動が、異なる価値観・世界観を持つ人々が協調して活動していく行動であるからこそ、必要な操作となります。

　さて、協力とは、視点が異なる人たちが協調して行動することだと言えます。関係者は、みなそれぞれの目的や関心、意図を持っています。それをそれぞれ実現していくのが協力活動です。しかし、協力が上手くいっているかどうかを判断するために、いちいち１人ずつ視点移動していたのでは、手間が大変です。そこで、関係者の異なる視点を一望に俯瞰することが必要になってきます。つまり、あなたを含めたすべての関係者のそれぞれの視点とは異なる、俯瞰する視点を設定することが必要となります。

　このような関係者の視点を第三者的に俯瞰する視点を、文学理論では「神の視点」と呼びます。この「神の視点」とは、物語を作る時の技法の一つで、宗教的な神とは無関係です。物語の作者や語り手の視点を指します。客観的な視点とも違います。登場人物全員の視点を俯瞰し、物語の進行のために編集していく視点だとお考えください。Part 3 で見るように、協力は物語として作っていきます。物語を作る人は、登場人物の１人ではありますが、作

者の視点も持ち、登場人物全員の視点を俯瞰する必要があるのです。そして、神の視点を設定し、俯瞰することで、協力が上手くいっているかを確認していくことができるようになるのです。

　リーダーシップ論で有名なハーバード大学のハイフェッツ教授は、「ダンスフロアとバルコニー」という表現で同様のことを言っています。つまり、現場で踊っているダンスフロアの踊り手の視点と、ダンスフロアを一望できるバルコニーの視点を両方持ち、その移動ができることがリーダーには重要である、という話です。

　実際の協力を組み立てる作業において、この神の視点を可能にし、視点の移動を誰でもできるようにするのが、第8章で紹介する相利評価表です。これについては、後で説明します。

Part 2

人はみな「違う」を前提に
共有の目標を作る

-目標開発の考え方-

協力を組み立てていく時、カギとなるのは、お互いが共有できる目標です。二者が異なる利害関心を持っている時、その二者の協力を可能にしていくのが、この目標となります。目標を作るためには、自分の意図を明確化し、他者の意図を理解することが不可欠です。さらに、三項相利を実現するためには、世界の利益を考慮することが必要になります。Part 2 では、この目標の作り方、そして三項相利を組み立てるための基本となる考え方を見ていきましょう。

(第 **5** 章) 自分の意図を明確にする

1. 人はみなイメージすることが異なる

　共有できる目標を開発するためには、自分自身の意図を明確にする作業が不可欠です。つまり、「私は何をしたいのか」です。

　これが三項相利における第一項となります。

　まず、ここからスタートしましょう。

　この問いは、簡単なように見えて、実はとてもやっかいな問いです。かなり多くの人が、ここでつまずいてしまうからです。

　事例を見ながら説明しましょう。

　ある地域づくり団体が、自分たちの住む市を、「日本一豊かな市にする」ことを目標に掲げて活動を始めました。市内の人々に、「自分たちが住む市を、日本一豊かな市にしたいので協力してください」と呼びかけを始めます。「それは素晴らしいことだ」と、様々な人が集まってきました。

　しかし、いざ具体的に活動を始めようとすると、とたんに壁に突き当たります。集まった人たちが、それぞれに、自分の求める「豊かさ」を主張し始めたのです。ある人は、もっと経済的な豊かさを求めて、「地域で仕事起こしを支援したい」と言い出します。ある人は、子育て環境の豊かさを求めて、「もっと子育て施設を充実させる活動をしよう」と言い出します。ある人は、自分が子どもの頃はもっと地域の自然が豊かだった、それを再現したいと、「里山を復活させる活動をしよう」と言い出します。

　結局、集まった人たちで、何が「豊かさ」なのかを、えんえんと議論し続け、そのうち、1人去り2人去りして、人々が離れていってしまいました。活動は始まる前に、やり直さざるを得なくなってしまったそうです。

　さて、ここで何が問題だったかは、はっきりしています。

　「豊かさ」は人によって違います。ある人にとっては、地域に仕事がいっぱいあることでしょう。ある人にとっては、福祉政策が充実していることでしょう。ある人にとっては自然環境が豊かなことなのでしょう。また、別の

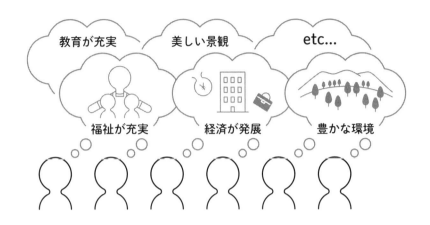

人にとっては、人々の貯金の残高がたくさんあることかもしれません。

　「日本一豊かな市を作る」という目標を掲げて「協力してくださいね」と言っても、集まった人たちが「豊かさ」について考えが一致しないのでは、協力は成り立ちません。

　何をもって「豊か」とするのか、そして何をもって日本一とするのかを、誰でも理解できるようにして、それから協力を求めていかなければならなかったのです。その手順を飛ばしたので、協力が成立しなくなってしまったわけです。

　このようなミスが起こる原因の一つは、協力の主導者が「自分の当たり前」を、「多くの人々の当たり前」だと考えていることによって起こります。みんなの考える「豊かさ」は、主導者が考える「豊かさ」と同じであるはずだ、という考えです。

　「あなたの当たり前」を、「みんなの当たり前」にしてしまっては、協力は拡がりません。

　今日の世界は、人はみな違っていて多様である、というのが大前提です。もちろん、同じところも少なくはないのですが、何が「同じ」なのかも人によって意見は異なります。したがって、何が同じで、何が違っていて、その中で、いかにして「共有できる了解」を作っていくのかを常に再確認してい

くことが不可欠なのです。

　まず、協力を求める時には、「あなたの当たり前」は、「みんなの当たり前」とはたぶん違う、というところから始めましょう。そのうえで、「あなたの当たり前」はいったん脇に置いて、それとは別に「みんなが共有して了解できることがら」を作っていく作業が不可欠となります。

　この「みんなが共有して了解できることがら」を作ることが、「明確化」です。協力の土台を築く作業と言っても良いでしょう。

2. 何をどう明確化すれば良いのか

　では、何をどう明確化していけば良いのでしょうか。

　ここでは、「分解」と「具体化」の二つの手法を使って、明確化していきます。

　分解とは、対象や活動を、いくつかの部分や要素に分解していくことです。たとえば、第2章で、社会関係が構築物であることを説明しました。設計図があり、役割や担い手がある、というものです。これは、「社会関係」というものを要素に分解しているわけです。

　もう一つの具体化とは、共有できる了解を作るために、あいまいな言葉を具体的な言葉に置き換えていく作業です。

　ではここで、「日本一豊かな市を作る」の事例を明確化していってみましょう。まず、「分解」を行います。「豊かな」を分解していくわけです。

　豊かさにはいろいろな豊かさがあることはすでに述べました。経済的豊かさ（仕事や資産の多さ）、自然環境の豊かさ、人間関係の豊かさ、福祉の豊かさなど、人によって重視する「豊かさ」は違います。なので、まず、これらの豊かさを列挙したうえで、どの豊かさを追求するのかを決めます。ここで仮に、人間関係の豊かさを追求するとしましょう。しかし、みんなに、「この市を日本一人間関係の豊かな市にしよう」と呼びかけても、みんなどうして良いか、分かりません。これでは協力は成り立ちません。

　そこで、次に具体化していきます。

　では、「人間関係の豊かさ」とは何でしょう。哲学的な問題はさておき、よくある科学的知見から考えてみましょう。社会科学では、人間関係の豊かさを測る方法として、「社会関係資本」と呼ばれる概念があります。これは、

お互いの助け合いや信頼、ネットワークの強さなどを「資本」として測る社会科学の手法です。

この社会関係資本の測定方法は、いろいろあります。たとえば、近所付き合いの程度やサークル活動の活発さ、人々が他者を信頼しているかどうか、ボランティア活動への参加率などです。

その中から、私たちが扱うことが可能なものを選択することとします。ここでは、「ボランティア活動への参加率」を選ぶこととしましょう。ボランティア活動への市民の参加率は、アンケート調査を行えば、その実態を知ることができます。どうやってアンケートをするかはいったん脇に置いておきましょう。すると、この「日本一豊かな市を作る」という目的は、「市民のボランティア参加率が日本一多い市を作る」という目標となります。

あとは、具体的方策を考えるだけです。ボランティア団体を増やしたり、ボランティア・プログラムを紹介する機会を増やしたり、ボランティア体験のプログラムを充実する、などできることはたくさんあります。その中から効果が高そうなもの、実現可能性があるものを検討し、選択して活動を組み立てていくのです。

こうなれば、協力は誰にでもできるものとなります。「私たちの市を、日本で一番人間関係が豊かな市にしよう。ボランティア活動の参加率を日本一にして、みんなで支え合う市を作ろう」と言えば、ゴールは明確です。

ここで、明確化すると言った場合、どこまで明確化すれば良いのか、の程度が問題になります。しかし、それはそう難しくはありません。要は、お互いが期待し合った行動を行えるようになる程度まで明確化できれば良いのです。たとえば、先ほど述べた事例の「豊かさ」です。何に関する「豊かさ」なのか。人々の間で認識のズレがないようにしていくのがポイントです。

「明確にしないほうが、多くの人が協力してくれるのでは」と考えている人もいるようですが、それは違います。「したいこと」を明確化したほうが協力は拡がります。

明確に「したいこと」が分かっていると、多くの人たちは、自分は何ができるかを自ら考えることができ、主体的に行動できます。指示や依頼の必要が減ってきますし、指示や依頼の範囲にいない人たちの間でも協力が起こせます。

「日本一豊かな市を作る」活動であれば、ボランティア団体の紹介活動をしたり、体験プログラムを作ったり、ボランティア体験の解説WEBサイトを作ったりと、できる人ができることをして協力を拡げていくことが可能になります。

そして、その活動が成果を収めれば、「私たちの市は、ボランティア活動が日本一盛んな、お互いに支え合う、人間関係が日本一豊かな市です」と、みんなで誇ることができるようになるわけです。

3. 明確化することで大きな問題も扱えるようになる

私たちの世界は問題に満ちあふれています。私たち個人にとって、どう取り組んでいけば良いのか、いっけん見当もつかない問題もあるでしょう。そのような時、この明確化はとても役に立ちます。

たとえば、あなたが、「世界平和を実現したい」と考えたとしましょう。しかし、いったい何をどうすれば良いのでしょうか？世界は、巨大な大国が自国の利益をめぐって相争い、地域での紛争は絶えません。国連のような巨大組織でさえ、世界平和を実現できているわけではありません。政治家でもないあなたが、多くの国を動かすことなど、まったく想像すらできないかもしれません。

しかし、何もできないわけでもないのです。

こういう時にも使えるのが、この明確化の技術です。

「世界平和」というと雲を掴むようですが、平和を分解していってみましょう。戦争や紛争がない状況もありますが、同時に、戦争の悲惨さを減らしていくことも平和の追求です。戦争の悲惨さをもたらす原因の一つは、非人道的な兵器や大量破壊兵器の使用です。したがって、これらの兵器を国際的に禁止していくことは、平和の実現に至る一つの過程だと言えるでしょう。

次は具体化です。非人道的兵器や大量破壊兵器としては、地雷やクラスター爆弾、核兵器があります。それならば、国際条約で、地雷やクラスター爆弾、核兵器の製造・使用を禁止していくこと、その条約の加盟国を増やしていくことが、一つの世界平和への具体的な方策としてあるはずです。

さて、ここまで明確化できれば、やることは単純になってきます。各国の市民が協力し、それぞれ自国の政府に働きかけて、このような国際条約に加

盟させていけば良いわけです。「世界平和を実現する」という抽象的なテーマは、各国の人々が自国政府に働きかけ、また、国際的にも協力して、条約制定・採択プロセスを進めていく具体的な作業に置き換わります。こうした作業レベルになれば、多くの団体や個人が協力できます。

実際、このように具体的な活動に落としこみ、世界の NGO が多数協力することで、対人地雷禁止条約やクラスター爆弾禁止条約、核兵器禁止条約といった条約が作られてきています。そのうち、対人地雷禁止条約と核兵器禁止条約を推進した NGO の世界的ネットワークには、それぞれノーベル平和賞が贈られています。世界平和の実現に寄与していると認められたわけです。

どうすれば良いか分からない世界の大きな問題でも、明確化することで、人々は扱えるようになり、協力を生み出し、成果を上げられることを示す事例だと言えるでしょう。

他にも、大きな問題を扱うための明確化の手法はあります。

ここでは、よく使われるものとして、「命名する」手法を紹介しておきます。

命名するとは、取り扱う問題等に新しい名前を付けることです。それによって、人々は、自分たちがすべきことを明確に理解できるようになります。

たとえば、「ドメスティック・バイオレンス（DV）」は、昔はなかった概念です。以前は、配偶者からの暴力は、夫婦喧嘩と言われることもあり、民事不介入とされていたことで、長年、警察が手を出さない案件とされてきました。しかし、ドメスティック・バイオレンス、つまりは暴力行為であると命名し、明確化することで、これは一種の犯罪であり、人権侵害であるという理解が広まります。人々の意識変化が生まれ、DV 防止法の制定運動へとつながっていきます。命名することで、社会問題として、誰でもが扱うことができるようになるわけです。

同じように、野良猫の保護活動も「地域猫」と命名したことによる明確化があります。この命名により、野良猫を地域猫に変えることで、人々の協力を生むことができました。

国際的な条約の制定も、地域の野良猫問題の解決も、基本的な協力の仕組みは同じなのです。

4. 明確化は複数名で行おう

　この明確化の作業においては、二つの点に気をつけてください。

　一つは、1人では作業しないことです。複数名、できれば数人から20名ぐらいまでで議論するのが適しています。もう一つは、違いを大切にすることです。無理にお互いの考えを統一しようとしてはいけません。

　協力を組み立てていくこととは、人々の理解や利害、価値観が違うという前提に立ったうえで、人々の間に、一つの協力という構築物を作るということです。

　明確化の作業は、最初は、2、3人の少人数で目標を検討していくことからスタートしても、その後だんだん人数を増やしていきましょう。最初の検討メンバーの間の理解や価値観の違いは、次に、協力を外に拡げていく時、さらに新しく協力してくれる人たちが持つ価値観や利害との違いの予測となり、協力を拡げる予行演習となります。考え方が違うことは、協力を拡げていくにあたってプラスであり、マイナスではないのです。

　たとえば、「日本一豊かな市を作ろう」を目標としたプロジェクトを立ち上げる場合、最初に集まったメンバーで、「日本一豊かな市」とは具体的に何で、それを実現するためには具体的に何をすれば良いか、を議論することになります。

　その際、集まった人は、それぞれ、「福祉の豊かさ」「環境の豊かさ」「経済の豊かさ」「人間関係の豊かさ」が大事だと主張するかもしれません。それは、それで良いのです。それはそれで良いとしたうえで、いったん脇に置いて、みんなで共に取り組む「豊かさ」は何にしようか、と検討をしていけば良いのです。そこで、たとえば、地域での孤立が進み、誰にも相談できない人が増えているとか、孤独死が出てしまったとかいう状況があり、それは、みんなで取り組むべきとする共有の認識ができたとしましょう。そうしたら、それぞれの豊かさの考えはいったん脇において、地域の人間関係を作り直すために、たとえばボランティア活動を活性化することを目標としてお互いに協力していこうと話ができれば良いわけです。

　では、それぞれの豊かさは、そこで捨てられてしまうのでしょうか? そう疑問に感じられるかもしれません。

　しかし、それも違います。目標を開発する際に、大切なのは、相利性の追

求です。それぞれの異なる目的を組み入れていけば良いのです。

　具体的には、たとえば、「環境の豊かさ」を求める人は、里山保全のボランティア活動を増やす活動をしてもらえばどうか、と考えてみます。ボランティアも増えますし、環境も豊かになります。同様に、「子育ての豊かさ」を求める人は、子育て施設やそれに関する相談活動などのボランティア活動を増やすことを検討してもらうことができます。「経済の豊かさ」を求める人には、地域振興のイベントを企画運営するボランティア活動をコーディネートしてもらえば良いのです。

　こうして、目標に相利性があることが確認されれば、それを関係者が採用することになります。そして、その後に、「豊かさ」の認識を全員で共有していくわけです。このように考えていけば、協力する人々にとって、ボランティア活動参加者を増やしながら、それぞれの目指すこと（環境や福祉、経済の豊かさ）も追求可能となります。

　まずは、協力の土台、つまり共有できる目標や共有できる認識をしっかり作ることができれば、協力を拡げやすくなるのです。

　ここでやってはいけないことは、何か一つの「正しさ」に、協力者の理解を統一しようとすることです。みんなが目指すべきことは、第一に「人間関係の豊かさ」でなければならない。それが「正しい」ことだ、としてしまうと、そこからは「正しさ」をめぐっての闘争となってしまいます。自分以外の関係者それぞれが目指す豊かさへの関心も薄くなります。それは協力の拡がりをつぶしていくことになってしまうのです。

（第 **6** 章）相手の意図を理解する

1. 相手の意図を理解する時の問題

　協力とは、相手の意図（したいこと）とあなたの意図の両方を、共有の目標により実現していく行為です。したがって、協力を組み立てていく時、重要なのは、相手の意図を理解することとなります。

これが、三項相利における第二項となります。

さて、あなたは、どうやって「相手の意図」を理解していますか？

この質問を、いろいろな方にしてみると、一番よく返ってくる答えが、相手に「聞いてみる」というものです。これは間違いではないのですが、いくつか問題があります。

第一に、相手が「したいこと」を教えてくれるとは限りません。また、相手は「したいこと」がたくさんある場合は、あなたにどう答えれば良いか、戸惑うかもしれません。さらに、やっかいなことには、たいていの人間は、自分の「したいこと」をよく理解していません。実際、「自分のしたいことが分からない」と悩む人は少なくありません。尋ねたから分かるとは限らないのです。

企業なら、顧客のニーズを知るためにアンケート調査という手法もあります。しかし、「聞く」という方法と同様、様々な人の協力を得ていきたいという場合、アンケートという手法はできないことが多いのです。たとえば、法律を作りたいと思っても、政治家や行政、企業などにアンケートがとれるとは限りません。

それだけでなく、かつてのNPO法のような、それまでないような制度を作ろうと思った時は、政治家や企業、自治体などの担当者は、それが何であるか、どうして必要か自体が分かりません。アンケートで聞いても、的確な回答は期待できないのです。

つまり、もし知らない人と協力を拡げていこうと考えたら、相手に会ったことがなくても、相手に会えなくても、相手に聞くことができなくても、それでも相手の意図を知る方法が必要となるのです。

では、そんなことはどうすればできるのでしょうか？

この方法を考える際、前提条件をしっかり確認しておくことが重要です。

第一に、あなたは、協力を得るために「相手のしたいこと」を理解したいわけです。したがって、相手の「したいこと」をすべて完全に理解する必要はありません。何をどうお願いできるか、の答えが分かる範囲で、相手の「したいこと」が理解できれば、それで十分です。

第二に、相手の「したいこと」を理解することは、相手の目的や期待、希望、したくないこと、利害関係を理解することであって、心を読むこととは

まったく別のことだということです。他者の心を読んだり、理解したりする方法は、あるのかもしれませんが、ここではそれは必要ありません。

　第三に、「聞く」「アンケートをとる」ことを選択肢から外す必要はありません。要は、聞ける、アンケートをとれるところにどうもっていけるか、に一つのポイントがあります。

　第四に、求める方法は、誰でも使える方法でなければなりません。人の心を読むのに長けた特別な能力や、高い共感性がなければ使えないようでは、誰でも使えることを目指す協力のテクノロジーとは言えません。人の心を理解するのが下手な人でも、共感性が高くないと思っている人でも使えるよう方法でなくてはならないのです。

　では、どうしたら良いのでしょうか？

　これらの前提を踏まえたうえでも、他者の意図を理解する方法は、いくつかあります。このうち、この本では、「世界観」と「役割」を利用して、他者の意図を理解する方法を紹介します[注16]。

　なお、ここでも前提として仮説検証のフレームワークを使います。

2. 価値観とは選択の基準と考える

　理解のスタートは、「他者の意図は社会的にすでに表現されている」と考えることです。そして、その社会的に表現されている事実を手掛かりに、「世界観」や「役割」をひも解き、他者の意図を理解していきます。

　最初に世界観を使う方法を紹介します。ここで世界観とは様々な事柄に関してある人が持っている価値観の集合体のことです。

　ここで価値観とは何かを確認しておきましょう。

　人は、基本的な欲求を複数持っています。健康でありたい、認められたい、食べたい、遊びたい、恋人が欲しい、所属したい、などなどです。これらの欲求は、生活していく中で具体的な意図に変換され、そして、具体的な行動で実現されます。たとえば、食べ物を食べたいという欲求は、カレーライスを食べたい、ラーメンを食べたい、などの具体的意図に変換されます。

　具体的意図に変換される時に、その変換を助ける道具が価値観です。たとえば、ある人は、ラーメンは嫌いだけどカレーライスは好き、という価値観を持っていたとします。もし、何か食べたいという欲求が起これば、ラーメ

ンではなく、カレーライスを食べたいという意図に変換されるわけです。

これが、価値観による意図の表現の基本的な仕組みとなります。

さらに理解を深めるために、「価値」とは何かも確認しておきましょう。

価値に関する定義も多様にあるのですが、協力のテクノロジーでは、価値とは「選択の基準」のことを言っています。あなたが意思決定をする場合（つまり選択をする場合）、その選択を行う判断の基準となるものです。ビジネスの世界で言えば、その「商品が選ばれる理由」と言っても構いません。

たとえば、あなたが賃貸マンションを借りたいと考えた時、あなたは、ネットで、物件の場所、交通手段、価格、階数、間取り、近隣の施設などを調べるでしょう。これが、つまり賃貸マンションに関する価値のリストとなっています。価格はできるだけ安く、と考えて探す時、あなたは経済性（価格が安いこと）の価値を重視して選択しようとしていることとなります。また、公共交通機関（鉄道）の駅から近いので交通至便、とキャッチフレーズに書いてあり、それに魅かれるのであれば、あなたは利便性の価値で物件を見ていることになります。

賃貸マンションを選ぶ時、人によって、利便性が最優先という人もいれば、経済性が最優先という人もいます。様々な価値のリストがある中で、どれを重視するかが、その人の「価値観」となります。当然、価値観は人によって違うわけです。また、同じ人でも、失業している状況ならば、経済性を最優先して物件を選ぶけれども、高い給与の職業に就いている時なら、快適性を最優先する、と判断が変わることもあります。価値観は、その人の状況にも大きく左右されるのです。

3. 相手の価値観を知って意図を理解する

◼ 相手が何を選択しているかから、価値観を理解する

では、この価値観は、その人の意図を理解するためにどう使えるのでしょうか。

賃貸マンションの例で見てみましょう。

もし、あなたが賃貸マンションの仲介業者で、客が物件を探しているとします。客は「駅から近くて、電車通勤に便利な物件を探している」と希望を伝えます。すると、この客は、利便性という価値観を持っていることが分か

ります。他の価値観が示されていないなら、あなたは、電車の駅から徒歩30分の物件を紹介しないでしょう。

さらに、このお客は、利便性を追求しているわけなので、駅から徒歩5分で4階という物件が二つあったとしたら、あなたは、「こちらの物件のほうが同じ4階ですが、1階にコンビニエンスストアがあり、より便利です」と、さらなる利便性を提案していくことができます。

つまり、相手の価値観が分かれば、その選択がある程度予測できるようになり、意図の把握につながるわけなのです。

では、このように相手からの要望がない時、また尋ねることができない時、相手の価値観はどうすれば知ることができるのでしょうか。

それには、世界は、様々な価値のリストがすでに多数用意されていることを理解していけば良いのです。

たとえば、賃貸マンションの世界では、経済性、利便性、安全性、快適性などの価値が選択肢として重視されるという共通の理解があります。これは、マンションの建築オーナー、仲介者、借り手で共有される共通の理解です。賃貸マンションの建築オーナーは、これらの価値のリストを考えながら、どの価値を提供するかを選択し、マンションを建築して貸し出します。仲介業者は、その価値を分かりやすくリスト化して、カタログに並べます。そして、借り手は、そのリストを見て、自分の価値基準から物件を選んでいくわけです。つまり、仲介業者のカタログや物件そのものが、価値観の表現です。

逆に言えば、どこのどういう家に住んでいるのかが分かれば、その人の価値観がある程度分かります。駅の近くに住んでいて、利便性を重視する人ならば、他の選択でも利便性の価値を使う可能性が高いと判断できるのです。

よくある例をもう一つ紹介しましょう。

新聞や雑誌、ネットメディアには、保守系とリベラル系があると言われます。それぞれ価値観が違います。一般的に、保守は伝統や慣習を重んじ、国家や共同体を大切にし、リベラルは革新的なことや個人の自由を重視するとされています。その価値基準によって、たとえば家族制度や教育などへの考え方も違います。どちらかのメディアを好んで読んでいる人は、そのメディアが主導する価値観を重視している可能性が高いと推測できるわけです。

先述のように人の世界観は、様々な事柄に関する価値観の集合体として構

成されています。その人の選択、どんな家に住んでいるのか、どんな仕事についているのか、どんな本を読んでいるのか、どんな新聞をとっているのか、どんな団体に所属しているのか、どんな人とSNSで友人になっているかは、その人の価値観の表現です。そして、その価値観は、世界にあるリストから作られています。リストから、あるものを選び、別のものを選ばない、というのが価値観です。その選択を見て、価値観を一つずつ理解していけば、価値観の総体であるその人の世界観を理解することにつながります。重視する価値が分かり、その世界観の構成が分かれば、その人が、何があればどういう意図を選択するかが理解できるようになります。こうして、その人の意図が一定程度予測可能となるのです。

　もちろん、この意図の予測は、あくまでも仮説です。世界観は、様々な価値観の複雑な組み合わせとなっているので、仮説どおりにはいかないことが結構あります。しかし、仮説を持つことで、検証し、修正していけるので、まずは仮説を持ちましょう。その後、ヒアリング等で修正していけば良いのです。

❷ 欲求や意図の代替ができることもある

　ところで、ある欲求は、他の欲求によって置き換えられることがあることも覚えておきましょう。たとえば、恋人とのデート中に何か食べたいと思っても、恋人が「食べるのはもっと後が良い」と主張するので従ったとします。この場合、食べたいという欲求は、恋人との関係を良好に保ちたいという欲求に置き換えられています。今の食欲より恋人のご機嫌のほうが大事という価値観が、この欲求の置き換えを行います。これを、「欲求の代替」と呼びます。

　また、ある意図も、他の意図によって代替することができる場合があります。たとえば、何か食べたいと思って、カレーライスを食べたいという意図を持ったとしても、カレー粉が家にない、という事情がある場合、「パスタでも良いか」と代替するような場合です。これも、カレーライスがだめならパスタでも良い、とする価値観がこの代替を行います。これを「意図の代替」と呼びます。

　意図の代替や欲求の代替の理解は、協力の組み立てでは重要です。協力は、相手の意図の実現に力を貸す行為ですが、相手の意図をそのまま実現できな

い場合は、意図や欲求を代替することで、相手の意図の実現を図っていけるからです。

　ここでも、相手の世界観を理解していれば、様々な代替が可能になるわけです。

4. 役割から相手の意図を理解する

　次は、相手の意図を理解するために、役割を使う方法を説明します。

　まず、役割について理解を深めましょう。

　人間は、欲求を実現するために、様々な役割を担って世界に参加していきます。

　役割とは、第一に、人が欲求を実現するための道具です。

　一方で、役割は、企業の社員やサッカーチームのゴールキーパーのように、企業やサッカーゲームという構築物が安定して動く要素となっています。したがって第二に、役割を担う人は社会的構築物の要素として、課された活動を行わなければなりません。

　さて、このような役割の2面性は、「役割権能」と「役割期待」という二つの働きに整理できます。相手の意図を理解するためには、この二つを理解することが重要になります。

■1 役割権能

　役割権能とは、その役割にもともとセットされている「できること（権限）」や「できるかもしれないこと（可能性）」です。

　企業の社員になれば、労働の対価として給料の支払いを要求できます。部長となれば、部下に命令ができます。これが役割の「できること（権限）」です。

　さらに、必ず「できる」わけではないですが、その役割を担うと「できる可能性」があることもあります。企業の部長になれば、ひょっとすると一般の社員より、家庭内で褒められることが多くなるかもしれません。子どもも尊敬してくれるかもしれません。サッカーでフォワードを務め、どんどん点を入れれば、より有名なチームからスカウトされ活躍の場が拡がるかもしれません。このようなことが、その役割で「できるかもしれないこと（可能性）」となります。この、権限と可能性を合わせたものが役割権能です。

役割には、標準的な役割権能があります。社員、サッカーのフォワード、スーパーのレジ担当、町内会の会長など、それぞれに標準的な「できること」「できるかもしれないこと」があり、多くの人がそれを使おうとして、またそれを求めて役割に就きます。つまり、役割権能の内容は、往々にしてその人の意図となります。役割権能の内容を理解すれば、それに沿って、その人の意図がある程度分かるわけです。

❷ 役割期待

　役割期待とは、社会的構築物が安定して動くために、その役割に課せられた義務や規範、期待されていることとなります。会社員なら就業規則に従って働くこと。営業だと売上をあげること。サッカーのフォワードなら点を取ること、ゴールキーパーならゴールを守ること、などです。

　役割期待にも、標準的な内容があります。社員、サッカーのフォワード、スーパーのレジ担当、町内会の会長など、それぞれに標準的な役割期待があり、みんな、それに応えようとしています。つまり、役割期待の内容も、往々にしてその人の意図となります。なので、役割期待を理解すれば、それに沿って、その人の意図がある程度分かるわけです。

　もちろん、この役割期待は、役割を担った人がしたいこととは限らない場合があります。たとえば、営業担当者が、気に入らない客に頭を下げなければならない場合もあるでしょう。しかし、営業という役割を担っている以上、その役割期待を果たす必要があり、本人の望まないことではありますが、役割に留まる以上、その人がしたほうが良いこととして本人が選択するわけです。それは一つの意図と理解して良いのです。つまり、意図には、本人がしたいと願っていなくても、役割期待から選択されるものがあるのです。これも、相手の意図を読むうえで重要なポイントです。

　したがって、人々の意図は、その人がどのような役割を担っているのか、そして、その標準的な役割権能や役割期待はどのようなものなのか、を理解すれば一定程度分かるということになります。

5. 役割から意図を読むツールの見つけ方

　もう一歩深く、役割から意図を読む方法もあります。

　それは、その役割の置かれている状況や過去・未来を理解していくことで

す。役割権能や役割期待は、その置かれている状況や歴史によって変わってくるからです。

　それでは、どうすれば、その役割を取り巻く状況を理解し、役割から意図を読むことができるのでしょうか。

　まず、役割に関して、その役割権能や役割期待は、多くの場合、公開されている資料からある程度分析できることを理解しましょう。

　役割に関する現状、トレンド、過去・未来などは、表6・1の資料を参照すれば、多くの事例を見つけることができます。「仕事名、組織名、役割、関係者、組織図」などの検索ワードで、インターネット上の検索サイトに絞り込み検索をかけていくのも効果があります。

　対象としている会社や組織の情報、関連する業界の情報を見れば、だいたいどの部門がどの役割を期待されているか分かります。企業などの組織では、組織規程というものもあります。これも、各部門や職位がどういう役割を持っているか理解するのに役立ちます。

　また、組織や個人は、一般的な関係者を持っています。その関係者からの期待も標準的なものがあります。関係者は、企業ではサプライチェーンを構成している場合もあります。その場合は、サプライチェーン上の位置から、その企業への期待が決まってくる場合があります。

　さらに、提供しているサービスの内容によって関係者や利害関係が変わっ

【表6・1　役割に関する情報を得る資料例】

対象	資料例
企業、職業人	シンクタンクや政府の経済・業界レポート、新聞記事、政府・自治体の当該業界等への施策・方針、企業のレポート、社長や幹部のインタビュー記事等、プレスリリース、株主の構成、系列、サプライチェーン、競合動向レポート、市場の動向レポート、大手取引先の動向レポート、人事等
政府・自治体	総合計画、各部署やテーマごとのレポート、審議会等のレポート、財政状況、首長の選挙公約・方針・会見等、議会の構成、議会の審議内容、ニュースレター、首長等の後援会の構成、各種団体との連携関係等
その他の組織	事業計画、HP の記述、その活動を取り巻く問題に関する政府やシンクタンク等のレポート、設立の経緯や沿革、トップや幹部の方針・主張、連携団体との関係、構成メンバー、実績、現在の活動等
個人	所属（今と過去）、経歴、実績、人間関係、組織でのポジションや上司との関係、所属組織の傾向や方針、資産、著作、SNS 等への投稿、発言等

てくる場合もあります。たとえば、新聞記者などは、政治面、経済面、文化面という具合に、分野（紙面構成）によって担当が分かれています。当然それぞれ関心は違います。政治面担当の記者と経済面担当の記者とでは、社会問題に関する関心も違い、記者としての意図も変わってきます。

　トレンドに関しては、その役割が直面している問題や将来の動向などを見れば推測できます。たとえば、少子高齢化が加速する中で、生産人口が減ってきています。すると、企業の人事が直面している問題は、働き手不足にどう対応するか、というものになるわけです。ここから企業の人事担当者の意図が予想できます。

　会ったこともない、相手のことをよく知らない、聞くこともできない。そういう相手の場合、これらの役割の特性を踏まえると、相手の意図を仮定できるのです。

6. 役割から意図を読む方法を理解しよう

　では、具体的に役割を使って意図を理解するには、どうしたら良いのでしょうか？

　ある役割に関して、それを担っている人・組織の意図の読み方には、一定の手順があります。

　それは、まずシステムで読む方法を実施し、非システムで読む方法で補完していくものです。さらにそれぞれを、①役割期待・役割権能、②それを取り巻く関係性、③トレンド・過去の行動・未来予測、といった三つの視点から読んでいきます。これにより、その人のしたいことの仮説をおおまかに形成することができます。なお、人の意図は、常に複数あります。なるだけ多く、その人の意図と思われるものをリストアップし、その後、持っているであろうと推測される世界観に従って、優先順位を付けていきましょう。

　これらのことを分かりやすいように、ある中堅食品製造企業での営業部長をしているＴさんを例にとって説明していきます。

　まず、役割期待・役割機能におけるシステム的な分析からスタートします。

　Ｔさんの役割は、営業部長です。当然、期待される役割（役割期待）は、営業によって商品の売上を伸ばし、企業の売上高を拡大させることです。これは、その食品企業という性格（企業なので、売上増は一般的な目的としてある）と、営

業部長である役職の役割期待（営業部門を率いて、企業の売上を上げる）というところから来ます。Ｔさんの意図（したいこと）の多くは通常、売上を高めるというところにあると考えるのが定石です。同時に、部長ですから、組織内で期待される役割もあります。販売促進部、製造部、研究開発部、広報部などの各セクションと連携をとっていくという役割も部長としてあります。また、部下を育成し、チームワークを向上させて、個々の社員の営業成績をアップするという役割もあります。これらの役割は、企業の組織図や組織規程を見れば分かります。

　規範を守るという役割期待もあります。システム的に言えば、営業部長としての規範というのは、リーダーシップを発揮して、部下や各セクションを率いて、営業を回していくというものです。決断ができないとか、指揮命令の方法がよく分からないというのでは話になりません。当然、Ｔさんは、リーダーたるべきものはいかにあるか、影響力をどう発揮できるか、という点に関心があり、そこに意図があると想定できます。

　次に関係性を使ってＴさんの意図を見てみます。ここでの関係性は、取引先や顧客などとの関係です。システム面から見たとき、たとえば、その食品企業の大口販売先として、大手レストランチェーンがあったとしましょう。当然、こういう顧客の関心事は、品質の良い製品をなるべく安く、そして安定的に仕入れるということにあります。Ｔさんは、企業の利益を確保しながら、同時に、顧客の期待にどう答えていけるかを考えなければなりません。ここに、関係性にもとづく意図が生まれます。

　非システムの関係性も見てみましょう。たとえば、その食品企業は、今回、社運をかけた新商品を発売しようとしているとしましょう。社長は、その新商品の売上の拡大を今年度の最重要課題としているとします。すると、Ｔさんの役割期待は、売上高の拡大だけではなく、むしろ、その新商品の売上目標の達成かもしれません。他の商品の売上高に変化がなくても、その新商品が期待された売上を上げれば、社長から高く評価されるということもあるでしょう。

　また、その食品企業では、最近、ハラスメント事件がありスキャンダルで評判を落とした後だとします。すると、法令順守（コンプライアンス）が問題なわけで、通常以上にＴさんは、コンプライアンスをどう確立するか、につ

いて関心を持っていると考えられます。

このようにして、関係性の非システム面から、Tさんの意図が推測できるのです。

3番目は過去の行動、トレンド、未来予測から読むという方法です。前例、実績、過去の変化のパターン、過去の言動、公約などから意図を読んでいきます。

たとえば、近年で言えば、デジタル化への対応というトレンドがあります。システム的な分析からは、営業部長として、一般的な販売のデジタル対応の方法やライバル企業の動向は関心があると推測できます。デジタル化の推進は、一般的なトレンドからくるTさんの意図となります。

非システムでは、Tさんの企業は、実はかつて多額の投資をしてWEBサイトでの販売を試み、失敗した経緯があるとします。その時、社長はとても怒っていました。すると、Tさんは、当然、WEBサイトの構築をするにしても、もう一度失敗することは許されません。社長に、再チャレンジを申し出るハードルも高いでしょう。どうやって営業のデジタル化を進めるのか、失敗を踏まえた提案が求められます。それがTさんの意図になっていそうです。

このように中堅食品企業の営業部長という役割を担っているTさんの意図は、その役割を通して、かなり理解できるのです。このような役割の分析は、多数の人を相手にする場合で、かつ会えないような人々の意図を、簡易に分析するのに便利です。

7. 常に仮説を修正していくことを忘れない

このような読み方は、あくまでも仮説を作る作業でしかありません。相手の役割を中核にした、一般的に相手がしたいであろうはずのこと、を仮説で作ったわけです。しかし、一般的な役割から仮定できる意図と、個々人の実際の意図とは違いが出てきます。そこで次は、必要に応じて、仮説との差異の有無をヒアリング等で調べていけば、相手の実際の意図に迫っていくことができるようになるのです。

その他にも、相手の意図の仮説に基づいて、協力を提案してみることもできます。相手の利益を示し、協力をオファーします。協力してくれたら、あ

る程度仮説は正しいことになります。協力してくれない場合は、仮説が間違っている可能性があります。こうやって試していけば良いのです。

　なお、どんな人間でも組織でも複数の異なる意図を持っています。したがって、意図を調べる時は、なるべくたくさんの意図を見出していきます。また、その人や組織が本来持つほうが妥当なのに、持っていない意図も出てくるでしょう。それもリストアップしましょう。

　たとえば、ある企業は、環境保護活動に関して、ほとんど何も検討しておらず、したいとも考えていないかもしれません。しかし、競合他社のほとんどが、すでに環境保護活動に取り組んでいるので、取り組まないと競争優位に立てない状況があるとします。その場合は、そのようなトレンドや周囲の変化を知らせてあげると、環境保護活動に取り組まなければということになり、それが意図の一つになる、という可能性は結構あります。

　その役割を取り巻く環境は、相手の新しい意図を作るうえでも有益なのです。

　また、多重所属も考慮していきましょう。基本的に、多くの人間（組織でも）は、複数の組織やネットワークに同時に所属しています。これを多重所属と言います。たとえば、食品製造企業の営業部長 T さんは、業界団体の研究会の委員を務めています。一方、家では、小学生の子どもがいて PTA の役員をやっており、町内会でも役職を持ち、日曜日は趣味の会に出、月に 1 度は福祉の NPO でボランティアをしているとしましょう。

　すると、T さんは、企業、業界団体、家、PTA、町内会、趣味の会、福祉 NPO という七つの集団に所属しています。それぞれの所属で、T さんは異なる役割を持ち、その役割を通した意図を持っています。それぞれに利害関係があり、異なる関係性があります。それぞれで役割期待は異なり、異なる行動を求められます。このそれぞれの利害関係や関係性、役割期待を見ていくと、T さんの意図がより深く分かってくるのです。

（第 **7** 章） 三項相利のために
世界の利益を理解する

1. 世界の利益とは何か

　三項相利を作るために、自分の意図を明確化し、相手の意図を理解したら、次に第三項に入れる「世界の利益」を検討します。

　世界の利益には、大きく分けて五つの種類があります。

　第一が、当たり前のようですが、法令等です。

　いくら協力し合う二者間に利益があったとしても、法令に違反するようでは、その目標の正当性を失いますし、警察に捕まるなどして、協力ができなくなります。目標設定においても、活動のプロセスにおいても、法令等は順守していくことが求められます。

　第二が、普遍的な規範です。たとえば、「正直であり、ウソをつかない」「他者の人格を尊重する」「弱者を保護する」などです。これらの利益は、多くの人が直観的に正しいと認めているものです。そのため、これらの規範を逸脱すると、多くの批判を招きますし、協力者も減っていきます。

　第三に、歴史的に作られた重要価値があります。これは、たとえば、人権や自由、幸福の追求、環境保全、国際平和、法の支配などです。これらは、法令等になっているものもありますが、なっていないものもあります。法令等になっていないものでも、その価値を実現するために多数の指針やガイドラインなどが出されています。たとえば、人権なら、世界人権宣言や「先住民族の権利に関する国際連合宣言」などがあります。環境なら持続性や生物多様性などが歴史的重要価値を示しています。

　第四に、時代の問題に対応した重要価値があります。これは、歴史的に作られた重要価値とそれほど違いはないのですが、時代時代によって変化していく速さがより大きなものを指しています。具体的には、たとえば、SDGsやESG投資のガイドラインなどです。日本国内で言えば、少子高齢化に対応した子ども・子育て支援、長時間労働に対応したワークライフバランスの充実なども、この世界の利益の一種です。時代の問題に対応した重要価値は、

その問題が解決していけば、その重要性は小さくなっていくことが、第三の歴史的に作られた重要価値との違いです。

第五が、集団が求める重要価値です。これは、前の四つに比べて分かりにくい概念です。集団という全体には、個々人の利益の総和以上の利益なりニーズがあるのです[注17]。

集団を再生産するためにまとまりを維持・強化していくことや、集団として外部に適応していくことなどは、集団の利益として重要です。たとえば、集団の文化的同一性や伝統などは、行きすぎると排除や差別などの問題を生みますが、まったくないと集団として統合が難しくなります。その意味で、これらの集団が、集団として存続していくための重要価値も、世界の利益としては、重要になってくるのです。

この集団が求める重要価値には、集団の適応能力、維持能力、回復力（レジリエンス）、共有する資源の維持、持続可能性などがあります。

2. 世界の利益を考慮する意義

ところで、世界の利益を第三項として設定することの意義は何でしょうか？

これには、大きく分けて、三つの意義があります。

第一が、目標の正当性を確保することです。

自分と相手の利益だけを考慮していては、その利益を達成するための目標が、第三者にとって好ましいものかどうか分かりません。むしろ、二者間だけの利益であって、それは第三者の不利益となってしまうこともあるでしょう。

たとえば、今日、プラスチック製品は環境負荷が高く、利用を制限する方向にあります。プラスチック製の包装は少なくすることが世界の利益となってきています。ここで、商店とプラスチック・メーカーが、双方の利益となるからと言って、プラスチック包装を増やそうとしていけば、それは、世界の利益と相反します。そうなると、その活動の正当性はなくなっていきます。二者の相利だけ考えていたのでは、目標の達成は難しいのです。

第二の意義は、世界の利益を入れておくほうが、協力が組み立てやすいことにあります。世界の利益を追求することは、多くの場合、第三者にとって

も利益となります。それは、第三者にとって協力する理由が一つできることになります。たとえば、ある NPO が、SDGs の実現を追求する活動をしている場合、企業や自治体など、同じく SDGs を追求する組織と、そこを接点に協力が組み立てやすくなるわけです。

Part 3 で解説しますが、協力を拡げるには、価値の共通化やリフレーミングなどの手法を活用します。世界の利益は、ある程度、広く共有される価値です。その価値をベースとすれば、価値の共通化やリフレーミングがやりやすくなるわけです。

第三の意義が、利害の調整にも使えるということです。

たとえば、地域猫活動で見たように、都会では、野良猫を屋外で飼うことは、ご近所トラブルの原因となります。

この場合、野良猫の保護活動を、保護したい人たちと迷惑を被っている住民だけの利益追求だけでなく、第三項に、人と動物が共に生きていける社会を目指す動物愛護法のような法令を入れていけば、お互い、その法令を踏まえながら、それぞれの利害をどう調整すれば良いのか、の議論が展開できます。動物愛護法が調整の軸（審判役）になるからです。

ところで、これらの世界の利益のどれを優先的に第三項として設定するのが妥当なのでしょうか。基本的には、どれをも満たすことが求められることは確認しておきましょう。

ただし、お互いに衝突することもあります。たとえば、夫婦別姓問題などでは、文化的慣習と人権擁護が衝突します。また、個々人の自由の追求は、場合によっては集団を維持するニーズと相反します。法律も、古くなって現状と合わない、改正しなければいけないものもあります。そのような法律を遵守すべきかどうかは内容にもよります。

それゆえ、世界の利益にも優先順位が必要となります。世界の利益に優先順位を付けるのは難しいのですが、第三の歴史的重要価値は一番優先しておくべき価値と考えておくべきでしょう。これらの価値は、人類が長い歴史の中で、実践し、検証してきたものであり、誰もの利益になることが証明されてきている価値です。どの価値よりも世界の利益にとって重要だと言えるものです。とりわけ、人権擁護、環境保全、幸福の追求は、絶対外せない利益です。

この歴史的重要価値をしっかり第三項に据えたうえで、目標を達成するために重要である世界の利益のいずれかを選択していきます。たとえば、SDGsや個々の政治上の重要施策など、その活動に適したものを選択し、設定します。そうすることによって、目標や活動が、具体的にどの利益を考慮しなければいけないのか、が分かりやすくなります。

（第 **8** 章）「違う」を前提に共有目標を作る

1. 人はみな異なる世界観を持っている

三項相利における、三つの項の求め方が分かったら、その三項を満たす目標の開発に進みます。

人々が共有目標を作ろうとした時、最大の障壁となるのが、利害の対立以上に世界観の違いです。利害の対立はまだ取引による合意ができます。しかし、世界観が異なると、世界の見え方、捉え方が違ってきます。そのため、何か社会問題がある時、問題自体の解釈が違ってきて、別々の解決策を主張し、合意が難しくなるのです。

たとえば、ここに3人の人がいるとしましょう。1人は、神を信じる敬虔な宗教家です。1人は、個人の利益追求をもっとも重視し、資本主義を信奉する資本家です。もう1人は、平等な社会の実現を目指す社会主義を理想とする社会主義者です。

この3人が、貧困で苦しむ人を見た時、それぞれが考える問題の原因と解決策は、それぞれが持つ世界観によって異なってきます（表8・1）。

宗教家は、貧困は信心の不足が引き起こすと考えます。そして、解決策として、貧困に苦しむ人に、より一生懸命神に祈りをささげることだ、と提案します。

資本家は、貧困の原因は、その個人の金儲けの努力が足りないせいだ、と原因分析します。解決策は、その個人が一生懸命働き、得たお金を投資し、自助努力で貧困から脱出することだ、となります。

【表 8・1　世界観による事実解釈の違い】

事実	世界観	原因理解	解決策
貧しい人が困っている	宗教的	神への信心が足りない	救いを求めて、さらに祈り、信仰する
	資本主義的	金儲けの努力が足りない	勤労し、自助努力で貧困から脱出する
	社会主義的	資本家による搾取	階級闘争を行い、資本家から権力を奪取する

　社会主義者は、貧困の原因は、資本主義経済による搾取の結果であると原因を分析します。解決策は、貧しい人や労働者が団結し、資本家との闘争に参加し、資本家階級から権力を奪取して富を平等に分配すべき、となるわけです。

　この 3 人が集まって、貧困の状態にある人の問題をどうするかを議論したら、その原因や解決策について、えんえんと終わりなき議論が続くことになるでしょう。世界観によって、ものごとの捉え方や原因自体の理解がまるで違うので、目標や解決策がまったく一致できないのです。

　もちろん、この話は分かりやすくするために、あくまでもかなり戯画化したたとえ話です。実際の宗教家、資本家、社会主義者が、一般にこういう考えを持っていると言っているわけではありません。

　しかし、これと似た構図は現実には多数あります。多くの人は、異なる世界観を持っていて、そのために、目標が共有できず、協力が上手く組み立てられない状況にあるのです。

　人々が、それぞれが違う世界観を持っていてそれを闘わせている状態を、社会学者ウェーバーは「神々の闘争」と呼びました。いくら協力を組み立てていこうとしても、それぞれが異なる神様（世界観）を持っており、それぞれの神様の正義が絶対なら協力は組み立てられません。

　協力を組み立てていく時、この世界観の違いをどうするかは、考えなければならない大きな問題なのです。

2. 認識を一致させる様々な方法

　私たちは、それぞれが異なる世界観を持ち、異なる世界に生きています。

しかし、一方で、私たちが活動していくうえでは、他者と協力していくことは不可欠です。では、どうすれば、異なる世界観を持つ人が、共に同じ目標に向けて、認識（ものごとの見方）を一致させ、力を合わせて活動していけるのでしょうか？とりわけ、武力（強制力）や財力（お金）を用いない場合は、どうしたら良いのでしょうか？

　この問題に対して、これまで、目標や認識を一致させていく方法＝「説得の方法」が多数提案されています。知っておくと便利なので、主要なものを解説しておきます。

　主要な説得の方法は、大きく分けると三つのタイプ（論）があります。基礎づけ論、目的論、手続き論です。

　ここで、それぞれの代表的な手法を見ておきましょう。

◪ 基礎づけ論

　第一は、基礎づけ論です。これは、認識を何らかの妥当な根拠に基礎づけて一致させ、それから目標を一致させる方法です。

　一番よく使われるのは、「信念の方法」とでも言うべきものです。つまりは、私はその認識（主観）が正しいと信じているので、あなたも信じよ、と説得するのです。信念の根拠が乏しい場合でも、その信念の強さで人を説得してしまえることはあるものです。

　ただし、信念だけで多くの人の認識を一致させ、合意を作り上げていくのは至難の業です。そこで、認識の正しさを、信念以外の何かに頼って（基礎づけて）、相手を説得する方法が、たくさん開発されてきました。

　私たちがよく使うものとしては、「真理の方法」「普遍の方法」「規範の方法」「共感の方法」「対象の方法」「権威の方法」などがあります。どれもが個人的主観ではないものに頼って（基礎づけて）、ある認識や目標が正しいことを示し、相手を説得しようというものです。

　真理の方法は、その認識が客観的に（つまり主観を離れて）正しいとして相手を説得しようとするものです。自然科学が得意とする方法です。「客観的に見るとこうなる」という言い方で認識の一致を作っていきます。

　普遍の方法は、「みんなが正しいと思っているから、この認識は正しい」と、正しさの基盤をみんなが受け入れていること、つまり普遍性に求める方法です。「みんなそう思っているじゃないか」と説得するのです。

規範の方法は、正しさの基盤を何らかの規範や道徳、その社会で認められている共通の価値に求める方法です。たとえば、「子どもは幸せになるべき存在だ」と説得するのは慈善活動でよく使われる規範の方法です。

　共感の方法は、その認識は、感性で共感し合えることで共通化を図るものです。「私もそう思う」という感覚の共通性に基礎づけていきます。

　対象の方法では、たとえば、信頼できる友人や身近な人の意見に従うとしている場合や、顧客第一主義を掲げる企業などが、顧客ニーズに判断の妥当性を求める場合はこの手法を採っていると言えるでしょう。

　権威の方法は、この対象が、専門家やインフルエンサーなどの権威ある者となります。「専門家の○○さんがこう言っている」と正当化していくやり方です。

❷ 目的論

　第二の目的論を見てみましょう。目標の有効性を共有することで、手段である認識を一致させる方法です。主要な方法に、「公益の方法」や「結果の方法」「比較の方法」などがあります。

　公益の方法は、その認識や目標が、みんな（集団）のためになるから、という理由で相手を説得する方法です。公益性があるからというわけです。いわゆる「最大多数の最大幸福」を目指す功利主義も、この方法の一種です。

　結果の方法は、その認識や目標が、求める結果を出すのに有効だとして説得する方法です。

　比較の方法は、その認識や目標が、他の認識や目標に比べて、より目的達成に優位だと主張して、相手を説得するものです。たとえば、企業マネジメントでは効率性が求められます。「このやり方のほうがより効率的である」と言って、他の社員を説得する場合、この比較の方法を使っているのです。

❸ 手続き論

　第三が手続き論です。目標や認識の妥当性を決める手続きを共有することで、目標や認識を一致させる方法です。これには、「多数の方法」や「合意の方法」「審判の方法」などがあります。

　多数の方法は、要は多数決で決めればその決定は妥当であり、相手も受け入れるべきだとするものです。

　合意の方法は、対等な関係で対話してお互いに納得すれば、その認識は妥

【表 8・2　説得の方法の例】

基礎づけ論

信念の方法	自分が正しいと信じているので、他者にもそれを信じ、採用するように説得するというやり方です[18]。
真理の方法	いわゆる客観性というものです。哲学的な探求や科学などの知見を使って、ある認識が、一種の思想的真理や、主観を離れた客観的な証明、事実、エビデンスに基づいていることをベースに、相手に認識の受け入れを求める方法です[19]。
普遍の方法	「みんながそう思っている」「みんなそうしている」という説得方法です。この方法では、「普通は」「通常は」「みんなは」などという言葉で、特定の認識の受け入れを求めていきます[20]。
規範の方法	なんらかの法律や道徳、規範に合致しているか（合規性）を説得方法とするものです。それが規範や道徳であるから、受け入れるべきであるというものです。
論理の方法	ある認識が、いろいろな反論に耐えられたり、様々な事例を適切に説明できたり、思考実験で検証できたりして、論理的破綻をきたさないことで、その認識の妥当性を受け入れるように求める方法です。認識を論理的整合性に基礎づけていきます[21]。
共感の方法	ある認識のどこかで、共感を得ることで、その認識の共通化を目指す方法です。感性に基礎づけます。
対象の方法	自分たち以外の誰か、たとえば協力相手や顧客等の認識や価値観をそのまま採用することです。
権威の方法	なんらかの権威ある存在の意向や考えに合致しているか、を説得方法とするものです。有名な学者やインフルエンサーなどが言っていることを、その人やその肩書の人が言っているから、と説得するものです。

目的論

公益の方法	「みんなのために」という方法です。公益とは集団全体の利益を意味しています。個人の利益より集団の利益を優先するという観点からは、全体主義的な方法とも言えます。
結果の方法	有益な結果がでるために、その認識を採用する方法です。
比較の方法	その認識を採用したほうが、他の認識より、より効果があるから受け入れる、という方法です。
相利の方法	お互いがそれぞれのメリットがあるために、ある一つの認識をお互いが採用する方法です。

手続き論

多数の方法	多数決でものを決めるやり方です。結果や行為が正しいかどうかは問いません。手続きを重視します。
合意の方法	お互いに話し合って納得しあうことです。真理性・正当性・誠実性という基準や、ナラティブの書き換えの方法などが使われます。合意するプロセスが適切かが問われます。
枠組みの方法	まず、共有できる認識の枠組みを先に作っておいて、それを採用することで、認識の一致を生み出していきます。フレームワークの共有化はこの方法によります[22]。
審判の方法	合意して、決定を誰かに委ねるやり方です。議長一任や、民主主義政治で、首長を選んだ後は、一任する方法はこれです。

当である、とするものです。

　審判の方法は、関係者が、誰かの決定に従うと合意して、その決定者に決定を委ねる方法です。しばしば会議で行われる「決定は議長に一任する」と決定するのが、この方法です。

※

　他にも、いろいろ方法は開発されており、また、これらを組み合わせて使うことも頻繁に行われています。適切に使い分けるために、それぞれの違いや特徴を理解しておきましょう（表8・2）。

3. 認識が違うまま目標を共有する方法

　このように認識や目標を一致させていく方法は多数開発されているのですが、残念ながらどんな場合でも使える決定的な方法はまだ開発されてはいません。そして、おそらく、当分の間は開発される見込みも立っていません。

　では、協力するにあたって、どうやって認識や目標を一致させていけば良いのでしょうか。そもそも認識は一致するものなのでしょうか。

　ここで一つ、哲学で使われるたとえ話を使って、この問題を見てみましょう。富士山について考える時、いったいどの方角から見た富士山が、「本当の富士山」なのかを考えてみる、という思考上の実験です。

　ある人は、静岡県側（南側）から見た富士山が本当の富士山だと言います。ある人は、山梨県側（北側）から見た富士山が本当の富士山だと言います。ある人は、宇宙衛星から見た富士山が本当の富士山だと言うかもしれません。さらにある人は、雪がかかった冬の富士山こそが本当の富士山であると言います。また別の人は、何もかかっていない夏の富士山こそが本当の富士山だと言うかもしれません。

　このように、その人の立っている位置や好む時期によって、富士山は見え方が違ってきます。これは、つまり、人によって世界観（視点）が違ってくるために、富士山の姿は人によって違うということを意味しています。

　いや、本当の富士山は一つのはずだ、と言っても、ではどの見え方が本当の富士山なのか、と問われれば、これらの人の間では、議論が永遠に終わらないこととなるでしょう。こうして、世界観の違う人たちの間で、認識の一致が難しくなるわけです。

この富士山の認識を一致させるために、真実の方法や普遍の方法、合意の方法などが考案されてきたとも言えます。

　では、協力のテクノロジーでは、このような時にどうしていけば良いと考えているのでしょうか。

　まず、いろいろな説得の方法がありますが、使えるもので、不適切なものでなければ、どれでも使っていくことは前提としておきます。そのうえで、協力のテクノロジーならではの方法を採っていきます。

　一般的に、異なる世界観を持つ人たちの間で、協力行動を作り上げようとした場合、認識を一致させてから、その共通の認識に基づいて目標を一致させていくことが多いようです。しかし、協力のテクノロジーの特徴は認識の一致から始めないことにあります。

　みんなが違う本当の富士山のイメージを持っている。それはもうそれで構わない、とします。しかし、みんなで一緒に富士山の頂上へ登ろうと考えた時、登山ルートを決めるために、どれかの富士山の地図を採用しなければなりません。それは、みんなの「本当の富士山」のイメージに基づく登山地図ではないかもしれませんが、富士山山頂に全員が登れれば OK です。手書きのアバウトな登山ルートで、地図と言えないようなものでも OK です。

　つまり、協力のテクノロジーでは、本当の富士山に関する議論は脇に置いて、目標を達成できるより良い富士山の地図（姿）を採用し、共有の富士山と仮置きするのです。

　何が、本当の認識か、という議論より、共有する目標（この場合は富士山登山）を達成するためにどの認識を採用するか、を検討するわけです。

　もともと、なぜ人々の認識を一致させなければならないか、と言えば、上手く合力するためです。合力する必要がなければ無理に一致させる理由はないのです。そして、この目標の設定方法を、その目標が実現する相利に置きます。つまり、関係者が自分の利益を実現できるがゆえに、その目標を採用することを目指すわけです。

　したがって、協力のテクノロジーにおける合意形成の手順は、以下のようなものです[注23]。

　まず、相利が実現できる目標を開発し、合意する。続いて、その目標を一番よく達成できる認識を共有の認識として採用する。このようにして認識を

一致させていきます。これを「相利の方法」と呼びます。目的論的方法の一種だと言えるでしょう。

そして、この相利を検討する場合は、三項相利を採っていきます。

4. 三項相利のメリット

では、三項相利を勧める理由はどこにあるのでしょうか。もちろん三項相利にも限界やデメリットはあります。しかし、それでもお勧めできる理由があります。

理由は三つあります。

1 日常的によく使われていること

第一に、三項相利の方法は、日常的に極めてよく使われ、私たちが慣れ親しみ、かつ有効性が高い方法であるということです。

私たちは、それぞれ異なる世界観を持っています。そのため、人々の認識が一致することは全体としてはありません。しかし、私たちは、日々、共同の生活をしており、力を合わせています。仏教徒であろうと、キリスト教徒であろうと、イスラム教徒であろうと、企業に入って様々な人たちと一緒に仕事をしますし、サッカーなどのスポーツを楽しみます。私たちは、世界観が違っても、力を合わせることを日々行っています。そして、それぞれの求めるもの（利益）は、人によって違っています。

企業に対して求めるものは、資本家なら投資利益でしょうし、従業員なら給料です。さらに人によっては、やりがいや能力の開発、成長などを求めるかもしれません。権威が欲しい人もいるでしょう。また、サッカーの場合であれば、プレイヤーならプレーの楽しさや報酬を、ファンなら娯楽を求めています。

このように、私たちは、日々、それぞれが異なる世界観を持ち、異なる利益を求めていながら、お互いに力を合わせることができる社会的構築物を作っています。つまり相利の方法を採っているのです。

相利の方法は、私たちが日常的に使い慣れている方法なのです。

2 違いを大切にできる

理由の第二は、違いを大切にできるということです。

真理の方法や普遍の方法などは、世界観や認識の一致を目指す方法だとも

いえます。ある認識を正しいとして、それ以外を正しくないとすることで合力を目指していきます。そのために、異なる意見や考え方を排除することに傾きやすいという欠点があります。今日のように、人々の多様性や異なりを大切にしていく必要がある時代には問題があります。

　一方、三項相利は、自分と相手（関係者）の異なる利益を重視するという考えに基づいています。異なりの解消は目指しません。また、正しさも排除しません。たとえば、科学的な正しさ（エビデンス）は、目的を達成するための手段を選択する時に使えば良いわけです。それにより、本当に相利が達成できるかを判断できるようにしていけば良いのです。

❸ 多くの人の利益を考慮できる

　第三に、より多くの人の利益を考慮できることがあります。

　二項相利だけでは、自分と相手（関係者）の利益だけを追求していくことになります。関係者だけの閉じた関係（集団）では、その外部の人たちの利益を犠牲にしても良い、という考えにつながる危険性があります。企業でも、労使の利益追求はしっかりやっているが、環境汚染を進めている、というのでは問題です。

　それゆえ、三項相利では、第三項に、世界の利益として、法令順守、環境保全、人権擁護、マイノリティの利益、地域の発展などの広く一般に妥当性がある価値観を入れて、その実現も目指していきます。

　これにより、自分の目標、関係者それぞれの目標、他の人々の一般的な価値の、それぞれの実現を追求できる協力の組み立てが可能になるのです。

※

　このように、いろいろな活動において、三項相利の実現を基準とし、「三項相利の最大化」を目指す考え方を「相利主義」[注24]とこの本では呼びます。

5. 三項相利の設計と相利評価

　では、三項相利はどう設計したら良いのでしょうか。

　三項相利は、簡単に言うと、「自分（たち）の利益」「相手（関係者）の利益」「世界の利益」の三つの利益が実現できる「目標と活動」を開発することで達成していきます。

　具体的には、「相利評価表」というフレームワークを使って、その開発と

評価を行います。相利評価表については、表8・3をみてください（地域猫活動の事例で、表を作成しています）。

　まず、原則的な表の作り方を説明しておきます。縦軸に、「自分」と「相手（関係者）」、そして「世界」の三つの項を立てます。そのうえで、想定する人や組織を、主体の欄に列挙します。

　自分の項の主体には、たとえば、猫好き（猫の世話をしたい人）のように書き込みます。相手（関係者）の項の主体には、協力して欲しい関係者をすべてリストアップしていきます。受益者も関係者（協力者）として、このリストに入

【表8・3　相利評価表（地域猫活動の事例）】

三項	関係者	現状／問題	求める利益（目的）	目標と活動	役割	得られる利益（相利）	評価指標
自分	猫好き	野良猫が飢えて可哀想	野良猫を保護したい。可哀想な猫を減らしたい		餌やり、そうじ、不妊措置、広報	猫が安心して生きていける	野良猫の数の減少
相手（関係者）	野良猫	生活が大変	安全安心な暮らし		迷惑をかけない	安全安心な暮らし	殺処分される野良猫、飢える野良猫の減少
	住人・マンション住人	猫の糞尿・騒音等の被害が迷惑	猫の糞尿等の被害にあわない	目標：野良猫を助けたい	あたたかく見守る	野良猫による被害減	被害の数
	町内会長・マンション管理人	住民トラブルの頻発	住民の平和	活動：地域猫活動	住民への周知	地域の争い減	クレームの数
	行政（自治体・保健所）	殺処分の増加。住民からのクレーム。死体処理等の作業増	殺処分減。住民からのクレーム減。死体処理等の減		活動の公共性の担保。活動の支援、広報啓発、補助等	動物愛護法の順守	苦情や引き取り依頼の数。住民満足度の向上
世界	動物愛護NPO	人と猫とが共生できない。命の尊重ができていない	人と猫が共生できるまちづくり。命を大切にする世界の実現		法制度や施策を充実させる	人と動物が幸せに共生できる世界	不幸な野良猫の減少

※得られる利益は、できるだけ質・量のいずれかで、測定できるようにしましょう。誰でもが達成度が分かることが重要です。

※受益者・被支援者（この場合は野良猫）も、相利評価表では関係者として扱います。支援・被支援関係は採りません（猫が協力してくれるかどうかは不明ですが）。

れていきます。また、目標に反対している、反対する可能性がある関係者も書き入れていきます。この場合、固有名詞でも良いですし、政治家、自治体、企業などのように、社会的な役割でも構いません。世界の項の主体の欄は、重要価値を書いても、その価値を推進する人・機関を書いても構いません。たとえば、人権と書いても、人権擁護NPOと書いても構わないということです。

　次に、それぞれが抱えている「現状／問題」と「実現したい利益（目的）」を書いていきます。求める利益は、多くの場合、問題の解決なので、問題の内容を逆転させていきます。

　それが出来たら、それぞれの利益が実現できる「目標および活動」を検討していきます。検討の方法は、自分の利益からスタートして、関係者の利益の実現にどう貢献できるか、世界の利益にどう応えられるかという手順で拡げていきます。

　目標や活動の仮説が出来たら、その活動において、それぞれの主体がどんな役割を担うのかを明確にしていきます。さらに、その目標や活動が上手く達成できた場合、それぞれの主体が得られる具体的利益（相利）を検討していきます。それが、それぞれの主体が納得できる利益であれば、目標は上手く設計できたことになります。できるだけ、それぞれの関係者に適切かどうか確認しましょう。最後に、その具体的利益が実現できたかどうかを、どんな評価指標で測るかを決めておきます。

　相利評価表自体の作り方の実際は、この後の「Part 3 協力構築サイクルを使って協力を組み立てる」で見ていきます。

　なお、この相利評価表は、協力を組み立てる際に、もっとも頻繁に使うフレームワークとなります。また、このフレームワークを使った評価手法を、ここでは「相利評価」と呼びます。

※

　これで、協力を組み立てていく一通りの要素が揃いました。次のパートから、いよいよ、協力を組み立てる具体的手法を学んでいきましょう。

Part 3

協力構築サイクルを使って
協力を組み立てる

ここまで、協力を組み立てる方法の基礎を見てきました。Part 3 では、この説明を踏まえて、具体的に協力を組み立てる方法を解説していきます。協力を組み立てるために「協力構築サイクル」というフレームワークを使います。協力を使って、世界をより良い場所に変えていくにはどうしたら良いのか。協力はどうすれば上手く組み立てられるのか。サイクルの七つの要素を一つずつ完成させていき、求める協力を作ります。

（第 **9** 章） 協力構築サイクルとは何か

1. 協力構築サイクルの構成と回し方

　協力を組み立てていくために、この本では、「協力構築サイクル」（図9・1）というフレームワークを使います。

　協力構築サイクルでは、①「目標」からスタートして、②「役割」、③「脚本」、④「相利」、⑤「調整」、⑥「舞台」、⑦「帰属」の順番で、協力に必要な七つの要素を埋めていくことで、協力を組み立てていきます[注25]。

　この協力構築サイクルは、文字どおりサイクルを回す道具であり、何度もこのサイクルを回すことで協力を組み立てていきます。徐々に協力者を増やしていくことを目指しているからです。協力者が増えると新しい利害関係が生じてきますし、活動が進むと状況の変化や予想しなかったことも起こってきます。サイクルを何度も回しながら、常に協力関係の設計が適切かどうかテストし、修正を繰り返しながら、協力の輪を拡げていくわけです。

　これは仮説検証のフレームワークの応用でもあります。協力の組み立ても、やりながら改善を加えていくものです。このサイクルは、最初から仮説を作るためのものであり、どんどん修正していくためのサイクルなのです。

　また、七つの要素の後半は、活動を発展させながら考えていくことも多いので、最初は明確なものでなくても構いません。最初から、全部は埋まらなくても大丈夫です。ただ、できる範囲で仮説は作っておきましょう。

　始めは、1人もしくは2、3人という少人数で、何をしたいのかをイメージしながらサイクルを回してみます。次に人数を増やして活動の中心となるメンバー10人前後と、それを修正しながら回します。それぞれの関心ごとや利害などを検討していきます。その後、徐々に参画する人の数を増やしていきます。

　この検討は、Part 2で紹介した方法をベースに行います。ポイントは、相手の意図と自分の意図を調整していくことです。そして最終的には、三項相利を実現する目標・活動を設計していきます。ただし、最初から、自分・関

係者・世界の三項を考えていくのは、かなり大変な作業です。三項相利もサイクルを回しながら、だんだん拡げていくやり方で実現していきましょう。

　重要なのは、最初の段階で自分たちの目的や利益を明確化することです。自分たちのしたいことを明確化しないと、自分たち以外の利益に引きずられてしまいかねません。それが固まってから関係者の利害関心を検討に入れていきます。関係者をだんだんと拡げていき、その後、世界の利益として何を扱うべきかを決め、それを第二項に入れていくのです。

【図9・1　協力構築サイクル】

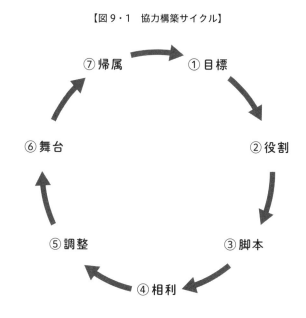

① 目標	目的（最終ゴール）に至る中間地点として、どのような目標を設定するのか
② 役割	目標に到達するために、誰が何をするのか（設計図）
③ 脚本	その役割分担はどのようなステップを踏んで作れるのか（手順書）
④ 相利	各協力者のメリットをどうやって作っていくか
⑤ 調整	外部の反対者などとの対立をどうやって解決していくか
⑥ 舞台	協力者同士のお互いの行動をつなげるためにどう場面を設計するか
⑦ 帰属	どうやって、協力者たちにチームや活動への帰属感を生み出せるか

2. Part 3 で使う三つの事例

　次章から、協力構築サイクルの7要素を、一つずつ順に取り上げて要素を埋める方法を解説していきます。解説では分かりやすいように、三つの事例を中心に他の事例も交えながら説明します。三つの事例は、「日本一豊かな市を作りたい（事例名「豊かな市」）」「地域の困難を抱えた子どもたちを助けたい（事例名「こども食堂」）注26」「可哀想な野良猫を助けたい（事例名「地域猫」）」です（表9・1）。活動を主導するのは、すべて「あなた」と仮定します。

　まず、地域猫の事例で、この協力構築サイクルの仕組の概略を見ておきましょう。この事例では、「飢えに苦しむ可哀想な野良猫が増えるとともに地域でトラブルが起こる」という問題を解決するために、「人と猫が共生で

【表9・1　協力構築サイクルの三つの事例】

事例名	豊かな市	こども食堂	地域猫
現状	地域に活気がない	子どもたちが困窮して食べ物に困っている	飢えに苦しむ可哀そうな野良猫が増えるとともに地域でトラブルが起こる
目的	日本一豊かな市の実現	地域の子どもたちが幸せになる	人と猫が共生できるまちづくり
① 目標	ボランティア参加率日本一の市	地域で困難を抱えた子どもたちがいなくなる	地域で野良猫を適正に管理する地域猫活動の実施
② 役割	プログラム開発・提供体制の役割分担	こども食堂開設・運営の役割分担	地域猫活動に必要な役割分担
③ 脚本	プログラム開発・提供体制の構築手続き	こども食堂を作り運営するための手続き	地域猫活動を立ち上げる手続き
④ 相利	個々の活動の発展と豊かな市	子ども、親、学校、地域などの利益	それぞれの困りごとの解決
⑤ 調整	関心がない自治体を説得する	施設を貸してくれない人などとの協力	行政や猫嫌いな人に協力してもらう
⑥ 舞台	各プログラムでリーダーシップを発揮できる機会を作る	こども食堂を通じたコミュニケーション	日々の町内における活動を通じたコミュニケーション
⑦ 帰属	年に一回のボランティア体験発表大会を行うことで、ボランティア推進活動の意義を共有	子どもたちの幸せを共有	個々の利益の実現を共有

きるまちづくり」を目的として、①「地域で野良猫を適正に管理する地域猫活動実施」を目標に、②「地域猫活動に必要な」役割を決め、③「地域猫活動を立ち上げる」脚本を作り、④「それぞれの関係者の」相利を実現し、⑤「猫嫌いな人にも協力してもらう」調整を行い、⑥「日々の町内における活動を通じたコミュニケーション」を舞台として、⑦「個々の利益の実現を共有すること」で、活動への帰属感を生み出していきます。

このように、協力構築サイクルにおいて、7要素は一つの物語としても語れるように作られています。サイクルを回しながら、あなたの物語を作っていきましょう。

なお、ここで紹介する事例は、実際の話をもとにしていますが、理解しやすいようかなり簡略化し、加工しています。固有名詞がない限り、実在の特定の団体とは関係ないとお考えください。

（第 **10** 章） 相利を基本に 「目標」を開発する

1. 目標開発のフレームワークを理解する

協力構築サイクルのスタートは「目標開発」です。

ここでは、目的と目標を切り分け、目標を作り出していきます。目的はプロジェクトの長期的な方向性を決めるもので、プロジェクトの未来の着地点と言えるでしょう。一方、目標はその途中において明確に到達できる中間地点のことです。いくつもの目標を順番に達成していくと目的に近づいていく、というのが持っていただきたいイメージです。目的と目標を切り分けるという作業は、協力のプロジェクトにおいてとても大切です。

この目標開発で使う工具は「目標開発フレームワーク」（図10・1）と「相利評価表」（表8・3/p.86）です。目標開発フレームワークは、①現状、②目的、③原因、④解決策、⑤目標という五つの要素から成り立っています。「目的」をこのフレームワークを使って分解し、具体化して組み立てます。

この5要素の概要は以下の通りです。

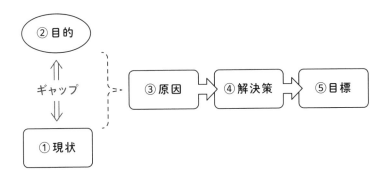

【図 10・1　目標開発のフレームワーク】

1 現状

「現状」については、現在の状況つまり課題や問題、もしくは「したいけれども、できていないこと」を記入します。あなたたちが変えたいと思っているのは、どんな問題なのでしょうか。現状で不満に思っていることは何なのでしょうか。

2 目的

目的では、その現状を最終的にどう変えたいのかという結果について書きます。長期的に変えた後の状況です。現状と比べて、ビフォー・アフターが明確に分かることが重要です。

3 原因

原因では、現状と目的のギャップ（差）を生み出している理由・背景を書きます。現状が、目的が達成された状態にならないのはなぜでしょう。ここは、仮説で構いません。いろいろな仮説を、とにかく考えつく限り書いていきます。

4 解決策

原因をできるかぎり列挙したら、その原因を解決する方法（活動）は何かを考えます。原因は複数あるのが通例ですが、その中のどれに取り組み、どう解決していくかを書きます。

5 目標

解決策を決めたら、その解決策で達成すべき具体的目標を設定します。何が達成できれば、問題のその原因は解消するのでしょうか？

【表10・1　目標開発フレームワークでの事例の概略】

事例名	豊かな市	こども食堂	地域猫
① 現状	地域に活気がない	子どもたちが困窮して食べ物に困っている。孤立している	野良猫が飢えていて可哀想
② 目的	日本一豊かな市の実現	子どもたちが幸せになる	猫が幸せになる
③ 原因	地域の人々の助け合いや協力が少なくなっている	家庭が貧しいので十分な食料が買えない。頼れる人も少ない	猫を世話する体制がない。猫が増える
④ 解決策	地域の人々がボランティア活動に多数参加	食料を無償提供して、食べられるようにする。地域で子どもたちを見守るネットワークを作る	猫の面倒を誰かが適正にみられるようにする
⑤ 目標	ボランティア参加率日本一	地域で食べ物に困っている子どもたち、孤立した子どもたちがいなくなる	面倒をみる人ができ、猫が餌に困らないで暮らせる

※

　表10・1では、「豊かな市」「こども食堂」「地域猫」の三つの事例における、この5要素の概略を列記してあります。次節から、この五つの要素を一つ一つみていきます。

2. 現状と目的から問題を明確化する

　まず、①現状と②目的を明確化していきましょう。

　大事なことは、①現状と②目的はセットで理解していくことです。現状と目的の関係は、ビフォー⇒アフターの関係となります。「①現状（ビフォー）」を書いて、それが解決した状態を「②目的（アフター）」に書きます。まず、「現状」の枠に、今、問題だと思うこと、不満なこと、もっとこうしたほうが良いと思うことを箇条書きで書き出していきます。次に、「目的」の枠に、それが解決した状態を書き込んでいきます。基本的には、現状を反転させていきます。たとえば、現状が「ボランティア参加率が低い」なら、目的は「ボランティア参加率が高い」とします。

　地域猫の事例で、あなたが可哀想な野良猫を助けたい人なら表10・2のようになります。

【表10・2　地域猫における現状・目的】

関係者	現状	目的
あなた	可哀想な野良猫を助けたいが、家では飼えない。	野良猫が幸せになること

　最初は、現状も目的も漠然としたもので構いません。ただし、サイクルを回していく中でそれを明確化し、修正していきます。問題は、具体的に解決していかなければならないからです。なお、目的は、基本的に現状を反転させますが、それだけで適切な目的が見つからない場合もあります。その場合は、先行事例などの調査を行い、適切な目的を探します。

　さて、現状と目的が列挙され、そこで問題が見えてきたとします。しかし、それだけでは、まだそれが「問題」と言えるかどうかは分かりません。「問題候補」の段階でしかないのです。それが、「問題」と言えるようになるためには、その「問題候補」によって、他者にも不利益が具体的にあることを明確にしなければなりません。

　たとえば　地域猫において、「野良猫が飢えていて可哀想」という「問題」は、他の人たちにとっても「問題」なのでしょうか。野良猫が飢えているからといって、誰かが困ることがあるのでしょうか。なぜそれは解決されなければならないのでしょう。私と仲間の抱えている問題（たとえば「野良猫が可哀想」）は、自分たちにはよく分かっています。しかし、他者には、いったいなぜそれが問題なのかが、よく分からないことが多いのです。したがって、「私の問題」を「人々の問題」に変える作業が必要となってきます。私の問題は他者にとって自明の問題ではない、と理解しましょう。

　ここで有効なのが、他者視点を使う方法です。

　視点移動の技術のところで述べたように、どんなものごとも人によって見え方が異なります。これは、協力を組み立てていく時マイナスにも働きますが、使い方によってはプラスにもなります。あなたが直面している現状は、他者はどう見ているでしょうか。その現状を、子どもはどう見ているのでしょう。男性や女性、LGBTQなどのジェンダーの違う視点ではどう見えるのでしょうか。独身の人では、日本に暮らす外国人では、子育て中の人では、そしてシニアの視点ではどうでしょう。企業の視点なら、行政の視点なら、

中学校の先生の視点なら、まだ生まれていない将来世代の視点なら。

　このように視点を移動し、その現状は、それらの人々にとってどのように見えているのかを調べていくわけです。それが、問題を明確にし、現状を分析する手法となります。

　ここでも仮説検証のフレームワークを使います。仮説を立てて、それを検証するために、問題に関わりそうな関係者をできるだけたくさんリストアップして、ヒアリングしていけば良いのです。ヒアリングできなくても、本屋や図書館に行ったり、ネットを検索すれば、山のように他者の視点を見つけることができます。先行事例の関係者や研究者に尋ねる方法もあります。

　視点の整理には相利評価表が役に立ちます。現状⇒目的分析を相利評価表で行えば何が問題かがよく見えてきます。相利評価表で、関係者ごとに、「現状」の枠に、今、関係者がそれに関して問題だと思っていることを推測し、箇条書きで書き出していきます。あなたもこの関係者の1人として書いておきます。また、受益者も関係者として扱ってください。たとえば生活困窮者を支援する活動なら、生活困窮者も関係者として扱います。協力構築サイクルでは、支援／被支援関係の考え方は用いません。受益者も協力者と

【表10・3　地域猫における現状・目的の相利のリストアップ】

関係者	現状	目的
猫を助けたい人	可哀想な猫を助けたいが、家では飼えない。猫に餌をやっている	猫に幸せになってほしい
野良猫	日々の食べ物に困っている	日々の食べ物に困らないで幸せに生きていける
地域住民	猫の糞尿や食べ散らかし、いたずらの被害に困っている。猫に餌をやる人は迷惑な存在	猫による被害をなくしたい
マンション管理人	猫の糞尿などの苦情が住人から寄せられる。猫に餌をやる人は迷惑な存在	住民から猫に関する苦情をなくしたい
町内会長	猫をめぐる苦情や住民トラブルに困っている。猫と猫に餌をやる人はトラブルメーカー	苦情や住民トラブルをなくしたい
自治体	猫の引き取り・殺処分件数が多い	猫の殺処分を減らしたい

して扱います。地域猫の事例で、現状⇒目的の整理を、相利をリストアップする形で修正したのが表 10・3 です。

　こうやって整理すると、他者視点が問題を浮き彫りにし、何が問題かが分かってきます。このような他者視点で見ることは、ビジネスの世界でもよく使われます。自社の商品を、営業の視点で見ればどうか、競合他社の視点で見ればどうか、顧客の視点、顧客の顧客の視点で見ればどうか、株主や投資家の視点で見ればどうか、地域の視点で見ればどうか、など、様々な視点で見ることで、より商品のセールスポイントや問題が見えてくるものです。

　さて、現状が、誰にとってどういう問題なのか（問題の質）が分かると、次は、それがどれだけ多数の人々の問題なのかも調べます。問題の質と共に、量を明らかにするのです。実態調査やヒアリング調査、アンケート調査、事例調査などを実施して、その現状を人々がどう思っているのか、について量的にも、質的にも調べていきます[注27]。

　これにより、その問題に関して、どれくらいの量の人が問題と感じているか、といった量的なニーズが分かってきます。また、どういう具体的な問題が発生しているか、それがどれだけ深刻かという質的なニーズもさらに分かります。自分たち以外の人が、それを問題と考えていて、その数が多かったり、問題が深刻だったりすれば、それを人々が、一部の人だけの問題ではないと理解します。現状が多くの人にとって、何らかの不利益をもたらしている事実をできるだけたくさん集めましょう[注28]。これが相利を開発し、協力の必要性を生み出す基盤となります。

3. 目的が実現できない原因を分析する

　問題が明確になると、③原因の分析・絞り込みに入ります。ここでの手順は、三段階あります。第一段階で、問題が起こっている原因を洗い出します。①現状（ビフォー）と②目的（アフター）の間にはギャップがあります。なぜ、ビフォーがアフターにならないのか、その原因をできるだけたくさん列挙していきます。第二段階は、考えた原因を、各種のフレームワークを使って、分析し、さらに隠れた原因を探していきます。第三段階は、分析された複数の原因から、今回取り組むべき原因を絞り込んでいきます。

　この三段階を見ていきましょう。第一段階と第二段階は、洗い出しと分析

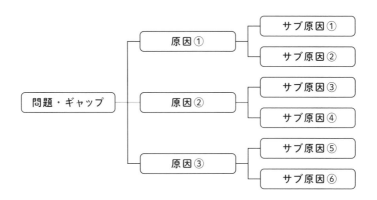

です。ここでは、両方を一緒に行います。列挙しながら分析していくわけです。分析において、一番よく使われる工具はロジックツリーです。ロジックツリーとは、問題をツリー状に分解し、整理するためのフレームワークです。

　一般的なロジックツリーは図10・2のように、それはなぜ起こるのか(Why) という問いを設定し答えを記入します。さらに、その答えに「なぜ」という問い (Why) 繰り返していきます。「なぜ？」を繰り返して問題を分解していく手法です。「なぜなぜ分析」の一種です。なぜ？のブレークダウンは５回くらい行うと良いと言われていますが、最初はそこまでできなくても、できる範囲で分解できればOKです。それより、思いつく限りの原因を列挙することを心がけましょう。また、仲間だけで原因を探るのではなく、対象者にアンケート調査したり、専門家に聞いたり、上手くいっている他の事例や文献を調べたりして原因を探しましょう。

　ところで、ロジックツリーでの原因の分析の仕方にも、いろいろ方法があります。大きな原因から、だんだん下位の細かな原因に分解していくのが、もっとも一般的です。しかし、協力構築サイクルでは分析の方法として若干違う方法を推奨しています。それは、対象者ごとに原因を分析する方法です。その原因は、誰または何に起因するのか、からスタートさせる方法です。

　基本的に、協力構築サイクルでは、ものごとをすべて人に置き換えていきます。世界の様々な現象も、誰かが大きな原因となっているとみなします。

【表10・4　原因の分析・絞り込みのための工具（例）】

フィッシュボーン分析	ロジックツリーと同じく、なぜなぜ分析の一種。「現在の結果」（特性）がどのような要因で発生したのかを図式化する。魚の骨に似た形なので、フィッシュボーンと呼ばれる。特性と要因をまとめたものなので、「特性要因図」とも言う。
構造分析	その問題を取り巻いている社会構造を分析する。多くの政策の問題は、国際社会（条約等）＝国＝県＝市区町村＝下部組織という構造の中で決められている。それぞれに、法規・財源・規制・インセンティブ・決定権・利害構造などがある。それぞれを分析し、どこにネックがあるか、検討する。
デマンドサイド・サプライサイド分析	問題の原因をデマンドサイド（需要）側、サプライサイド（供給）側、インターミディアリ（仲介）側に整理して、どこにより問題があるのかを検討する。
ベンチマーク分析	優れた先行事例（ベストプラクティス）と、自分の事例を要素ごとに比較し、問題の原因を探る。ベストプラクティスの要素を自団体の同じ要素と比較して、劣っているところを発見し、そこに原因があるとし、ベストプラクティスに追いつき、追い越すために使う。
個人モデル・社会モデル分析	個人モデルは、問題の原因を個人や組織にあるとする。社会モデルは、問題の原因を社会や制度にあるとする。どちらを取るかで、解決策はまったく変わってくる。なお、個人モデルでも協力は生めるが、社会モデルのほうが、より広範な協力を生むことができる。
福祉国家レジームによる分析	エスピン＝アンデルセンが示した社会サービス（福祉国家の役割）の分担を分析するフレームワーク。社会サービスの提供主体を、政府、家族、市場の三つとし、そのどれがどの程度社会サービスを担っているか、で、福祉国家の体制を分析する。同じような分析手法にペストフの三角形や自助・共助・公助分析がある。

その誰かを変えていくことで、世界をより良く変えていけると考えるわけです。したがって、誰の何に原因があるかを明確にしていくことが、この原因分析のポイントとなります。

　この段階は、あくまでも原因仮説を明確化しているにすぎないことは理解しておきましょう。やっていくうちに、もっと別の原因が見つかったり、もっと違う整理が必要だと分かってきたりすることもあります。しかし、それで良いのです。仮説検証のプロセスを適正に経ていると考えてください。

　また、原因の分析・絞り込みのための工具はロジックツリー以外にもあり

ます。主なものを表 10・4 に紹介しておきます。なお、どの分析ツールを使っても、トレンド（中長期の傾向）分析は不可欠です。あなたが取り組みたい「したいこと」は、3 年〜10 年先に実現される場合も多いのです。なので、3 年〜10 年先の状況を見通しておかないと、現状分析にだけ基づいてスタートしては、時代遅れになりかねません。

　これらのフレームワークは、原因を分析し、それに対する共有の理解を作っていくためにも重要です。人々は、みな違うフレームワークで世界を見ています。そこで、それらとは別の共有できるフレームワークを提供していくことで、人々は別の視点を獲得できます。それにより、共有できる目標を持てる可能性が高まります。

4. 解決策候補をリストアップする

　原因が列挙されたら、次にどの原因を解決するのかを考えます。この場合、列挙された原因のすべてを解決していくのではなく、どれか一つの原因の解決に集中することを考えます。私たちの資源も時間も限りがあります。すべてに取り組むことはできません。集中してこそ大きな成果が望めます。一般的な問題解決の手順であれば、取り組むべきは問題を引き起こしている一番根本となる原因です。それを解決すれば、問題が一気に解決することが期待できるからです。

　しかし、現実の社会問題においては、原因は複雑に絡み合っています。どれが根本問題かはっきりしないことは多々あります。さらに、根本問題を解決するのが難しい時もたくさんあります。たとえば、世界平和を目指していて、根本問題が、国ごとに利益の対立があることだと把握しても、一気に解決するのは無理です。

　また、原因の解釈も人によって違います。先に述べたように、貧困の原因は、宗教家では信心の不足であり、資本家では努力不足で、社会主義者では資本主義システムの矛盾が原因でしょう。このような異なる世界観の下では、原因を一つに絞り込むことは極めて困難です。

　では、どうやって原因を絞り込んでいけば良いのでしょうか。それは解決策の開発とセットで行う必要があります。解決策は二段階で見つけます。その段取りは、図 10・3 の通りです。

【図 10・3　解決策を見つける手順】

① 解決策を開発する

選択した原因を解消できる解決策候補をできるだけたくさん見つける

② 解決策を選定する

どの解決策候補が、他の解決策候補と比べて、優位性があるかを、相利性、実現性、有効性等の観点から調べ、一番優位なものを決定する

　一般的には、解決策の開発において、ゼロから解決策を作り出すことはしません。まずは、先行事例や海外の事例などを調査し、専門家へのヒアリング調査などを行い、解決策の候補を探していきます。表 10・5 に、解決策を見つける様々な工具（手法）をリストアップしておきました。

　ところで、この時、持っておいていただきたい仮説があります。それは、「自分が直面している問題と解決策に関しては、どこかにそれを知っている人がいる」という仮説です。そして、その人がすぐに見つからなくても、「どこかに、解決策を知っている人を、知っている人がいる」という仮説も持っておくのです。これらの仮説を持っていると、人を探す時に「他に誰かこのことについて詳しい人はいませんか」と質問するようになります。これが結構重要なのです。つながりをここでも利用するのです。

【表 10・5　解決策を見つける工具（手法）例】

先行事例調査	その問題に関する解決策を他の地域・国等の事例から探す
エビデンス検索	同じ原因（状況）に対して、有効だった介入（プログラム）のエビデンスを探す
類似事例調査	その問題の解決策ではないが、類似の事例で応用できそうな解決策を見つける
アブダクション	仮説的推論。上手くいっている事例を見つけて、その上手くいっている原因（解決策）の仮説をたてる
デザイン思考	ブレーンストーミング等で可能な限りアイデアを出し、解決案を多数提案し、その後、試してみて良い結果を出す案に絞っていく。「発散と収束」が特徴

それでも、すでに開発されている解決策に有効性がない場合もあるでしょう。その時は、新しい解決策を開発しないといけなくなります。そのような場合は、新しい解決策候補をデザイン思考等でアイデア出ししていくなどの方法を採ることになります。想像力を使うわけです[注29]。

5. 基準を決めて解決策を絞り込む

　こうして、解決策候補（複数）が見つかったら、次は、どの解決策を選択するのかを決めます。相利性があるかどうか（相利性）、実現可能かどうか（実現性）、有効かどうか（有効性）、自分たちのリソースでできるかどうか（実行可能性）、などが選択の基準となります。どの基準で選択するのかをあらかじめ決めておくと絞り込みしやすくなります。候補同士を比較するのですが、専門家に尋ねる、メンバーで議論する、事情に詳しい人に聞いてみる、やってみて効果を検証する、などして効果を確認していきます。

　表10・6に解決策の優位性を調べる工具例についてリスト化しておきましたので、参考にしてください。

6. 事例で見る解決策の選定

　この原因⇒解決策の選定方法を「こども食堂」の例で見ていきましょう。

　現状は、貧困のため十分に食事が食べられない子どもが地域にいることで

【表10・6　解決策の優位性を調べる工具（手法）例】

満足度調査	利用者・受益者等の満足度や主観的効果を測定する
フォローアップ調査	利用者・受益者等に及ぼした効果をその後も継続調査する
先行事例調査	先行事例からどの解決策がより有効かを調べる
実証実験	社会実験とも言う。解決策のプロトタイプを作り、効果を検証する
相利評価	相利評価表を使い、その解決策が各関係者の目的達成に貢献するかどうかを検証する
インパクト評価	実証実験において、比較群を作り、純効果を検証する
エビデンス検索	効果が科学的に証明されている解決策を探す
SWOT分析	解決策の強み、弱み、機会、脅威を分析する
シミュレーション	解決策を採用した場合の将来を予測する

す。目的は、そのような困難を抱えた子どもがいなくなることです。

　では、原因はというと、ロジックツリーで分析すればいろいろ挙げられます。家庭にお金がないこと、地域の支援がないこと、政府の支援がないことなどがまず思い浮かぶでしょう。家庭にお金がないことをブレークダウンしていくと、たとえば親が非正規雇用で十分お金が稼げないとか、親が病気のため仕事ができないなど、個別の要因がたくさん上がってきます。地域の支援がないことで言えば、地域コミュニティのつながりが弱くなり、お互いに関わり合いにくくなったことがあるかもしれません。政府の支援がないことには、政府が困窮者に生活支援を十分していない、就労支援施策が不十分などが挙げられます。また、政府の財政難をあげる人もいるかもしれません。さらに、信心が足りないとか、努力が足りないとか、資本主義システムの矛盾とかいう原因もあるかもしれません。

　それぞれの原因解釈に伴って、解決策も変わってきます。親の低収入が原因で、親の収入増があれば解決すると考えれば、親へのキャリアアップ支援を充実させる解決策もあるでしょう。地域の助け合いが不足していると考えれば、地域でかつてあった講のような共済基金を作ることも解決策です。政府の支援不足が原因と見れば、政府にベーシックインカム（ベーシックサービス）制度の導入を求めていくのも手段の一つでしょう。

　すでに説明したように、世界観や価値観が違えば、ものごとの見方や認識も違ってきます。原因の解釈もまったく異なることになります。それぞれの目的を実現するための解決策も違ってくるでしょう。関係者も変わってきます。どの原因が真の原因で、どの解決策が正しい解決策かは、たぶん議論していてもなかなか一致しないのではと思えます。

　しかし、それでも共有できる目標を開発する方法はあります。まず、個々の関係者の目的と目標を切り離します。ここで作ろうとする解決策（目標）は、それぞれの関係者の異なる目的のどれにとっても、中間地点でしかないことを確認しましょう。これは、個々の異なる世界観を否定するのではなく、認めたうえで、いったん脇に置く手続きをしていくものです。

　そのうえで、お互いの世界観にとって相利性が確保できる中間地点としての目標＝解決策を見つけ出していきます。協力のテクノロジーでは、意見の違いを相利性の確立で乗り越えることが最大の要点となります。

この事例で、地域に十分食べられないで困っている子どもをなんとかしたいわけです。なので、根本的な解決（つまり目的）は、いったん脇に置き、その現象をできるだけ解消することを選択していきます。子どもに食べ物が提供できていないのであれば、それを提供していくことが中間地点の解決策となります。これは、真の原因がなんであれ、中間地点として有効なこととなります。さらに、相利性を検討していく中で、各家庭の状況、地域の状況、政府の状況とそれぞれの利益を考慮していきます。そこで、実現性のあるものとして、地域の人々が協力して食べ物を困難を抱えた子どもに提供できる仕組みを作ることとするわけです。

　ここで、注意したいことは、たとえばベーシックインカム制度の導入を否定しているわけではないことです。しかし、制度を導入しようとするなら、人々がその制度に関心を持つことが不可欠です。そのためにも、地域の人々が貧困の問題を知り、協力していくことが重要になります。中間地点からどうそれぞれの目的に進んでいけるかは、それこそ次の目標設定にかかっているのです。どのような目標を選定するのも基本自由ですが、中間地点を設定して目的を段階的に実現していくことと、相利性や実現性などの検討をしていくことは忘れないようにしましょう。それらの検討で、成功が見込めない時は、中間地点としては上手くできていないのです。

7. 解決策の具体的実施手段を決める

　さて、解決策として子どもに食料を無償提供することが選ばれたとしましょう。しかし、これだけでは不十分です。どうやって、子どもに食事を無償提供するのかが分からないからです。そこで、再び表10・5の工具で、子どもに食事を無償提供するための方法を探します。

　子どもに食べ物を提供する方法は調べてみると、こども食堂を開設する、子どものいる困窮家庭に食事を無償で宅配する、自治体に働きかけて食事券を無償で配布する、などいろいろな方策が出てくるでしょう。その方策を再び表10・6の工具で、相利性、実現性、有効性などの基準で評価し、どの方法を採るのか選択するわけです。ここでは、それらの基準から、子どもたちに食事を配るだけでなく、子どもたちの様々な困りごとにも相談に乗れるように、こども食堂を開設することを選んだとします。

これで、ようやく解決策が決まりました。こども食堂を開設して、困窮で苦しむ子どもたちを助けたいというものです。

　ずいぶん解決策を選定するのに手間をかけました。人によっては、十分食べられない子どもがいるのをなんとかしたいのだから、こんな検討をしないで、こども食堂を作れば良いだけではないか、と考える人もいるかもしれません。それでも良いのですが、こども食堂で実際何をしたいのか、どのような現状を変えたいのかを明確にしておかないと、長期的にはこども食堂を作っても子どもたちの困難を解決できないのです。

　たとえば、ただ食べ物を提供するだけでは、虐待を受けている子どもの現状を解決できません。虐待のせいで、十分食事ができないという理由もあるのであれば、子どもに食べ物をお腹いっぱい食べさせたいという願いは、食べ物を提供するだけでは達成できないのです。たとえ、先にこども食堂を開設する、と先に決めていたとしても、原因分析や解決策の検討は、その後でも実施することは意義があることを覚えておきましょう。

　なお、選定された解決策は仮説にしかすぎません。実際に有効で有益かは、この協力構築サイクルを回して、協力者がそれぞれの目的を達成し、さらに協力が拡がるかどうかで評価します。成果が出るのであれば、協力者が拡がります。協力者が拡がらないのであれば、どこかに問題があり、修正しなければなりません。

8. SMART フレームワークで目標を明確化する

　解決策を決定したら、最後に、目標の明確化を行います。目標の明確化には、SMART フレームワークを使います（表 10・7）。

　SMART フレームワークは五つの要素から成り立っています。五つの要素は、「Specific（具体的に）」「Measurable（測定可能な）」「Achievable（達成可能な）」「Related（諸利益に関連した）」「Time-bound（時間制約がある）」で、その頭文字を取ると SMART となるというものです。

　SMART フレームワークを用いた目標明確化における「具体的に」は、関係者の間で理解に違いがないところまで具体的にしていきます。「測定可能」かどうかは、その目標が達成された時に、関係者の誰もが、達成を自分で確認できるようにすることです。定量でも定性でも構いません。こども食堂の

【表 10・7　目標明確化のための SMART フレームワーク】

Specific （具体的に）	目標は、具体的に、誰が（何が）どうなれば成功ですか？
Measurable （測定可能な）	目標の実現は、どうやって測定もしくは確認しますか？何がどうなれば成功と判断できるのですか？
Achievable （達成可能な）	目標は、この活動で達成可能ですか？達成可能であると、どういう根拠で、人々に示せますか？
Related （関連した）	目標の達成は、あなたと関係者と世界の、それぞれが求める利益の実現に結びついていますか？
Time-bound （期限がある）	あなたは、いつまでにその目標を達成するつもりですか？

（具体例は表 17・5／p.184 参照）

事例なら、目標を仮に地域の子どもが食事で困っていない状態とする、と定義したのなら、その達成をどうやって測るのかも決めておく必要があります。アンケート調査でしょうか。それとも、こども食堂に来ている子どもたちの数とその満足度でしょうか。

「実現可能」かどうかについては、すでに解決策の選定で行っています。もっとも、本当に実現可能かどうかは、正直、誰も分かりません。難しそうだからといって止めるのであれば、大きな社会変革はとうてい実現できないでしょう。一方、協力していただく人のことを考えると、無謀な計画に人を巻き込むのは問題です。また、実現可能性が見えない活動には、なかなか協力が得られないのも事実です。他の成功例や時代のトレンド、計画の詳細な見込みなどから、実現可能性を、他者に説明できるようにしていくことは不可欠です。

「諸利益に関連した」とは、目的の実現にしっかり貢献しているか、同時に、関係者の多様な利害を踏まえたものとなっているか、世界の利益にかなっているか、です。現状と目的の明確化や解決策の選定で、相利評価表を使いました。それを用いて、この目標が、それぞれの目的達成に貢献できるか、を再度チェックしましょう。相利が成り立つなら、「諸利益に関連した」は合格です。

最後は、「時間的制約がある」です。これは、要は、期限を区切ることです。もちろん、期限がない活動もあります。その場合でも、何かの形で、

「期限を切る」ことが一つの技術となります。この場合、1年、3年、5年という単位で期限を設定する方法がよく使われます。ともかく期限は絶対設定しましょう。人は、目途の見えない活動には協力しにくいものです。ずっと協力してね、と言われても途方にくれてしまいます。いつまでで良いから協力してね、と言えるようになりましょう。もちろん延びることはあるかもしれませんが、それはその時に修正すれば良いことです。

　協力のプロジェクトとは、みんなで旅をするようなものです。目標は到達地（ゴール）です。旅が成り立つためには、明確にどこに行くのか（具体的に）、ちゃんと行けたことがみんなで確認できるか（測定可能な）、本当に行けるところか（実現可能な）、みんなの行きたいところか（諸利益に関連した）、いつまで行くか（期限がある）、の要素を決めなくてはいけません。目標開発とはそういうことなのです。

（第 **11** 章） 目標を達成するための 「役割」を設計する

1. 役割の基本モデルを理解しよう

　目標が決まったら、次は、役割開発です。

　協力の設計図を作る作業です。基本的には、次の手順で進めていきます。

　役割の基本モデルを決める→役割名と役割期待・役割権能を決める→誰にその役割を担ってもらうのか（担い手）を決める→役割分担表を作る。

　では、それぞれの作り方を解説していきます。

　さて、地域猫活動やこども食堂など、どのような協力であろうと設計図を先に作り、それを実現するための手順書に基づいて関係を組み立てます。

　そこで、どうやって設計図を作るかがポイントとなります。

　この設計図を一から作るのはとても大変です。どう作れば良いか想像がつかないかもしれません。しかし、心配には及びません。簡単な設計図の作り方があるのです。

　世界の協力の多くは、すでに設計図が用意されています。サッカーがそう

ですし、こども食堂や地域猫活動でも、設立・運営マニュアルがあり、設計図が整備されています。あなたは、すでにある設計図を参考に、自分の状況に合わせてカスタマイズしていけば良いのです。

　まず、あなたの活動と同様の活動を見つけ、その設計図を手に入れましょう。設計図がなければ、ヒアリングをするなどして「役割分担表」（表11・1）を作ってみましょう。役割分担表は、その活動を行うための各「役割名」「役割期待」「役割権能」から構成されています。それぞれの役割が、何をしなければいけないのか（役割期待）、何ができるのか（役割権能）を一覧表にしているわけです。これをテストしたり、改善したりしながら、自活動に適切な形に改善（カスタマイズ）していけばあなたの活動のための設計図が出来上がります。

　しかし、必要とされる協力のすべてに設計図があるわけではありません。設計図が、あらかじめ用意されていない場合も多数あります。その時はどうしたら良いのでしょうか？

【表11・1　役割分担表（こども食堂の場合）】

役割の基本モデル：食堂

役割名	役割期待（例）	役割機能（例）
統括者	食堂が円滑に開催、運営できるように全体をコーディネートする	食堂のスタッフや関係者に食堂を適切に運営するための指示を出せる
料理人・衛生管理者	おいしくて栄養のある料理を衛生に配慮しつつ提供する	料理のメニューや調理などに関して決裁できる
経理	食堂の収支を適切に管理し、統括者に報告する	収支に関する管理や問題について意見を言ったり、指示を出したり、方法を変えたりできる
給仕人	子どもたちに食事を出す	子どもたちに食事を提供するときに、子どもと楽しく話し合える。メニューに関して提案ができる
子ども対応	子どもたちの面倒を見、相談などに乗る	子どもたちに問題があれば、関係者や関係機関に解決に向けて協力してもらうことを要請できる
仕入	食材の仕入を適切に行う	献立や予算に基づいて、食材の仕入に関する事柄（仕入先等）を決定できる

しかし、心配する必要はありません。このような時は、役割の基本モデルを使えば良いのです。

　では、役割の基本モデルとは何でしょうか。

　再度、こども食堂の簡単な役割分担表（表11・1）を見てみましょう。

　こども食堂には、料理人がいて、給仕人がいて、仕入れ担当や経理がいます。このような役割のセットが、こども食堂の設計図となります。見ればすぐ分かるように、こども食堂の設計図は、その名が示す通り、食堂の設計図をベースに、カスタマイズして作られています。つまり、こども食堂の役割の基本モデルは食堂なのです。

　このように、新しく協力を組み立てる時、食堂のような既存の社会関係を利用して組み立てることが定石となります。この元となる既存の社会関係が役割の基本モデル（以下「基本モデル」と略）です。

　私たちは、日々新しい社会関係を作り続けています。その多くが、何らかの基本モデルを使うことで簡易に関係を作り上げています。何よりも、基本モデルが明確なら、お互い知らない者同士でも、そこで、どういう作業が必要とされ、何をしなければならないかがすぐ分かります。

　こども食堂なら、こども食堂の活動をしたことがない人でも、食堂が基本モデルだと理解できます。そして、「料理人の役をお願い」と言われたら、厨房で料理する仕事をするのだな、とすぐ分かるのです。

　あなたの目標がより良く実現できそうな基本モデルを見つけ出し、それを応用すればどうなるか、を考えていきましょう。それが、役割開発のスタートとなります。

　では、基本モデルはどうやって見つければ良いのでしょうか。それは、自分の解決策にとって適した社会関係や組織を探してくれば良いのです。この世界には、様々な基本モデルがあります。それを応用した社会活動も多数あります。

　こども食堂は食堂を基本モデルにしています。パン屋で障がい者の就労支援をしている活動の基本モデルは、もちろんパン屋です。一つの活動を各地で展開していこうとしたらフランチャイズ形式を利用している団体もあります。薬害の被害者が集まって訴訟をする場合などの基本モデルは「被害者の会モデル」ですが、これはマイノリティが社会運動をする時に頻繁に使われ

る基本モデルです。

　このように、世界には様々な役割の基本モデルがあり、協力を組み立てています。ぜひ自活動に適した基本モデルを探しましょう。

2. 基本モデルをカスタマイズする

　設計図にせよ、基本モデルにせよ、自身の活動に合うようにカスタマイズする必要があります。では、どうやってカスタマイズしていけば良いのでしょう。

　たとえば「こども食堂」では、食堂が基本モデルです。しかし、食堂にない機能も求められます。たとえば、単に貧困のために食事が取れていないだけでなく、親のネグレクト（育児放棄）で子どもが十分な食事が取れていない場合があります。そのような時、困難を抱えた子どもたちの相談に乗ることや、子どもたちの状況を見守って、必要なら児童相談所や社会福祉協議会などと連絡を取ることが求められます。

　普通の食堂には、お客さんの生活を見守るような機能は求められていません。しかし、こども食堂は、子どもの困難な状況の改善を目標としていますから、見守りなどが必要とされてくる場合があるわけです。こうなると、食堂の基本モデルをカスタマイズしていく必要があります。一般の食堂にはない、子どもの話し相手になる担当者（相談役）を置いたり、児童相談所や社会福祉協議会などと連携を取ったりする担当者を置くわけです。こうやって、目標や解決策から求められる機能（仕事）を作り出し、新しい役割を設けることで基本モデルをカスタマイズしていきます。

　カスタマイズするのは、基本モデルだけではありません。役割期待や役割機能もカスタマイズしていきます。「こども食堂」においては、メニュー開発担当者の役割期待は、単に子どもたちが喜ぶ食事を作ることだけではない場合もあります。子どもたちが栄養不足にならないように、どのような食材が良いのかを考える役割期待を持っている場合もあるでしょう。一般の食堂では、メニューはお客さんが自由に選びます。栄養が十分確保できているかどうかもお客さんが考えることです。しかし、こども食堂では、十分な栄養が取れていない子どもたちも多いという前提から、栄養面を考慮することもメニュー開発担当者の役割期待として付加されてくる場合もあるのです。ま

た、こども食堂によっては、買い出しや料理を子どもと一緒に行っている場合もあります。食事を作ることも大切なコミュニケーションです。そこで、メニュー開発担当者の役割期待として、単に調理したものを提供するメニューではなく、子どもたちも一緒に作れるメニューを考え出すことも求められてくる場合もあります。

このように、役割も目標や解決策によってカスタマイズしていくことで、設計図を作っていくのです。

3．役割の担い手を決める

役割の設計が終わったら、その役割を誰が担うのかを決める必要があります。配役する、という段階です。一般には、役割名に固有名を入れていきます。これはもう適材適所というしかありません。ただし、役割から固有名がすぐにつながりにくいケースもあります。役割が抽象的で、具体的にその役割の担い手をどういう人・組織にしたら良いか分からない、という場合です。そういう場合に使える手法はいろいろあるのですが、ここでは、その一つである「置き換え」について学んでおきましょう。というのも、基本モデルを利用する時、どうしても抽象的な存在が入ってくることが多いからです。「置き換え」とは、抽象的な存在を具体的な存在に置き換えていく手法です。

「住民」という役割を例にとって解説します。よく地域づくりで、「住民の協力を取り付ける」とか、「地域住民の賛同を得る」とか言われます。この時、いったい「住民」とは何でしょうか？どうやって「住民の賛同を得ていること」が分かるのでしょうか。

置き換えの技術では、まず「それが何か」ということは脇に置いて、「それは何だと人々は考えているか」を考えることにします。つまり、人々は何を「住民の賛同」と考えるか、ということです。よく観察していくと、人はいろいろなものを「住民の賛同」と考えています。多いのが、いわゆる「意識調査」の結果です。たとえば、住民への意識調査で7割の人が、ある条例の成立に賛成していると出れば、多くの人々は「住民は条例成立を支持している」と言います。この場合、住民の賛同とは意識調査の結果に「置き換え」られているわけです。

他にも、人々が「住民の賛同」とみなすものがあります。たとえば、その

地域の有力者の意見です。地域の有力者の多くが「条例支持」を訴えれば、人々は「住民が条例成立を支持している」とみなします。街角インタビューというのもあります。意識調査の一種です。インタビューした結果、全員が「条例成立に賛成」なら、テレビのコメンテーターなどは「住民は条例成立を支持していますね」と解説するでしょう。住民協議会のような住民を代表する組織での意見もあります。住民協議会が、「条例に賛成」と意見表明すれば、政治家は、住民の賛同が得られたと判断するかもしれません。

　さて、こうして、住民の賛同という抽象的なものでも、それを、「意識調査の結果」「多数の有力者の意見」「街角インタビューの結果」「住民協議会の意見」などに置き換えることができるわけです。あとは、そのどれに住民の賛同を「代理」させるか、を決めるだけです。これにより、私たちは、抽象的な存在でも具体的な存在に置き換えて、そこに役割を担ってもらうことができるようになります。このような「置き換え」は、様々な活動で使えます。とても有益な方法なので、ぜひ置き換えの手法をマスターしておきましょう。

　さて、これで、役割の基本モデル、その役割分担名、役割期待、役割権能、配役が終わりました。活動を展開していくために誰が何をするか、が明確になったわけです。

（第 **12** 章） 目標を達成する手順を「脚本」にする

1. 脚本とは何かを理解する

　役割開発が終わったら、次は脚本の開発に入ります。ここで、脚本とは何かを整理しておきましょう。

　脚本とは、演劇や映画などで、登場人物が、ある状況の下、どのような役割を演じ、どのような行動をするかということを書いたものです。シナリオとも言われ、物語の骨格をなすものです。

　協力のテクノロジーでは協力を構築物と捉えています。構築物には設計図

があり、その設計図どおりに組み立てていくための手順書があります。しかし、手順書がロボットを作るような複雑なものでは人々は理解できません。協力が成り立たなくなってしまうのです。

そこで、この手順書を、多くの人々に分かりやすくし、誰でも共有できるようするために使うのが「物語の手法」です。

物語は、「人や事件について、一連の始終を述べたもの」とされています。登場人物がいて、その人たちの行為のつながり（連鎖）を、語り手が、特定の視点から手順として語っていきます。したがって、協力者の間で一つの物語が共有されれば、手順や意図・視点が共有できるわけです。

物語は基本的な構成単位を持っています。これがプロットです。物語は、プロットをつなげていくことで出来上がります。プロットは、脚本や物語を作る時の因果的なつながりのある構成単位のことです。因果的つながりとは、原因⇒結果の関係でものごとがつながっていることです。「出来事1が起きたことが原因で出来事2が起こり、出来事2が起きたことが原因で出来事3が起きた」という物語では、この各出来事が各プロットとなります。

桃太郎の民話をベースにプロットを考えてみましょう。桃から生まれた桃太郎は、大きくなって鬼退治を志願する。旅立ちを前におばあさんは吉備団子を持たせる。桃太郎は道中出会ったイヌ、キジ、サルを吉備団子で家来にする。鬼が島で、家来と共に鬼を打ち取る。鬼の宝物を持って、故郷に凱旋する、という各プロットに分けられます。

協力のテクノロジーでは、この各プロットを分かりやすい形でまとめ、舞台における「幕」として扱い、幕をつなげていくことで脚本を作り、物語を組み立てる、というやり方をします。したがって、脚本とは、協力者が共有する手順を理解するための工具であり、「幕」と呼ばれるプロットのまとまりを作り、つなげていくことで作られているものです。脚本は、協力の物語を作るための手順書なのです。

2. 脚本はまずバックキャスティングで作る

脚本作りは、目標から手順を逆算して組み立てていきます。このような手法を、バックキャスティングと言います。逆に、現状からゴールを目指して手順を組み立てていくやり方をフォアキャスティングと言います。

まずは、バックキャスティングを使って、脚本を組み立てていきましょう。それから、それをフォアキャスティングに並べ直して、ちゃんと上手くいきそうかを見ていきます。

　「こども食堂」の例で見てみます。最初に、あなたたちは、「○○地域に、いついつまでに、こども食堂を開設して、子どもたちの幸せをサポートしよう」と目標を決めたとします。バックキャスティングで開設からの手順を組み立てていくと、次のようになります。

　まず、こども食堂の完成設計図（役割）を要素ごとに分解し、列記します。食事を作る人と子どもたち、子どもたちの相談に乗ったりする人、経理の人等がいます。食堂のための場所・建物も必要ですし、運営するための初期資金や食器等資材の仕入れも要ります。きちんとオペレーションするマニュアルが揃っていることも必要でしょう。外部の子育て支援機関との連携も必要

【図 12・1　目標からバックキャスティングする】

段階	目標 目標実現	幕4 子どもを集める	幕3 役割を揃える	幕2 仲間を集める	幕1 活動を企画する	現在 ゼロ
すること	こども食堂が運営される	店がオープンし、参加者・利用者の子どもたちが集まる	運営や場所等の担い手を揃える。オペレーションを決める	仲間を集める。団体を作る。企画を練る	こども食堂を作ろうと企画を立てる	地域にこども食堂がない

【図 12・2　現状からフォアキャスティングする】

段階	現在 ゼロ	幕1 活動を企画する	幕2 仲間を集める	幕3 役割を揃える	幕4 子どもを集める	目標 目標実現
すること	地域にこども食堂がない	こども食堂を作ろうと企画を立てる	仲間を集める。団体を作る。企画を練る	運営や場所等の担い手を揃える。オペレーションを決める	店がオープンし、参加者・利用者の子どもたちが集まる	こども食堂が運営される

かもしれません。これらをすべて要素として書き出します。これを要素列記と呼びます。

　要素列記ができたら、目標である「いついつまでに、こども食堂が運営される」から逆算していきます。脚本は幕で構成されますから、幕の順序を考えます。幕は、多すぎると協力者の理解が及ばなくなるので、3〜7幕程度に収めていきます。ここでは4幕構成で考えます。ゴール前の第4幕では、こども食堂の運営要素が揃い、最後の利用者の子どもたちを集めることがテーマになります。その前の幕3では、基本的なこども食堂の要素が揃っている必要があります。場所、料理する人、一緒に運営する人、会計や総務をする人、食材を提供してくれる人、子どもたちを集めてくれたり、子ども関係者に声をかけてくれたりする人、場所、資材等です。その前の幕2では、このような各要素を集めるために、中核となるメンバー（運営者）を集める必要があります。集まったら団体（準備会でもOKです）を作ることとします。すると、幕1では、あなたがこども食堂を作ろうと思い立ち、企画を作るところになります。こうして、ゴールへの道筋となる脚本が出来上がります（図12・1）。

　バックキャスティングで手順を作ったら、次は、それをフォアキャスティングで並び変えます。フォアキャスティングに並び替えると、図12・2のような脚本（手順）となります。

　まず幕1で、あなたが活動を始め、企画を立てます。幕2では、コアとなる仲間が集まり企画を練ります。幕3では、こども食堂を運営するのに必要な、場所・スタッフ・素材・外部協力者などを集めます。幕4では、参加者／利用者の子どもたちにPRして来てもらえるようにします。そして、ゴールの「こども食堂が運営される」が実現されます。こうやって、バックキャスティングで作った幕をフォアキャスティングで脚本にして、本当に実現可能か、問題なくプロットがつながっているかをチェックしていきます。

3. 作業を人に置き換える

　さて、一般的なプロジェクト立案なら、このような流れで十分でしょう。しかし、この流れを、協力をベースに組み立てていこうとした場合、もうひと手間かけていくと、さらにやりやすくなります。それは、「作業を人に置

き換えて、プロットを確認する」ことです。

　世界をより良く変えていくという作業は、協力の構築物を組み立てていくという作業です。その脚本もまた、人々の協力を組み立てられるように作っていく必要があるのです。そこで、脚本の役割をすべて「人に置き換える」ことをします。たとえば、こども食堂の事例で言えば、「食材を揃える」は、「食材を揃える人を確保する」となります。「場所を見つける」は、「食堂の場所を提供してくれる人を見つける」となります。

　こうやって、すべての作業を「人に置き換えて」いきます。さらに「揃える」「見つける」という作業は、この場合、「誰かが誰かに協力をお願いして、承諾を得る」ことを指しています。そうすると、この脚本は「お願い」の連鎖で構成されるということが分かります。この場合、「お願い」で使うのは基本的には協力の力です。相手のしたいことと自分のしたいことを、相利のある目標でつないでいくわけです。このお願いの連鎖を一つのチャートにしてみましょう。脚本の幕と各プロットを「人に置きかえ」ます（図12・3）。

【図 12・3　お願いの連鎖図】

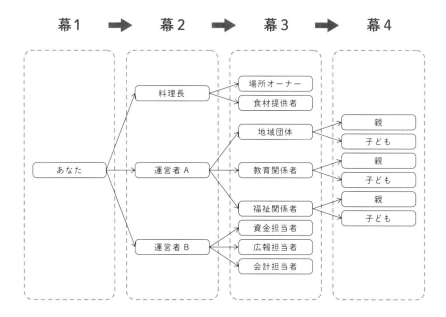

幕1で、あなたがこども食堂を作ろうと思い立ちます。幕2であなたは、志を語ってお願いし、3人が快く承諾してくれました。そのうち1人は、料理が得意で料理を作る役を引き受けてくれました。この人を料理長と呼ぶことにします。あとの2人は、運営スタッフを引き受けてくれ、お店番などをしてくれることを快諾してくれました。そこで、あなたを含めた4名で、こども食堂準備会という団体を作ります。幕3では、この4人で手分けして、要素となる人を揃えていきます。料理長は、知り合いに食材を提供してくれそうな人がいるし、場所も自分の料理仲間が料理教室を開いているので、そこの場所を週1回貸してくださいと、その人たちにお願いしていきます。

　運営者Aは、地域の様々な団体にネットワークを持っているので、子どもたちに来てもらい、安心して地域と共に運営していけるよう、教育関係者、福祉関係者、地域団体等に、協力をお願いする役を引き受けてくれました。運営者Bは、組織管理の経験者で、会計や資金集め、広報などをしてくれそうな人を知っているというので、そういう人にお願いして回ります。こうして、必要な人を揃えていって、みんなでオペレーションを決めます。

　幕4では、子どもたちや親の人に、こども食堂の開設をお知らせして、参加や利用を呼びかけます（お願いします）。これらがすべて上手くいけば、目標であるこども食堂の運営が完成するというわけです。

　お願いの連鎖図が作れると、次は、その連鎖が成り立つかの確認を行います。すなわちAさんがBさんにお願いした。そしてBさんがお願いを承諾した。続いてBさんがCさんにお願いして……というつながりがきちんと成り立つかどうかを確認する、ということです。その連鎖図で、お願いは無理なく聞いてもらえるでしょうか。お願いの連鎖において、そのお願いが聞いてもらえそうかどうか、次の連鎖につながるのかを確認するということです。

　多数者による協力を組み立てていく時（脚本を作る時）、このお願いの連鎖が成り立つ可能性がしっかり検討されているかどうかが最大のチェックポイントとなります。お願いの連鎖が適正に成り立つように構成されている時、それは、ロジックが通っていると言います。ロジックとは、AとBとのつながりが妥当性を持っていることです。ロジックが通っているお願いの連鎖を、ここでは「ロジックチェーン」と呼ぶこととします。妥当なお願いの連鎖と

考えてください。

4. 関係者分析からお願いの連鎖を作る

　さて、こども食堂の事例では、お願いする方が、お願いされる方をよく知っているのでお願いできる関係性があることを前提に、このお願いの連鎖が組み立てられています。分かりやすいのですが、様々な目標実現においては、この関係性がない場合がたくさんあります。

　ここで、このような関係性がない場合のロジックチェーンの作り方を説明します。

　まず、このロジックチェーンは、「お願いの連鎖」で構築されます。したがって、力関係を確認し、相手がお願いを聞いてくれる頼み手を見つけ出すことがポイントとなります。ここで使うのが、2軸の関係者分析です。図12・4の事例で説明します。

　あなたが、何かをしたい時、山田さんという方にぜひお願いしたいことがあるとします。しかし、あなたは山田さんとは面識がありません。そこで、山田さんの関係者を分析していきます。そして、山田さんにお願いできそうな人をリストアップします。次に、あなたの関係者を分析します。山田さんの関係者と関係がある人はいるでしょうか。

　調べてみたら、一緒に活動している仲間の1人が、山田さんの大学のク

【図12・4　2軸の関係者分析】

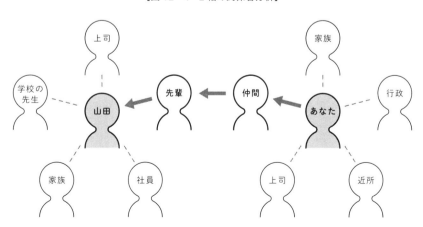

ラブの先輩と極めて親しい間柄だと分かりました。その仲間からならその先輩へお願いできることも判明しました。そこで、あなたは、お願いのロジックチェーンを、あなた→仲間→先輩→山田さん、とつなげることにしました。こうして、お願いの連鎖が完成するわけです。

もし、あなたの関係者と山田さんの関係者が直につながらない時は、さらに、それぞれの関係者ごとに関係者分析をしていきます。そして、それらの関係者がつながらないか検討していきましょう。

なお、ここで重要なのは、作られたロジックチェーンは、仮説でしかないということです。やってみたら、上手く効果をあげられないとか、連鎖がつながらないことは頻繁に起こります。お願いや働きかけの効力が足りない、またはロジックチェーン自体に欠点がある、など原因はいろいろ考えられます。したがって、常に仮説検証のフレームワークを適用していく必要があります。実際にやってみて、上手くいかない時はロジックチェーンを修正します。誰が誰にお願い（働きかけ）すれば良いのか。誰が効果的なのかを、常に関係者分析にかけ、それを見つけ出し、その誰かに向けて、お願いの連鎖をつないでいくのです。

5. つながりを生み出す六つの工具

ところで、「お願いの連鎖（ロジックチェーン）を作ろう！」と言うと、すぐ尋ねられるのが「対象相手とつながりがないので、どうしたら良いか分からない」ということです。2軸の関係者分析をしてみよう、と言っても、どうつなげていけば良いかが分かりにくいのです。そのうえ、私たちが世界をより良く変えたいと思った時、一番お願いしたい相手は、たいていなかなか声が届くことがなく、つながりが遠い存在なのです。

では、どうやって、このロジックチェーンを作っていったら良いのでしょうか。こちらの関係者と相手の関係者のつながりをどう見つけていけば良いのでしょうか。上手くつながらない時はどうしたら良いのでしょう。

しかし心配は要りません。そういう時は、こうつぶやきましょう。「私たちはつながっている」と。私たちは、実際、様々な形でつながりを持っています。それは、普段は見えないかもしれませんが、目的を持ち、工具を使えば見えてきます。

では、どのような工具を使うのでしょうか。ここでは、2軸の関係者分析を補強し、人のつながりを生む六つの工具を紹介します。「6次のへだたり」「所属」「多重所属」「ハブ」「タッチポイント」「利害関心」です。一つずつ説明します。

■1 6次のへだたり

　6次のへだたりに関しては、すでに説明しました。世界中の人間は「知り合いの知り合い」といった関係を辿っていくと、5人の仲介者を経て、6人目でつながるという考えです。あなたは、知り合いを辿っていけば、必ず世界の誰でもとつながりを見つけることができます。さらに、あなたが、仲間を増やせば、その仲間の知り合いを辿っていくことができ、さらに誰とでもつながることができるようになります。私たちの世界は、基本的には、つながってできているのです。この場合は、ターゲットとする人にお願いをしたければ、その人を知っていそうな人、さらにその知っていそうな人を知っていそうな人、と人間関係のバックキャスティングをかけていき、つながりを見つけ出していきます。

■2 所属

　「所属」も使えます。ある集団への所属は、つながりがない人同士のつながりを生み出します。私たちは、様々な集団に所属しています。なので、その集団を利用すると、新しいつながりを生むことができます。知り合いでなくても、同じ学校を卒業しているというだけで、お互いに話し合いができることがあります。労働者という階級意識でつながれば、知らない者同士でも「同じ労働者同士。連帯して賃上げ交渉を頑張ろう」と励まし合える関係が作れるかもしれません。所属は、人と人とをつなぐチャンネルなのです。

　国会議員にお願いしたい時には、政党や派閥などが利用できます。国会議員同士を同じ政党でつなげることもできますし、地方議員と国会議員を同じ政党のつながりでつなぐこともできます。地方議員から国会議員へ同じ政党であることをベースにお願いしていく、というルートもあるわけです。

■3 多重所属

　多重所属は、この所属の応用です。多くの人は、複数の集団に所属しています。あなたのレストランで働く同僚で友人のAさんは、地域のテニスサークルにも所属していて、そのサークルでBさんと仲が良いとしましょう。

この場合、あなたはBさんと面識がなく、それでもBさんに何かお願いがしたい時、Aさんを通じて紹介してもらったり、Aさんからお願いしてもらったりできます。Aさんがレストランとテニスサークルに多重所属していることを活用して、つながりを作るわけです。

4 ハブ

ハブとは、人のネットワークにおいて、多数の人をまとめる中継点的な人（組織）のことです[注30]。地域の有力者や議員、会社の役員、公的機関のリーダーなどは、それぞれ多くの人と関係を持っています。つまり、ネットワークのハブを形成しています。こういう人にお願いして、つながりのない人とつながるということが可能です。あなたがハブの人を直接知らなくても、6次のへだたりや所属を使ってハブである人とつながることもできます。誰が多くの人に影響力あるハブなのかを見つけ出していきましょう。

5 タッチポイント

タッチポイントは、対象の人が行くようなところです。

アルコール依存症の人々の回復支援をしているNPOの事例で見てみましょう。その団体は、昔アルコール依存症の人に対する啓発活動で問題を抱えていました。依存症の人に、自分が病気であり、医師に診察してもらうべきだと伝えても、病気だと理解しないために病院に行こうとしないのです。

そこで、つながりを利用することにしました。依存症の人本人ではなく、家族にアプローチすることに切り替えたのです。家族に病気であることを理解してもらい、病院に連れてきてもらおうと考えたのです。そのため、医院の待合室をタッチポイントとして設定し、そこにアルコール依存症の啓発雑誌を置いていきました。家族が風邪などで医院に来た時、手に取ってもらえるようにしたのです。これが功を奏して、家族が「アルコール依存症は病院にかかるべき病気だ」と気づくことで、依存症の人を病院に連れてこさせることに成功しました。人の仲介がなくても、タッチポイントに仕掛けをすることで、つながりを作れる事例と言えるでしょう。

6 利害関心

最後に、利害関心があります。これは、相手の関心や興味があることなら、つながりがなくてもつながりを作れるということです。たとえば、専門的なことを調べたくて、その分野を研究している大学の先生などに聞きたい時、

こちらも勉強したうえで「教えてください」と申し出をするわけです。相手が、その分野の専門家で話をしたいと思っていたら、多くの場合、喜んで教えてくれます。さらに研究会などを作って講師として招聘すると、かなりの確率で専門家はきてくれます。ある大学教授は、関心のあるテーマで勉強会に招聘されたら「喜んで引き受ける」と周りに言っています。専門家は、自分の知識について語りたいものなのです。こうして講師として来てもらい、知り合いになってから本命のお願いをする、という手もあります。

　相手の利害関心をしっかり捉えて、それに相応しい申し出をすれば、知り合いでなくても関係は作れるのです。

※

　お願いしたい相手と知り合いでなくても、心配することはありません。「私たちはつながれる」のです。

（第 13 章） 「相利」を作り出して協力者を増やす

　脚本作りの次は相利の開発です。

　すでに目標開発の際に相利に基づいて目標を作っています。ここでは、さらに新しく協力者を拡げていくために、それ以外の方法で、相利（同利を含む）を作っていく方法と手順を説明します。協力関係における相利開発で、よく使われるのは、図13・1に示した七つの手法です。

　一つずつ説明していきます。

　なお、説得により認識を一致させる方法と重なるところもありますが、ここでは新しく協力者を増やしていく場面を念頭に読んでください。

1. 目標価値の共通化による相利開発

　目標価値（目的もしくは目標が持つ基本的な価値）の共通化による相利開発は、協力において、一番よく採られる手法です。自身の取り組んでいる活動の目的や目標（以下この節では「目標」）が、協力相手の利益にもなるという前提を置き、

【図 13・1　相利開発でよく使われる七つの手法】

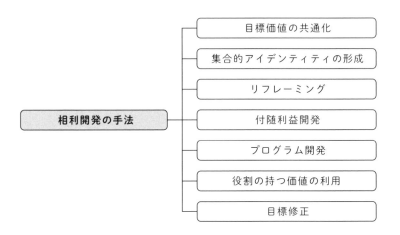

相利開発の手法	目標価値の共通化
	集合的アイデンティティの形成
	リフレーミング
	付随利益開発
	プログラム開発
	役割の持つ価値の利用
	目標修正

協力を依頼する手法です。同利を開発するもので、協力 1.0 や 2.0 でよく使われる手法です。

　この手法は、まず、自分たちが実現したい目標があり、それに関係者を巻き込んでいこうとします。相手も同じ目標を持つべきだから、協力は当然だと考えます。相手が協力しないのは、目標の持つ共通の価値について、相手が気づいていないからで、それを気づかせよう、とするものです。我が事化とか、当事者意識を持ってもらう、という表現がよく使われます。

　たとえば、福祉の世界では、地域の福祉課題について、いかにして住民が当事者意識を持てるようにするか、がよく話し合われます。地域には、介護が必要な高齢者、虐待を受けている子ども、障がい者など、困難を抱えている人たちがたくさんいます。そのような人たちを地域で支えていくためには地域住民同士の協力は不可欠となってきます。そこで、住民に啓発活動を行い、住民が、自分たちも地域の福祉の担い手であり、地域福祉を豊かにすることは自分たちの利益にもなる、と「我が事化」を図って協力を拡大しようとするわけです。これが目標価値の共通化による相利開発です。目的＝地域福祉の充実は、協力者の利益でもある、という論理がそこにあります。

　ただし、実際には高齢者でもシングルペアレントでもない人に向かって、その人のように考えることを求めることとなります。ハードルは結構高いものがあります。そこで、以下のような様々な論法を使います。

1 普遍性

　福祉の向上、地球温暖化防止、防災、子育てなど自分たちのやっている活動目標は誰のためにもなる目標であり、普遍的価値を実現している、だから共通的な価値（メンバーなら当然共通して持つ価値、以下、共通価値）である、として相手の利益を作る手法です。「みんな（「あなた」を含む）のためにやっているから協力してください」というアプローチで、一番よく採られる方法です。

2 感性

　同情や共感といった感性を使うアプローチです。同情や共感によって、相手と自分の共通テーマを作り出し、その共通テーマをベースに、目標を共通化し、相利を見出していく手法です。

3 代替

　「あなたもその人の身になってみて考えてみよう」「あなたも、ひょっとしたらその人と同じ境遇になっていたかもしれない」というような、立場を代替させる考え方を提示し、それを自分の問題と捉えるようにしていくアプローチです。共感や同情と違うのは、あくまでも思考実験をベースとしているところです。立場を反転させて、その問題に協力すべきかどうかを考えさせるので、反転可能性テストと呼ばれることもあります。

4 可能性

　「あなたも年を取ったら介護が必要になるかもしれない」「あなたもいつ病気になるかもしれない」というような表現を用い、相手も困難な状況になる可能性があることを示し、こちらの目標実現が相手の将来リスクを減らすことにつながるということで、相利を開発するアプローチです。

5 仲間意識

　共同体を構成する仲間（メンバー）であることを同一性の基盤とし、仲間を助けることは共同体をより良くすることだ、と相利を作ります。これは、共同体維持などの上位価値（世界の利益）から相利を作り出していくアプローチとも言えるでしょう。共同体を維持発展させていくことはメンバーの利益である。そして自分の活動の目標は、この共同体の維持強化につながるので、あなたの利益である、と論理を展開します。目標の価値を、お互いが属している共同体の価値に紐づけていきます。地域コミュニティでも地球規模でも可能です。ナショナリズムによる自己犠牲を強いる命令などは、この論理を

基盤にしています。

6 具体化

多くの人は、「みんなに利益がある」と言われても、自分の利害関心に沿って何の利益があるかがはっきりしないと、自分に関係があるとは分からないものです。そこで、目標の価値を、それがメリットある人たちに具体的に明示していく手法です。たとえば、「豊かな市」の事例だと、ボランティア参加率日本一を目指すと言っても、多くのボランティア団体からは「良いことですね。頑張ってくださいね」と言われるだけでしょう。しかし、具体的に、ボランティア参加者が増えると、自身の団体への参加者も増える可能性が高まるなどのメリットがあることを理解してもらえれば、協力しようかという気になります。

※

目標価値の共通化による相利の開発は、協力において、もっとも伝統的に行われてきた手法です。そのため開発も進んでいますが、これらの手法に議論が集中しすぎたため、他の手法が疎かになっているという側面もあります。また、この目標価値の共通化による相利開発は、旧来の人々のつながりが衰退し、多様性が増していくにつれ、共通価値を実感することが難しくなってきているため使いにくくなっている、という問題もあります。それでも、まだまだ範囲や状況次第では効果が期待できる手法です。

2. 集合的アイデンティティ形成による相利開発

同じ境遇や状況にある人や組織の間で、その共通性に基づく集合的アイデンティティを作ることで、相利（同利）を開発する方法です。事件や事故の被害者の会などでよく採られる手法です。「1. 目標価値の共通化による相利開発」と同様、感性をベースにすることが多い方法で、協力 1.0 の典型的な手法です。

共通の境遇、共通の所属、共通の体験、共通の敵、共通の利害、共通の物語、共通の課題などを明確化し、それを共有することで、集合的アイデンティティを生み出します。それまで仲間ではなかった人が同志になるのです。そしてこの集合的アイデンティティを基盤として、目標における相利を開発していきます。ただし、単に境遇等が共通しているだけでは集合的アイデン

ティティは十分に形成されません。強い利害の同一性を共有したうえで、共感を生むような適切なアイデンティティの設定と、乗り越えるべき課題の明確化、そして、実現可能性の策定、リアリティある共感ポイントの設計などの要素が揃っていることが重要となります。

　「目標価値の共通化による相利開発」の仲間意識アプローチに似ていますが、使う時の手順が違います。仲間意識アプローチは、すでに何らかの同一性（仲間意識）が共有されている時に、それを前提に相利を作ります。一方、「集合的アイデンティティ形成による相利開発」のほうは、相互に同一性が共有されていない人々の間で、仲間意識を作っていくことを目指します。似てはいますが、作り方が違うので別にしています。

　歴史上、この集合的アイデンティティ形成による相利開発という手法をもっとも意識的・大規模に展開した事例の一つが、19世紀から20世紀にかけて国際的に展開された共産主義（社会主義）運動でしょう。この運動では、歴史を「二つの階級（搾取する者と搾取される者）による闘争の歴史」だと捉えます。そして、資本家階級に搾取される労働者階級の同一性（集合的アイデンティティ）を構築していくわけです。一種の被害者の会の超拡大版と言えます。「万国の労働者よ、団結せよ」（共産党宣言）とのスローガンを掲げ、革命によって資本家階級を打倒することにより、労働者階級が搾取から解放される（労働者同士の相利の実現）というストーリー（集合的目標）を紡ぎ出したのでした。

　ここで注目すべきは、この運動の是非ではなく、協力のテクノロジーという視点から見た時の集合的アイデンティティ形成の手法の強力さでしょう。この手法は、リーダーがいて、共通するアイデンティティを適切に定義し、共通して乗り越える課題や敵を設定し、それを協力して乗り越えられる（打ち倒せる）という適切な物語が作られることで機能します。共産主義運動の場合は、階級闘争を歴史的必然として、資本家階級はいつか打ち倒されるという物語を構築することで、運動に参加する人たちに実現可能性を理解させることに成功しています。

　この手法は、歴史的にもずっと古くから使われてきており、一番よく使っているのが宗教です。人々の困難な状況を、悪魔のたくらみや、神の試練、世界の調和の乱れというふうに解釈し、信心が足りない人が受ける境遇である、という同一性（集合的アイデンティティ）を作り出します。そして、神の教え

に帰依することで救済される、という物語で人々の相利を作っているのです。歴史を見ると、この手法の強力さが理解できます。

　この強力さゆえに、今日でも、この手法は広く使われています。薬害被害者の会、人種差別に反対する運動、LGBTQの運動など、枚挙にいとまがありません。システマティックな手法で、同一性を生み出し、集合的アイデンティティを形成し、そこでの相利を生み出していくわけです。

3. リフレーミングによる相利開発

　リフレーミングとは、フレームを取り換えることです。「フレーム」とは、ものの「見方」のことで、「リフレーミング」とは「見方を変える」となります。見方を変えることで、そのものの意味を変え、人々の利害関心を変えていきます。自分の目標は、相手の世界観や目的にとって、どのような価値があるかを考える手法です。視点移動の応用だと考えてください。

　地域猫の事例なら、地域で野良猫を管理することで可哀想な猫を救い、猫が殺処分されることを防ぐことが、活動推進者のスタート地点です。しかし、これでは、猫嫌いな人には価値がありません。そこで、猫嫌いな人にとっての価値から地域猫活動を評価していくのです。地域猫活動を展開すれば、猫の徘徊による被害に遭わなくなる、糞尿などの迷惑がなくなると、その人の利害関心に沿った価値が生まれてきます。町内会長にとっては、ご近所トラブルが防止されます。マンション管理人にとっては、住人の苦情が減っていきます。

　こうなってくると、地域猫活動は、猫嫌いな人にとっても価値ある活動となります。人は自分の利害関心や価値観に沿って、その活動の価値が開発されないと協力する意味を見出せないものなのです。

　これを「豊かな市」の事例でも見てみましょう。日本一ボランティア参加率が高いまち（市）は、ボランティア活動を推進する者にとっては自明の価値ですが、ボランティア活動に関心がない者にとっては、どうでも良いことです。しかし、それがもし本当に日本一を達成できるのであれば、別の価値を持ちます。たとえば、その市のブランドを高めたいと考えている市会議員にとっては、市のセールスポイントが増えることになります。地方自治体の政治家や行政職員が「日本一」が好きなのは数々の実例が示しています。良

いことであれば、何でも「日本一」にはブランド価値があるわけです。

　もちろん、これらの価値づけは、根拠がないこじつけでは説得力がありません。先進事例やデータ、調査結果等を揃えるなどして、しっかり論拠を示すことで協力を生み出すことが可能になります。逆に、相手によって言っている内容（価値）を根拠なく変えていると「二枚舌」と見られて信用を失います。誰が見ても納得できるリフレーミングをしましょう。

　このように、相手視点に立ち、そこで目標や解決策の新しい価値を生み出すことがリフレーミングです。

4. 付随利益開発による相利開発

　これは、目標そのものにではなく、目標が実現した後の将来、付随的に実現するであろう価値（利益）を提案して、相手のしたいことができる可能性を提案する方法です。一般的に、変化が一つ起これば、それに続いて様々な変化が起きますし、変化を起こせる可能性が拡大します。その先の変化を、協力相手の得られる価値とするわけです。

　「豊かな市」の事例で、もしボランティア参加率日本一を達成できたら、その後の展開もいろいろ考えられます。たとえば、全国ボランティア推進自治体サミットなどを開催し、ボランティア推進に熱心な自治体を集めて大きなイベントを開くことも考えられるでしょう。それをベースに町おこしのイベントにしていくことで地域活性化の手段にできるかもしれません。また、行政がその活動に価値を認めれば、ボランティア体験プログラムの活用や開発に資金提供してくれるようになるかもしれません。そうなれば、地域のボランティア団体は資金的な支援も得ることにつながります。地元の企業も、地域貢献としてボランティア体験プログラムへの参加を推進してくれるかもしれません。そうなれば、企業とボランティア団体とのパートナーシップもいっそう進めることができるようになります。

　これらは、すべて可能性の話です。しかし、先進事例を調査し、そのような施策が採られていないかを調べたり、自治体や企業と先に交渉してその可能性を確認しておいたりするなど、根拠を作っていくことは可能です。逆に言えば、根拠を作っておかないと単なる妄想となってしまうので注意しましょう。

設定された活動の目標が実現したら、次に、どのようなことが期待できるかを予測し、可能性を確認し、それをベースに新しい価値を提供していくことができるわけです。

5. プログラム開発による相利開発

　これは、「目標実現のために、あなたのしたいことを実現するプログラムを作るので、協力をお願いします」というアプローチです。協力 3.0 でよく使います。

　相手の目的と、こちらの目標とが違っても、その違いをそのままにして両者を関係づける架け橋となるプログラムを作り出します。

　「豊かな市」の事例で見てみましょう。地域の環境保全活動をしている人たちが、里山がすたれていて、手入れする人手が足りないと悩んでいるとします。そこで、里山保全のボランティアを増やす体験プログラムを一緒に作って、ボランティア活動率の向上をしようと申し出るわけです。この里山保全ボランティア体験プログラムが架け橋となります。単に、ボランティア活動率を増やしたい、というだけなら、里山保全活動の人たちにはあまりメリットはありません。しかし、架け橋となるプログラムを作れば、その目標は、里山保全活動の人たちにもメリットがある目標となります。里山保全の担い手が増えるからです。一方、ボランティア活動率も増加できることで、こちらの目標も実現できます。

　また、小中学校の教育においては、自分の住む地域の文化や生活に愛着を持つ郷土愛の育成が教育指導要領に唱われています。地元の文化を発展させたり、自然を守ったりするボランティア体験プログラムは、このような郷土愛を育成する目的と合致します。つまり、文化体験や生活体験のボランティア体験プログラムが、小中学生向けに開発提供されれば、学校教育にとって有意義です。さらに、このような郷土愛の育成は、成人後の定住促進やUターンなどにも効果があるとされています。したがって地域活性化や移住促進をしている自治体の担当課にとっても価値あるものとなります。

　このように、相手が必要とするボランティア体験プログラムを開発提供していくことで協力者を増やしていくことができます。リフレーミングと違う点は、実際にプログラムを開発提供していくプロセスが必要となることです。

単なる見方の変更だけではない点が違います。その分、リフレーミングより手間がかかります。

6. 役割の持つ価値の利用による相利開発

　社会的な役割には、その役割独自の価値があります。目標にそれほど関心はなくとも、その目標が作り出す役割を引き受けることに価値を見出す人もいるのです。それを活用する手法です。

　豊かな市の事例で見てみましょう。

　ボランティアも一つの役割です。人は、なぜボランティアをするかには、いろいろな説がありますが、その一つに、ボランティアをするとメリットがあるから、というものがあります。ボランティアのメリットについては、様々な調査の結果、以下のようなメリットがあるとされています。

　「幅広い世代の人と交流できる」「普段できないような体験ができる」「知識や知見、考え方の幅が増える」などです。

　さて、ボランティア参加率を高めることは、このようなボランティアのメリットを多くの人に提供することになります。メリットがあるボランティア体験プログラムが地域で増えると、参加し満足した人は、そのプログラムが発展することに関心を持ってくれますし、協力してくれるケースも増えてきます。「日本一豊かな市」に関心がなくても、ボランティア体験ができることに価値を見出してくれるわけです。

　別の事例も見てみましょう。国際協力の分野では、海外の貧しい地域の開発支援にあたって、その地域の子どもの疑似里親を日本国内で募集するという方法がよく採られています。役割の基本モデルの一つである親子モデルを利用したアダプトプログラム（養子縁組プログラム）の一種です。疑似里親になった人は、海外の子どもや、子どもが生活している地域開発を金銭で支援します。すると、子どもから定期的に手紙などが来て、疑似的に親としての満足を得ることができるわけです。この場合、すべての里親がそうではないですが、一部の里親は、国際協力という目標より里親としての役割にメリットを見出して支援を行っています。これも、目標ではなく役割の価値で協力を拡げている事例だと言えるでしょう。

7. 目標修正による相利開発

　活動が進んで関係者が増えてくると、関係者からの新しい要求が入るなどして、目標に修正を加えなければならない場合も出てきます。状況も変化することもあるでしょう。

　目標を修正することで、当初の目標達成にマイナスにならず、協力を維持できたり、拡げたりできるのであれば、柔軟に実施していきましょう。目標を修正することで、相利を再開発していくわけです。

　これに関しては、Part 4 で NPO 法の事例を用いて説明していますので、そちらを参考にしてください。

8. 相利を開発する時の五つのポイント

　協力構築において相利を開発するいろいろな方法を見てきました。

　このうち、この本では、同一性より異質性を重視して関係を作っていくことから、「目標価値の共通化による相利開発」や「集合的アイデンティティ形成による相利開発」より、他の方法を採用することを重視しています。そして、相利評価表を使って、目標と活動の価値を拡大することで、相利を開発し、協力者を増やしていきます。目指すは「三項相利の最大化」の実現です。

　ただし、最初の目標開発自体を、すでに三項相利で行っています。そこで挙げられた利益と、利益が一致する関係者へは「目標価値の共通化」を使って相利を拡げていきますし、集合的アイデンティティ形成も状況によっては使っていきます。相利開発のどの手法も、それ一つあれば良いものではありません。多様な方法をマスターし、自由に使えるようになることが協力をさらに拡げることになるのです。

　さて、これらの方法を使う場合、重要なことは以下の5点です。

　第一に、常に「相手の視点」に立つことです。相手がどんなことに関心を持ち、どのような利害関心を有し、何を考え、何を考えていないかを理解しましょう。すでに説明した他者視点の活用です。もちろん、他者の視点を完全に獲得するなど不可能ですが、相手の関心事をなるべく多く把握し、考え方の論理を一定程度理解していくことはできます。また、相手の利害関心は、複数あることをしっかり踏まえましょう。人間も組織も、したいことはたく

さんありますし、往々にして矛盾した希望を持っています。その複数あることや矛盾も、それがおかしいと思うのではなく、あるがまま理解していきましょう。なお、理解することと肯定することとは別のことだと整理しておきましょう。

第二に、「配慮」を心がけましょう。ここで配慮とは、他者視点を獲得したうえで、相手の利益や関心をどうすれば実現できるかを考えていくことです。自分の目標と関係ないことでも、相手が何に関心を持っているかが分かれば、自分の目標とどうやったら関係づけることができ、力を貸せるかを検討できます。

第三に、「いったん脇に置く」ことをしましょう。すでに脇に置く技術は説明しましたが、他者視点を獲得し、目標を開発していくためには自分自身の考えや自分が信じる正しさをいったん脇に置くことがどうしても必要となります。あなたはきっと正しいのでしょう。しかし、いったん脇に置くことができれば、見える世界も拡がり、できることは増えていきます。

第四に、「活動（プロジェクト）の設計」です。多くの人が理解していないことの一つは、ほとんどの相利は活動を実施することで実現されることです。人々の利害関心は常に異なっており、方向性が違い、場合によっては対立しています。しかし、適切に活動を立案し、実施することで、協力者のそれぞれの利益が実現されます。地域猫の事例を思い起こしてください。猫を助けたい人、猫にいなくなって欲しい人など、関係者の利害関心は全然違います。しかし、地域猫活動という活動を実施することで、この双方の利益が実現できます。

この関係者の異なる利益は、すでに実施している活動で実現できる場合もあるでしょうし、新しく活動を開発する必要があるかもしれません。いずれにしても、活動を実施することで相利を実現するのだと理解しましょう。合意形成もそうですが、相利性というのは、話し合い（対話や熟議）だけでは実現しにくいものなのです（もちろん、話し合いで調整可能な場合もあります）。

第五に、「関係者の範囲や関心は常に変化すること」を忘れてはいけません。活動の進行に伴い、次々と新しい利害関係者が登場してくるのが常です。そして、その利害関係者が協力してくれるのか、反対に回るのかは、活動の成否に大きく影響してきます。また、これまでは賛成していた関係者が、進

行するにつれ反対に回ることはよくあることです。したがって、関係性分析や相利の構築は、活動の進行に合わせて常に見直し、再設計していかなければなりません。でないと、思わぬところで足をすくわれかねません。

(第 **14** 章) 敵対者を協力者に変える「調整」を行う

1. 調整のテクノロジーと闘争のテクノロジー

　活動を展開してくと、どうしても利害が衝突し、闘争となってしまって相利開発だけではなんともならないことがあります。その時は、「調整」を行っていきます。協力にテクノロジーがあるように闘争や調整にもテクノロジーがあります。協力を進めていく時に重要になってくるのが、この調整のテクノロジーです。ただし、闘争のテクノロジーを知っておくのは有益なので、どういうものかを少しだけ説明します。

　闘争のテクノロジーは、対立があった時、相手を打ち負かすことで対立を解消するテクノロジーです。統治（政治）においては、戦争における戦略論がその代表と言えます。『君主論』で有名なマキャベリは、戦争の目的に関して「自己意志を相手に強制することによって、敵の完全敗北という成果を得る」と述べました。これは闘争のテクノロジーの本質を的確に表しています。闘争において、その目的は相手の闘技場からの抹消にあるのです。

　また、闘争のテクノロジーは、20世紀以降、交換（市場）において、競合企業を打ち負かす戦略論として発達してきています。経営戦略論、マーケティング戦略論など、いろいろなテクノロジーが開発され、現代では、闘争のテクノロジーの中では、一番発達している部門の一つです。交換における闘争のテクノロジーが知りたければ、本屋や図書館に行って経営論のコーナーを見れば良いでしょう。山のような技術に出会うことができます。

　一方、互恵や協力においては、闘争よりも調整が選ばれる傾向があり、闘争のテクノロジーは、それほど発達していません。代わりに発達したのが調整のテクノロジーです。ただし、まったく闘争のテクノロジーを使わないわ

けではありません。村八分などの共同体からの排除がその代表的な手法でしょう。

　闘争に対して、調整のテクノロジーは、相手を完全に打ち負かすのではなく、相手との対立の解消と共存、できれば協力を目指すものです。ただ、ここで注意が必要なのは、利害対立の解消といっても、話し合いによる和解だけではなく、相手が和解に応じざるを得なくする戦略も含みます。つまり、闘ってから和解にもっていくやり方です。また、共存できる程度に利害対立を沈静化していくこともあります。調整は闘争と完全に切り離せるものではなく、一部、闘争のテクノロジーを活用していくわけです。

　この調整において使う代表的なフレームワークは、対抗力フレームワークとじゃんけんフレームワークの二つです[注31]。

　対抗力フレームワークはシンプルで、相手に有効な、かつ相手を上回る量的または質的な対抗力を作ることを目指します。労働組合によるストライキを用いた賃上げ交渉などが、この方法です。人数、資金力、戦術などで、相手の力を上回る力を作り、相手を圧倒するものです。上回れば相手が白旗をあげるものを見つけ出し、それを集めていきます。相手に白旗をあげさせた後に、調整に持ち込む手順を採ります。いかにして、相手の力を上回るかについては、協力者を増やすということで実現可能となります。それには、すでに説明した相利の開発を使っていけば良いのです。

　一方、じゃんけんフレームワークは、対立する二者があった場合、そこに相手に影響力のある第三者を立て、その第三者をこちらの味方に付けることで相手との調整を行うフレームワークです。調整は、基本的に第三者を介して行っています。なぜ、「じゃんけん」なのかについては、じゃんけんの三竦みの力関係と同様の力関係を使うからです。自分がチョキで、相手がグーの場合（つまり相手が強くて太刀打ちできない場合）、こちらが味方にでき相手に勝てるパーを持つ第三者を見つけてくる作業を行うので、この名前が付いています（図14・1）。

　対抗力は、すでに説明した技術で作っていくことが可能なので、この章では、まだ説明していない「じゃんけんフレームワーク」の使い方を解説していきます。

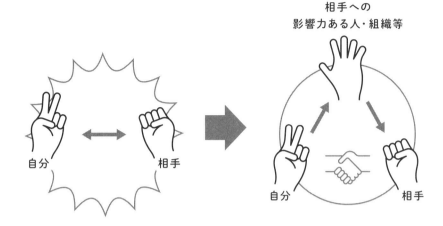

2. 非合力の六つの関係を理解する

　じゃんけんフレームワークをより良く使うために、まず調整において重要となる非合力（力を合わせない）とはどういう状態か、についての理解を深めておきましょう。非合力も一種の関係性です。この関係性の在り方を理解し、その在り方を変えていくことが調整のテクノロジーの基本となってきます。この非合力の関係には、以下の6種類があります。それぞれの関係図（図14・2）も示しましたので、一緒に見ていきましょう。

☐ 敵対関係

　敵対関係は、自分と相手の二者が、どちらも相手を直接倒すべき「敵」と認識する関係です。つまりは闘争状態にあるということです。世界を敵・味方の二つの存在に分割し、相手を打ち倒すことで対立の解消を目指します。敵対関係は、1対1関係を特徴としていて、お互いに向き合っている関係となっています。ゲームで言えば、将棋やチェスなどがこれに該当します。

☑ 競合関係

　競合関係は、自分と相手が、共に何らかの第三者を奪い合う間柄にあります。これも闘争の一種です。ただし、相手を直接倒すのではなく、第三者をどれだけ奪えるかという第三者向けの活動が中心の関係です。敵対関係は二者関係ですが、競合関係は三者関係であることが重要な違いです。ゲームで

言えば、囲碁などは陣地の取り合いなので競合関係のゲームです。市場でも、企業がマーケットシェアを奪い合う関係は競合関係と言います。裁判で、裁判官の判決を奪い合うというのも競合関係の一種です。第三項（陣地、市場シェア、裁判官）などが、一種の審判としての調整係となります。

❸ 依存関係

依存関係は、闘争とは違い共生関係なのですが、一方が一方にフリーライドしている状態です。いわゆる、ただ乗り（フリーライダー）や寄生です。一緒に力を合わせることを破壊していきかねない関係と言えます。社会変革においてはフリーライダー問題は常に大きな問題で、これをどう扱うかは、非合

【図14・2　非合力の6関係の形】

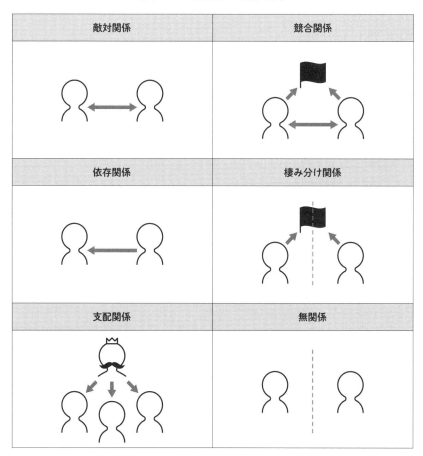

力のテクノロジーの重要な技術となります。これも1対1関係です。

4 棲み分け関係

棲み分け関係とは、競合相手と役割や取り分を異ならせて共存している関係です。企業戦略で言えば、市場細分化戦略やニッチ戦略と言われるものです。一つの市場（たとえばアイスクリーム）を複数の市場に細分化し（たとえば、子ども向け／大人向け、低価格／高価格など）、それぞれの市場に特化して差別化することで他の企業と共存を図る方法です。生物も、同じ場所で空間や時間帯、餌を喰い分けることで共存を可能にしている例があります。ニッチ分化と言われるものですが、これも棲み分け関係です。第三者（場所や地位、市場、餌）などを、それぞれで分けているので、これも三項関係（三者関係）ということができます。

5 支配関係

支配関係は、一方的な支配であり、被支配者は十分な合意がなく、常に支配から逃げようとしているけれども逃げられないでいる関係です。一般に、権力関係と呼ばれるものです。武力による支配だけでなく、財力による支配、恩義による支配など様々な力を使って展開されます。ボイコットやサボタージュは当たり前の状態です。1対1、1対多の関係です。

6 無関係

無関係は、直接の関係性がない状況にあることです。棲み分けは、お互いが意識し合って、それぞれが自分の領域を保持しているのに対し、無関係は、その意識がなく、相手のことを十分意識していないか無視している関係で、お互いがお互いに何も対応をしない状況です。お互いのポジションが明確でないことが特徴です。これも1対1の関係です。

※

これらが非合力の6関係と呼ぶものです。調整を考える時、非合力の6関係を理解すると有益です。

3. 非合力の関係をどう変えるか

調整において、この非合力の6関係をどのように使うのでしょうか。

ポイントは関係性を変化させていくことにあります。意見や利害の対立が起こった場合、最悪なのが敵対関係になることです。その闘争に多くのエネ

ルギーが割かれてしまいます。また、武力でも持ち出さないと決着がつかなくなってしまいます。そして、私たちは基本的に武力を持っていません。終わりなき闘いになりかねないのです。そこで、利害の対立が起こった場合、これを競合や棲み分けなどの、より害の少ない関係に転化することが重要となります。さらには、可能ならそこから協力へと関係を転化させていくことも目指します。

　では、どうやって敵対関係を競合や棲み分け、さらに協力に転化できるのでしょうか。前項の関係図を見ていただけたら分かるのですが、敵対関係と、競合関係・棲み分け関係の違いは、敵対が 1 対 1 関係であるのに対し、競合や棲み分けが三項関係であるということです。つまり、適切な第三項を設定することで、敵対関係を競合関係や棲み分け関係に変えていくことができます。この第三項との関係で優位性を確保していくことで力関係を変化させ、対立を解消する、もしくは乗り越えていくことができます。これが調整のテクノロジーの中核技術となります。

　さらに、協力関係も三項関係です。競合や棲み分けとこの三項関係という点では同じです。つまり、第三項をめぐる関係を変えていくことで、この三つの関係性は違うものに転化できるのです。

　この第三項は、多くの場合、初めから「ある」ものではありません。そのような場合は第三項を「作る」作業が必要になります。ゼロから作る場合もありますし、適切な人や組織を探してくるという場合もあります。この第三項は、相手の行動を変えることができる力を持っている人や組織・機関、集団である必要があります。

　このように、敵対する二者にとって、何らかの力を発揮して敵対関係を解消し、関係性を変化させられる人や組織を「調整者」と呼びます。調整のテクノロジーの代表的手法は、この調整者となる第三項を開発することにあります。これが調整の代表的手法「じゃんけんフレームワーク」の基本的考え方となります。相手の行動を変えられる（調整できる）力を持っている調整者は、誰でしょうか。

4. 調整のための第三項をどう作るのか

　では、この第三項はどうやって見つけてくれば良いのでしょうか。主な五

つの方法を紹介しておきます。

◯1 一般的な調整機関を利用する

　世界は、すでに争いに対する様々な調整機関を用意しています。それを活用していく方法です。調整機関には、裁判所、家庭裁判所、裁判外紛争解決手続き、選挙、住民投票、議会、審議会・委員会などがあります。制度として作られているものです。

◯2 相手の利害関係者を見つけてくる

　相手の関係者分析を行い、影響力のある第三項を見つけ出す方法です。図14・3のように、対立する相手の関係者を列挙し、相手に影響力のある調整者を見つけ出します。その後は、こちらの関係者から、その影響力のある調整者とのつながりを見つけ出し、それをつなげていきます。ロジックチェーンを作る時と同じやり方です。

　事例で見ていきましょう。20世紀後半から、環境保護活動にとって企業による環境破壊を止めるにはどうしたら良いかが大きな課題でした。しかし、環境保護団体が直接企業に抗議をしてもなかなか意見が通りません。そこで、環境保護団体が注目したのは、政府系の年金基金などの投資ファンドです。企業の株主として大きな力を持っていて、かつ政府の意向が反映しやすいものがあります。そこで、欧米の環境保護団体は、政府や自治体などから年金基金に働きかけていきました。政府系ファンドは、その働きかけに応じて、環境破壊をしている企業の株を買わないようにしていきます。その結果、対象となった企業は株価が下がったり、大きな機関投資家から投資が呼び込めないといった状況に直面します。株主の意向は大きいですから、企業も環境保護を重視する方針に転換していきました。これが今日のESG投資へと発展してきています。環境保護団体と企業にとって、第三項は、年金基金などの機関投資家だったわけです。

　よく、NPOが行政との交渉で、相手がまったくこちらの主張に理解を示さないと嘆くのを見かけます。そのような時は、この第三項を見つける調整の手法を使うのが一番です。行政職員にとって影響力のある関係者は、第一に、首長であり、議会の政治家（たいていは与党）です。行政に影響力のある政治家をヒアリング等で見つけ出し、その政治家から、行政に働きかけるのが定石となります。

【図14・3 対立相手の関係者分析をする】

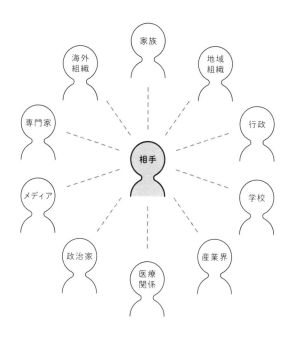

3 相手より力がある者を見つけてくる

　相手の関係者ではなくても、何らかの形で相手より力があるか、相手にとって無視できない第三者を見つけて、協力してもらうという方法もあります。通常の関係者分析では出てこない者であることが、②の方法とは違います。

　具体例で見ていきましょう。広島県福山市にある港町鞆の浦は、江戸時代に瀬戸内海の海上交通の要所として栄えた港町です。江戸時代の街並みや港風景が残り、今では文化庁が指定する日本遺産やユネスコが認定する「世界の記憶」にも登録されています。そんな鞆の浦ですが、景観が危機に瀕した時代がありました。1980年代、港の一部を取り壊して、県道バイパスを建築するという広島県と福山市の計画が持ち上がったのです。これに対して、住民の一部が景観の保存を求め対立が起こりました。敵対関係となったのです。当初は、県や市は、保存を求める住民側の意見をまったく聞きませんでした。大きな転機は、2004年、ユネスコの世界遺産登録を審査するイコモス（国際記念物遺跡会議）が、日本政府・広島県・福山市に対して、鞆の浦を文

化財として保全するよう勧告を出したことです。住民側が協力者の仲介を経てイコモスに働きかけ、イコモスが動いたのでした。これは、世論と行政に大きな影響を与えました。他にも様々な住民側の努力があって開発中止を支持する世論が大きくなり、まず政府が計画の見直しを表明します。続けて広島県も計画を凍結。結果として開発はストップしました。

　イコモスは、世界遺産の審査を担う世界的な権威です。日本政府としても、多数の地域を世界遺産に登録したいと、イコモスにアピールを繰り返してきています。そのような存在の勧告を無視するのは不利益が大きいのです。このように、世界には、様々な力を持つ存在があります。そのような存在を見つけてくることも一つの手法です。

４ 説得の方法を使う

　第8章で説明した、様々な説得の方法を使って、相手が納得する第三項を設定する方法です。真理、普遍、権威、規範などを第三項とし、こちらの主張や目標の正当性の根拠として、相手に論理で説得することを目指すものです。

　これは、価値観の多様化した現代では、弱点が多いのですが、真理や普遍などの重大な価値をしっかりと踏まえるということは、調整を正当化するうえで不可欠です。他の方法とセットで使っていきましょう。

５ 審判（調整者）をあらかじめ決めておく

　対立が起こる前に、相手と調整方法を決めておくことができるのであれば、それはとても良い方法です。新しくチームを結成する際、プロジェクトを始める際、組織を立ち上げる際には、必ず、事前に、メンバー間での調整方法を決めておきましょう。争いが起こってから調整方法を決めようとすると、その調整方法を決めることでまた争いになるからです。いったん争いが起こると、争いの当事者はお互い自分にとって有利な調整方法を選ぼうとします。そのため、さらなる争いを招いてしまうのです。

　組織内部の調整者は、理事会、総会、評議員会、顧問、監事、幹事会、代表、議長などの機関が務めます。どれでも構いません。決めておきましょう。また、調整方法も決めておきましょう。多数決や全会一致、3分の2以上の賛成、議長決裁、幹事会に一任などです。これらの調整方法は、文書で明記しておくことも必要です。また、組織としての優先順位や価値観を統一する

ために、ミッション、ビジョン、バリュー、パーパス、戦略、報償規程等を最初に作り、共有化しておきます。これらも、組織における調整機能を果たします。

※

　最後に、じゃんけんフレームワークで相手に力がある第三項候補を見つけたけれども、つながりがない、という場合にどうするのかを見ておきます。お願いの連鎖が、何の障壁もなく成立すれば良いのですが、調整者になって欲しい第三項の人なり組織をなかなか説得できない場合もあります。その場合は、じゃんけんフレームワークを繰り返す手法があります。図14・4を見てください。

　自分は相手と対立していて、相手の協力を得られません（①）。そこで、相手の関係者分析をした結果、Aさんが相手に大きな影響力を持っていることが判明しました。ここで、自分→Aさん→相手のじゃんけんフレームワークが使えれば良いのですが、残念ながら、Aさんとつながりがありません。お願いしても聞いてもらえそうもありません。この場合、自分とAさんとは、やはり一種の対立関係にあると見立てます（②）。そして再度、じゃんけんフレームワークを使います。つまり、Aさんの関係者分析をして、その中で影響力があり、自分と関係のある者を探すのです。すると、Bさんが見つかり

【図14・4　じゃんけんフレームワークを繰り返す】

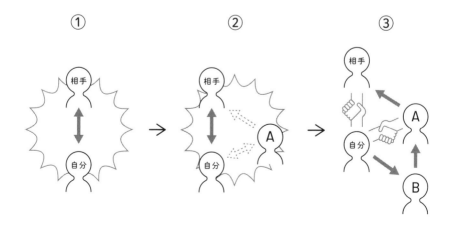

ました。そこで、自分→Bさん→Aさん→相手というじゃんけんフレームワークの繰り返しを実行することができるわけです（③）。Bさんともつながりがない場合は、さらにCさんを見つけ出すということも可能です。ただし、あまり何回も繰り返すとだんだんお願いの効力が薄れますから、限度はあります。

　いずれにしても、じゃんけんフレームワークは繰り返すことができる、と知っていると活用範囲が拡がります。

5. 欲求や意図の代替を行う

　調整のテクノロジーにおける意図や欲求の代替（補償）の手法も学んでおきましょう。意図や欲求の代替については、第6章で説明しました。意図の代替とは、ある意図を他の意図によって代替することです。これに対し、欲求の代替とは、ある欲求を他の欲求によって置き換えることです。

　意図や欲求の代替の考えは、とりわけ調整においては重要です。というのは、敵対関係を競合関係に置き換え、それをさらに協力関係へと転換していこうとした場合、相手の利益の実現を考えなければならないからです。協力は、相手の意図の実現に力を貸す行為です。調整においても、相手の利益をどう確保するかは、非合力の関係を合力の関係に変えるための大きな要素です。

　しかし、敵対関係であることは、相手と利害の対立があり、相手の意図をそのまま実現できないという場合がほとんどです。この時、相手の異なる意図や欲求を見つけ出し、それを対立していた利害（意図や欲求）と代替することで、相手の意図の実現を図っていくわけです。敵対関係を競合関係に置き換えられたら、さらに、相手に対して、相手のどのような利益を実現できるかを考え、それを提案していきましょう。こうして、最終的には協力関係を目指していくことにします。この事例はPart 4で説明します。

6. 対立もマイナスだけではない、と考える

　敵対関係など非合力の関係は、協力にとってマイナス効果しかないのか、と問われると実は違います。非合力の6関係は、支配を除けば、協力を展開していく時にそれぞれ使い方があります。また、いずれも関係性を変化さ

せることで、対立を解消していくこともできます。さらに、このような非合力の関係は、協力を育てる効果もあります。非合力の関係も使えるのです。

　合力と非合力の関係は、深く結びついていて、またお互いに転化していきます。私たちの世界は、何かを成し遂げようとして合力の関係を作り上げていくと、そこには、多くの場合、対立が起こり、非合力の関係も生まれていきます。これは最初から覚悟しておきましょう。しかし、双方の関係性や調整の方法を理解すると、非合力の関係をより障害とならないようにしたり、合力の関係に変えていったりすることも可能なのです。簡単ではないですが、すでに述べたように調整の方法はちゃんとあります。

　また、対立はネガティブなイメージがありますが、しかし、私たちが世界を作り上げ、そしてより良くしていくためには、不可欠なものだとも理解しましょう。

　多くのスポーツは、チームとチームの闘い（試合）をベースに競技が組み立てられています。観客も勝負の行方に一喜一憂しますし、その激しい競い合いが素晴らしいプレーを生んでいきます。市場においても、企業の競合が製品をより良くし、また経済を発展させます。市場を細分化し、棲み分けることで、企業はより専門性を高め分業を発達させます。民主主義世界においては、異なる政党が選挙を通じて競い合うことで、より市民の期待に沿った政治を実現しようとしています。また、政党は、異なる人たちの意見を代弁することで、直接対立を避け、議会という場で、それぞれの利害の調整を可能にしています。

　私たちの世界は、合力だけでなく、非合力でも成り立っています。そして、非合力を、協力発展のための仕組みともしています。私たちは、上手く協力していくためには、非合力の関係性も十分使えるようになっていく必要があるのです。この使い方の実践例は、Part 4 で改めて説明します。

（第 **15** 章） お互いの行動をつなげる「舞台」を作る

1. お互いの行動をつなげる五つの見える化

　協力の活動には多くの協力者が、それぞれの目的を持って参加してきます。ここで、協力を効果的にするためには、協力者のそれぞれの努力が、どうつながっているのかが示され、協力者間で共有されることが必要になります。

　サッカーでも、協力が成果を上げるためには、プレイヤー同士がお互いに、今、何をしていて何をしようとしているのか、意図の共有が重要となります。フォワードが何をしようとしているのかが分からないと仲間は効果的なパスが出せません。しかし、サッカーならフィールドでお互いの動きや表情が見えるのですが、多くの協力活動では、お互いがしていることが見えません。

　協力が拡大していった時、お互いに知り合いでもない、出会うこともない、ネットでやり取りすることもない者が増え、そこで協力行動をマネジメントしていかなければならないことがあります[注32]。相利性を作っていくうえでも、お互いに今、何をしていて、相手が何をしようとしているのか、という意図の見える化による共有が不可欠です。そこで、お互いのしていることが見える仕組みの構築が必要となってきます。

　これを具体的にするのが「舞台」の仕組みです。舞台を作る目的は、協力

【表15・1　舞台の仕組みの五つの見える化】

見える化	内容
物語	この目標達成の活動は、どのような物語なのか
協力者	活動にはどのような協力者が参加して、どのような意図を持ち、どのような役割を担っているのか
時間	活動が共有しているスケジュールはどのようなもので、それぞれが何をしなければいけないのか
場面	その時その時の場面を誰がどう定義して、どう知らせるか
貢献	各自・各舞台の貢献・活躍をどうやって見える化し、みなで共有するのか

が拡大してきた時、お互いの活動を見えるようにして、協力者が自分のするべきことを理解しやすくすることにあります。

　では、このような舞台は、どのようにすれば作ることができるのでしょうか。ここでは、それを五つの見える化を実行することで行います。「物語」「協力者」「時間」「場面」「貢献」の五つの見える化です。次節から、これを一つずつ説明していきます（表15・1）。

2. 物語を見える化する

　私たちの協力行動において、お互いが、それぞれのしていることが分からない時、どうすれば、お互いの協力が成り立っていることが分かるのでしょうか。そこでよく使われるのが「物語」という工具です。

　人は、昔から、世界と自分、自分と他者に起こっていることの連関を理解する手法を、いろいろ開発してきました。神話や昔話・寓話は、この世界の意味や道徳、そして教訓などを、私たちに理解できるようにして行動の規範を示してきました。また、神話や民族の成り立ちの物語（歴史）を共有することで、集団としての一体性を作ることもしてきました。物語とは、私たちにこの世界と自分の行為に意味を与え、人々の協調した行動を可能にし、行動を決定していく時の大きな工具なのです。

　近代から現代にかけても、協力行動を生み出す時、物語は広く活用されています。有名なのが、進歩史観や階級闘争史観、経済成長史観です。人類は、何らかの理想的な社会に向かって進歩の道を歩んでおり、今がその途上であるとして、その未来に向けたなすべき協力行動を要請するものです。

　このように人類全体や世界史レベルの物語は「大きな物語」と呼ばれ、世界史などに意味を与えてきましたし、私たちの価値観も左右してきました。しかし、このような世界的な協力行動を生み出す「大きな物語」でなくても、私たちも、この物語の手法を使うことで、周りの人々の協力行動を見える化し、協調をスムーズに行えるようにしていくことができます。

　さて、目標を達成する活動を物語として、協力者やその外部に見えるようにしていく時、物語の基本的な流れをまずは明確にしておく必要があります。その時使うのが、６Ｗ１Ｈのフレームワークです。一般的な５Ｗ１Ｈ（Why, What, Who, Where, When, How）にWhomを付け加えたフレームワークです（表

【表15・2　目標達成の物語のフレームワーク：6 W 1 H】

要素	内容
Why	協力者はなぜ協力して活動するのか
Who	協力者は誰なのか
Whom	誰にむかって活動をしているのか
What	何を目標としているのか
When	いつまでに目標を達成するのか
Where	どこで活動するのか
How	どのようにして活動するのか

（具体例は表 22・1/p.217 参照）

15・2)。

　このフレームワークの右側の欄に、あなたの活動を要素ごとに書き入れて見てください。もし、当てはまるものがなければ、入れなくても構いません。そして、これが出来たら、どういう物語なのか、200 字程度にまとめてみてください。

　たとえば、「こども食堂」の例なら次のようなものです。「地域の子どもの幸せを実現するために、地域の有志が、周囲の人々に協力を呼びかけて、困難な状況にある子どもが十分食べられるように、来年までに地域の商店街の中に、こども食堂を開設して運営する物語」。シンプルですが、何をしているのかが、誰でも分かります。このような物語を作ることで、協力者同士が何をしているのかについての共通理解が作られていくのです。

3. 協力者を見える化する

　見える化の二つ目は、どのような協力者がいて、どのような役割を担い、どのような意図を持っているか、の 3 点を明確にして、共有または開示することです。特に、社会をより良くしようとする活動においては、誰が主宰者で、誰が参加・協力しているのかは、その活動の正当性や信頼性に大きく関わってきます。また、誰がやっているかの拡がりが見えないと、周囲の協力も広がりません。逆に、信頼できる人が多く参加・協力している活動なら、いっそうの参加・協力の拡がりが望めます。市民活動の紹介 WEB ページや募金のページを見た時、賛同者や推薦者がたくさんいて、そこに信頼できる

人が多いと、あなたも安心して、その活動を支援できたり、寄付できたりするでしょう。どんな活動も最初は、少人数で始めます。したがって、参加者や協力者が多くないことは当然です。しかし、それでも、参加・協力者は積極的に見せていきましょう。それが、信頼を生み、協力を得やすくすることになります。

また、参加者や協力者の一覧を作る場合には、その役割も明記しておきましょう。それにより、その人の関わり方が分かってきます。これも、活動の信頼性・正当性に大きくプラスすることとなります。

さて、協力3.0では、協力者それぞれの目的（意図）は異なることを前提に、それらをそれぞれ達成していくことを目指します。そこで、協力者が何を期待して協力してくれているのかは、可能な範囲で、協力者間で共有したり、オープンにしたりしていきます。

活動の各局面で、活動内容が、それぞれの協力者の意図を実現するものであるかどうかをチェックし、その活動を評価していきます。協力者のＡさんは、こういうことを期待していたが、この活動方向ならそれはプラスだろうか、マイナスだろうか。Ｂさんの期待にとってはどうだろうか、と、協力者同士で問うわけです。これにより相利性を作っていくことができます。

この協力者の視点（意図）を見える化し、その実現度をチェックする方法が、第4章で紹介した「神の視点」の技法であり、相利評価表のフレームワークです。

主要な協力者の意図（したいこと）を明確にし、できる範囲でそれを共有していきましょう。重要な協力者をリストアップしたうえで、相利評価表を作り、それをメンバーで共有していきます。そのうえで、活動の進捗にしたがって、協力者の利益がどう実現されているか、意図が変化していないかを、相利評価表で確認していきます。相利評価表が、神の視点を関係者に提供し、協力者を見える化してくれるわけです。

4. 時間を見える化する

協力のテクノロジーでは、協力を組み立てる目的から、「時間には四つの種類がある」という考え方をとっています。客観的な時間、自分（プロジェクト）の時間、関係者の時間、世界の時間の四つです（表15・3）。

【表 15・3　協力における四つの時間】

客観的な時間	時計やカレンダーで測る時間です。2021 年 5 月 21 日とか、6 月 1 日から 7 月 31 日まで、というときの時間です。
自分の時間	自分自身の時間です。もし、あなたが高校生で大学受験が半年後とすれば、大学受験を一つの終点としてスケジュールを組み立てているかもしれません。そのように、あなたの過去・未来のイベントを基点とした私的スケジュールのことです。
関係者の時間	関係者の個々人・それぞれの組織も、あなたと同様、それぞれの過去・未来のイベントがあり、それぞれの時間を持っています。関係者それぞれのイベントを基点とした各自の私的時間のことです。
世界の時間	政治・経済・地域などで起こる過去・未来のイベントを基点とした時間です。たとえば、国の記念日がいつかとか、スポーツの世界大会がいつあるかとか、などです。社会的イベントのスケジュールでもあります。

　時間を四つに分ける理由は四つあります。

　第一が、三項相利の実現のためです。三項相利は、自分の利益、関係者の利益、世界の利益の三つを実現するものです。このそれぞれの利益には、期限やタイミングがあるものがあります。たとえば、Part 4 で説明しますが、NPO 法立法の事例では、介護保険制度が近く始まるという状況を利用しています。これは、福祉関連議員にとっては大きな未来イベントだったわけです。そのように各関係者が重視する未来イベント（未来に起こること）を一つの利益の実現のタイミングと捉えて、相利を構築していくわけです。活動に関連する関係者や世界の未来スケジュールをチェックし、関係者の利益を考えていきましょう。

　第二が、活動の見える化のためです。すでに脚本で活動のプロット（幕）は作っていますが、それだけだと、どのタイミングでお互いの活動の方向や成果を共有すれば良いのかが分かりません。そこで、協力の活動を展開する際には、誰でもが分かるスケジュールをベースに活動を組み立て、経過を共有化していくことが必要となってきます。

　第三が、時間を利用して成果を強化するためです。世界は、半分はシステムでできています。このシステムは何かを生み出すための道具です。そして、それはスケジュールを持っていることが多々あります。

　たとえば、政府の予算に影響を与えたい、と思った場合は、政府の予算編

成のスケジュールを調べることから始めます。このスケジュールが政府の時間です。近年、政府は、毎年6月に予算編成の方針を決めます。その方針に従って、8月末までに各省庁で予算要望が作られます。9月から12月までは、その予算要望を軸に省庁と財務省と与党国会議員の間で調整が行われます。そして、12月後半に、翌年度の予算案が大綱として決定されます。その予算案が、翌年の通常国会に提出され、3月末までに審議決定されます。そして4月から実施されるというのがシステムとしてのスケジュールです。

　ここで、あなたが政府の予算に何らかの影響を与えたいと考えれば、初期に要望なり、反対をしたほうが、より大きな影響を与えられます。つまり5月までに、最初のアクションしたほうが良いのです。9月以降になると新規の提案はほぼできません。そして12月中旬以降は、もう反対しても修正要望しても効果はない、ということになります。予算案に何らかの要望を反映させたいのであれば、このようなスケジュールは絶対落としてはいけません。

　政府だけでなく多くの機関は、それぞれシステムとして決まったスケジュールを持っています。それら機関に影響を与えようと考えるならば、各機関のスケジュールをしっかり押さえておきましょう。

　第四が、時間を利用して活動を組み立てるためです。今まで述べたように、すべての機関には、それぞれ意志決定のスケジュールがあります。何らかの決定をさせたいと思うのであれば、そのスケジュールを前提に活動を組み立てていく必要があります。たとえば、政府に予算要望するなら、5月までに要望書を関係省庁や議員に提出し終える、などです。協力の活動が目標とすることと関係機関の様々なスケジュールや世界の未来スケジュールは、しっかり把握しておきましょう。2年程度先まで、一定程度スケジュールが決まっている機関もたくさんあります。こうした諸時間を理解したうえで、それらスケジュールを利用して、活動を組み立てるわけです。

5. 場面を見える化する

　場面（シーン）を共有して、お互いの意図や行動を協調していく方法です。物語というものには、いくつかの基本構造があります。有名なのは、起承転結とか、序破急というものでしょう。さて、協力の物語にも、いくつかの基本構造があります。市民活動でよく見られる典型的なパターンは、次のよう

なものです。

　1人または数人が何らかの問題に気づき、立ち上がる→仲間を集め、活動を始める→障害の発生→仲間を増やしてパワーアップする→障害を乗り越える→再び、障害の発生→仲間を増やしてパワーアップする→障害を乗り越える→（繰り返し）→問題の解決（ゴール）、のパターンです。簡単に言えば、障害の発生→仲間を増やす→乗り越える、を繰り返しているうちに、仲間が増え、その力の拡がりでゴールへと近づいていくことが基本です。

　このパターンは、分かりやすく、多くの人が直観的に理解してくれます。そこで、場面の見える化は、この典型的パターンを利用していきます。今が、このパターンのどこに位置するのかを明確にするわけです。問題に直面しているところなのか、仲間を集め活動を強化しているところなのか、乗り越えようとしているところなのか、などを分かるようにするわけです。つまり、問題に直面したら、「今、○○の問題に直面して、困っている。このままでは目標達成が困難である。あなたの協力が必要」と発信します。乗り越えに挑戦する時は、「今、みんなの力を結集して攻略中。もっと協力を！」と発信していきます。乗り越えられれば、「今、一つの問題を解決できた。協力者のみなさんありがとう。次に向かいます。次も一緒に！」と発信するわけです。これにより、今、何が起こっていて、どういう状況なのかが、誰にでも分かりやすくなります。

　さらに、プラスして、時間の見える化で、どういうスケジュールで動いていて、どういう場面に差し掛かっているかが分かれば、より多くの人が協力できるようになっていくのです。相利性は、協力相手にとって、自分が貢献しなければ目標達成が困難になる、と理解できる状況で強まります。そうでなければ、協力相手はフリーライドを選ぶかもしれません。困難な時に、その困難さを伝えていくことと、協力がそれを乗り越えることを可能にすることを明確にしていくのです。

　物語を明確にし、場面を共有し続ける。そうすることで、人々の主体的な貢献が起こってきます。物語と場面を有効に使うことで、会わない人々もマネジメントしていけるようになるわけです。

6. 貢献を見える化する

　米国の中西部でDV被害者の女性向けシェルターを運営しているある NPOのモットーは「みんながヒーロー」です。すべての協力者、スタッフ、役員、関係者は、女性も男性も、みんなヒーロー[注33]だという考え方です。

　しばしば、成功した大きなイベントなどでは、「あの成功には自分が関わった」という人がたくさん出てくるものです。昔から、「成功の親は多いほうが良い」とも言います。協力の成功を評価するポイントの一つは、その成功を自分が貢献したからだ、と思える人がどれだけ生まれるか、にあります。より良い協力関係とは、誰か1人が成功を独占するものではありません。協力とは役割分担であり、その役割を担った人のそれぞれの貢献が合わさって全体の成功が実現するものです。つまり、より良い協力関係の実現には、みんなをヒーローにすることが不可欠です。みんなをヒーローとするためには、協力者の貢献を共有したり、広く公開したりすることで、その実現を図ります。

　では、どうすればそれはできるのでしょうか。一番やりやすい方法は、協力活動において、独自の広報媒体を持つことでしょう。WEBページでも良いですし、SNSでもOKです。広報誌でも良いですし、定期的な公開イベントや団体内部のイベントでもOKです。このような場で、貢献者の貢献を掲示したり、讃えたり、表彰したりするわけです。昔から神社やお寺では、寄付してくれた貢献者の名前を掲示板や石柵、柱などに書き記して表彰するということをしていました。今でも、文化団体などは音楽祭などのパンフレットに寄付者の名前の一覧を掲載しています。近年は、WEBでそのような名前の掲載をすることも増えました。WEB等で貢献者のインタビュー記事を出し、貢献を見える化している団体もあります。企業では、毎月1回の全社員会議の時に、前月の功労者を全員の前で表彰しているところもあります。これも、貢献の見える化です。

　シーズでは、法案の修正などが実現した時、お祝いのパーティーを開催し、議員や官僚、法制局のスタッフなどにステージに上がっていただき、感謝を述べるということもしてきました。ある国際協力NGOの代表は、新聞等からの取材があると積極的に支援者を紹介して、支援者の貢献が記事に載るようにしていたと言います。支援者は新聞で紹介されることで、自分の貢献の

意義をより理解できるようになります。

　常に、協力者の取り分を増やすことに注力しましょう。みんなをヒーローにするのは、協力のリーダーの大きな責務です。逆に協力を損なうのは、特定のリーダーばかりが露出するタイプです。カリスマ性があるリーダーの場合は、しばしばこのような形が起こりがちです。それは協力ではなく威信の力によるフォローを強化することにしかなりません。協力者の主体性はかえって弱くなっていきます。協力者が離れていく原因にもなりますし、反発を生むこともあります。ここは気をつけましょう。

　このように貢献者の貢献を明確にして、それをお互いが承認し合うということは、相利性を強化し、協力関係を高めます。この「みんながヒーロー」の作り方は、協力において、とても重要なので、次節でもっと詳しく説明していきます。

7. みんながヒーローという状態を作る

　みんながヒーローという状態を作る場合、よく採られる手法に舞台をいくつか作るという方法があります。

　一般的に、協力の物語は、大きな一つの舞台があり、そこで一つの劇（物語）を進行させ、登場人物はその一つの劇の一つの役割だけを担っていきます。主役がいて、わき役がいて、群衆（モブ）がいます。私たちが一般的にもっとも慣れ親しんでいる劇のタイプだと言えます。これをここでは「一劇方式」と呼びます。

　一方、みんながヒーローになるためには、それぞれ人にそれぞれの劇が用意される必要があります。つまり、複数の劇（物語）を同時に進行させ、それを一つにまとめて大きな劇（物語）として作っていく方法になります。こちらは「複劇方式」と呼びましょう。

　分かりやすい例で言えば、高校や大学の文化祭を思い浮かべていただければ良いでしょう。文化祭という大きなイベントがありますが、そこでは、学生が主体となって企画運営するイベントや模擬店、プログラムが多数上演されます。そこでは、それぞれの活動にたくさんのヒーローがいます。模擬店で喫茶店をするにしても、リーダーがいても、食事の手配、料理、給仕などそれぞれの舞台があり、それぞれがヒーローとなれます。主催者と観客は入

れ替わることができ、一つの文化祭という大舞台で、様々な役割を担うことができます。

このような形式が複劇方式です。分科会形式で行われるイベントは、多くがこの複劇方式を採っています。

市民活動でも、複劇方式はよく採られる手法です。

子どもの社会教育の手法で、「こどものまち」と言われる手法があります。これは、一つのイベントなのですが、会館や広場を作って、空想上の町を設定します。区画を分け、そこに市役所や商店、消防署、警察署、病院、放送局などを配置し、子どもが主体となって企画運営して社会体験を積むものです。働く、暮らす、起業する、投票するなどの活動が体験できます。とても人気のプログラムで、日本全国200か所ほどに拡がっています。

この活動も、たくさんの子どもの主体性を育み、子どもたちがヒーローとなれる仕組みとなっているのです。

協力1.0や2.0を使う場合は、一劇方式を中心とした舞台設定をしていくことが多くなります。一方、協力3.0を使う場合は、複数の劇が並行して動いていく複劇方式を採る場合が多くなります。ただし、協力3.0でも役割分担の方法によっては、一劇方式で進む場合もあるので、必ずしも強いリンクがあるわけではないと考えておきましょう。

さて、協力の舞台の作り方が重要なのは、協力者の主体的な活動が目的達成の大きな推進力となるからです。いかにして、より多くの関係者が主体的な協力者となってもらえるかが活動の成否を左右します。そのためには、活躍できる物語が、たくさんあったほうが良いわけです。

心理学では、人間の幸福は、五つの領域から構成されているとしています。①嬉しい、面白い、楽しいといったポジティブ感情。②何かを達成するという達成感。③自分の人生の意義や意味の自覚。④助け合いなどの他者との良い関係。そして、⑤ものごとへの積極的な関わり、の五つです。

その人が主役となって活躍する舞台があり、それが周囲から評価されるという環境は、この5領域に深く関わり、その人の幸福度を高め、モチベーションを強化します。誰しも人は、何らかの物語の主人公（ヒーロー）になりたいのです。

主人公がたくさん生み出せる舞台は、それだけ強い協力を生み出し、物語

の推進力を大きくできます。誰かの活動に巻き込まれて協力する、というだけの協力 2.0 では、主人公は 1 人で、その他大勢は、支援者であったりフォロワーであったりします。主人公の力は大きくなりますがフリーライダーも多くなり、主人公の負担も大きくなります。そして、代わりの引き受け手（後継者）も育ちにくくなります。活躍する場がなければ新しい人も入って来ないのです。

　地域福祉で「当事者化」や「我が事化」と言われますが、もし多くの人に主体的な活動をしてもらいたいと思うのであれば、相利性を開発し、舞台を用意し、その舞台上でヒーローになってもらえる劇をたくさん上演していく必要があるのです。

8. いかにしてヒーローを増やすのか

　複劇方式にも、いろいろなやり方があります。

　ここでは、五つのタイプを紹介しておきます。

　第一のタイプが、文化祭や学会、「こどものまち」のように、一つのイベントを複数のプログラムから構成し、それぞれに主役を置き、任せる方式です。一番多く採られている方式です。

　第二のタイプとして、一つの協力の場を作り、そこに協力者がどんどん自分なりの活動の場を作れるようにしていく方式もあります。たとえば、Wikipedia がこのタイプです。百科事典の投稿の場を Wikipedia 財団が作り運営しています。投稿者は、自分でそれぞれ項目を作り、投稿したり、既存の投稿を書き換えたりできます。これにより、自分の知識を社会に広めることができますし、それが利用されることで評価も受けます。ここでも主体的な活動ができる場が提供されているわけです。

　第三のタイプは、役割分担ごとにリーダーを作り、その役割においてそのリーダーが主役となる方式です。ある高校ラグビーの強豪高は、1 週間 3 回 1 時間から 1 時間半の練習で、全国レベルの高い実力を保持しています。そのラグビー部が取り入れているマネジメント手法が、「1 人 1 リーダー制」というものです。これは、「給水ボトルのリーダー」とか「ボールリーダー」とか、細かいこと一つ一つにリーダーを設けて、部員みんなが必ず何かのリーダーを務めていくものです。こうすることで、部員の主体的活動が強化さ

れ、練習の効率があがるわけです。

この分担を決めてリーダーを設ける方式は、年齢や能力で役割分担を作ることも可能です。たとえば、日本の様々な伝統的組織は、年齢で区分され、若者や中堅層、シニア層などで階層化している場合があります。これは、それぞれの年代で、主役ができるようにする仕掛けとなっています。こうすることで、各年代層の主体性が強化できるのです。

第四のタイプは、すでにある活動（劇）をつないで全体の舞台を作っていく方式です。たとえば、高知県黒潮町にある黒潮町観光ネットワークがあります。これは、現代アートを展開するNPO砂浜美術館が中心となっているネットワークで、地元の飲食店、宿泊施設、交通業者、住民組織、行政が入っています。砂浜美術館は、砂浜アートが有名で多くの観光客が来訪します。また、スポーツ施設も運営していて、多くのスポーツ団体が合宿に利用します。そこで、団体などが来る時に、このネットワークを通じて、来訪者の情報を共有することで、飲食店や宿泊施設は効果的に商売ができ、交通業者は車等を手配し、住民組織もお弁当などを販売して活動費を稼いでいます。相利性によって、バラバラの活動をつなぐことで、それぞれの物語を生み、それぞれのリーダーを生み出していくわけです。

第五のタイプは、一種のフランチャイズのような方式です。地域猫活動やこども食堂などのように、活動プログラムが誰でもできるように標準化されマニュアル化されている場合に、全国各地に展開できます。それぞれの地域で、やりたい人が、そのマニュアルを元に自分でプログラム（舞台）を作れるわけです。

このように複劇方式にする方法はたくさんあります。組み合わせても使えます。ヒーローを増やし、活動を活性化したいと思ったなら、ぜひ舞台の複劇化を行ってください。

9. 舞台のもう一つの活用方法

舞台とは、登壇する人のためのものでもありますが、同時に観客のためのものでもあります。良い舞台は、観客を惹きつけ、活動への関心を高め、協力者候補を増やしていきます。協力を拡大していこうと考えたら、単に利害関係で関係を作るだけでなく、そこで価値ある物語が上演されているか、も

大きなポイントとなります。

　観客の拡大は、そこから協力者を増やしていけるだけでなく、その観客の多さが、活動を推進する大きなエネルギーともなってきます。スポーツでも観客が多いほどプレイヤーはモチベーションが上がるものです。

　ところで、多くの協力の物語は、すでに説明したように基本的に単純な構造で成り立っています。基本的パターンは、誰かが目的を抱く。仲間を集める。目的達成に向けて活動を徐々に拡大していく。いくつかの障壁や課題、対立に直面する。そのたびごとに、失敗も経験しながら、協力の輪を拡げて乗り越えていく。最後、最大の障害（ラスボス）をたくさんの協力で乗り越えて、目的を実現するというものです。

　では、この物語のパターンを観る側に立って考えてみましょう。

　物語の見所はどこでしょうか。もちろん、最後の大団円（目的の達成）もありますが、そこに至る紆余曲折（障害の発生と乗り越え）が、もう一つの大きな見所となります。物語を実際に実践している側からしてみれば、障害や対立の発生、失敗などは、ありがたくないですし、できるだけ避けたいものです。しかし、障害のないプロジェクトはほとんど存在しませんし、意見の対立や敵対者が現れるのは世の常です。であるならば、それをいかに演じ、観客を惹きつけ、協力者を増やす機会に転化できるかも、協力のテクノロジーの一つなのです。

　協力者候補にとってみれば、舞台の主人公たちが困って途方にくれている時こそ、助け甲斐があるものです。さらに、バトルがある、というのは観客だけでなく、マスメディアにも関心を持ってもらうのにプラスです。これは、対立を活用した一例ですが、舞台を作る場合は、そこでどのようにして見所のある物語を演出でき、多くの観客の関心をどう高め、より多くの協力を生み出せるかを考えていきましょう。

　具体的には、バトルを見える化する舞台を作ることをしていきます。たとえば、論争があれば、討論会を開催し、解説者を立て、争点を明確にし、しっかり争点をめぐってバトルがされるようにします。解説者は、観客のために、何が争点で、それがどのように社会や観客に影響があるか、勝敗はどうつくのか、これからどうなるのか、などを分かりやすく説明し、観客の関心を高めるなどしていくわけです。

(第 **16** 章) 関係者マネジメントで協力への「帰属」意識を生み出す

1. お金では動かない人たちのマネジメント

　協力構築サイクルの最後は「帰属（engagement）を生み出す」です。ここで、帰属とは、協力をいかにしてマネジメントし、メンバーシップを形成するかということを指しています。一般的な「集団に属している」という意味より広い概念で使っています。

　まずは協力のマネジメントの構造を理解しましょう。

　一般に、企業経営でマネジメントと言えば、企業組織のマネジメントを指します。つまり、企業の職員や役員、所有する物資など、組織の構成員や組織の資源を対象とするものです。企業のマネジメントは、これらの対象者を原則、交換の原理でマネジメントしていきます。つまり、賃金・報酬・代価を支払って、労働力や物資を購買するというものです。

　しかし、協力のマネジメントは、企業マネジメントとは大きく違う点があります。それは、協力においては、むしろ組織の外部の関係者をどうマネジメントしていくかが重要になることです。組織の外部の関係者にどう協力してもらえるのか、どうやってその人たちの活動を強化していけるかが協力のマネジメントの大きな課題だと言えるでしょう。外部の関係者は、多くがお金で動かせないか、お金で動いてくれない人たちです。物理的力で命令することもできません。つまり、交換や統治ではない方法でマネジメントしなければなりません。ここに協力のマネジメントの特徴があります。

2. 組織マネジメントと関係者マネジメント

　これを明確にするために、協力のマネジメントでは、対象を二つに分けて考えることにしていきます。組織の構成員に対するマネジメントを「組織マネジメント」と呼び、組織外部の関係者に対するマネジメントを「関係者マネジメント」と呼ぶこととします。協力のマネジメントは、組織マネジメントと関係者マネジメントの二つの種類のマネジメントから構成されています

（図16・1）。

　企業やプロジェクトのマネジメントでは、組織マネジメントが主で関係者マネジメントが従という捉え方です。そこでの関係者マネジメントの考え方は、プロジェクトの活動をスムーズに行うため、関係者に協力者になってもらい管理する活動とされています。支持を強化し、抵抗を最小限に抑えるというのが、その活動の中核テーマです。

　もちろん、多様性が増している今日、組織マネジメントでもいかにしてお金（交換）以外の方法でモチベーションやチームの一体感を高めるか、は重要な課題となってきています。そこでは、内発的動機づけやミッション、ビジョン、バリューなどの策定による協力の技法が多く活用されるようになってきています。

　関係者マネジメントと組織マネジメントは、それぞれ求める方法は違えども、協力のテクノロジーを必要としていると言えるのです。この点を踏まえたうえで、この二つのマネジメントの関係を見ていきましょう。

3. 協力では関係者マネジメントが重要

　交換をベースとする企業では、関係者マネジメントが従となるのは、ある意味当然かもしれません。しかし、協力を拡げ、協力の拡がりで目的を達成していくことを目指す協力のテクノロジーでは、このアプローチを逆転させる必要があります。つまり、活動の主役は関係者であり、関係者マネジメントが第一の活動であって、そのために組織マネジメントがある、という考え

方が必要となります。組織マネジメントが主で関係者マネジメントが従という考え方では、結局、多くの人々の主体的な協力を育み、目的を実現していくことにならないからです。協力の最大の強みは、多くの関係者の力を最大限発揮してもらうことで、世界をより良く変えていくことにあるのです。

さらに、一般のプロジェクトマネジメントと違う点は、関係ない者をむしろ関係者にしていき、その人たちに主役になってもらい、活動を展開していくところにあります。関係者分析も、活動に関係がない者をどうすれば協力者になってもらえるか、という視点から行っていきます。

また、リーダーシップにおいても、協力者の主体的活動を支援するサーバント・リーダーシップ（支援型リーダーシップ）が中心となります[注34]。ただし、一般的なサーバント・リーダーシップというより、目的実現に向かって、協力者が活躍できる舞台を準備し、そこで協力者の意図に適した活躍をしてもらい、その成果をお互いで共有する、という形のリーダーシップとなります。

活動の起ち上げ期や転換期には、指導力を発揮して引っ張っていくリーダーシップを採ることが必要ですが、十分な相利が開発されていったら、徐々にサーバント・リーダーシップに切り替えていきましょう。

近年、この協力3.0をベースとした関係者マネジメントの重要性は、各方面で増してきています。たとえば、エリアマネジメントや観光地マネジメント（ディスティネーション・マネジメント）の分野があります。従来は、観光地マネジメントと言っても、観光行政と観光協会のような観光促進組織に限られていて、どちらかと言うと組織マネジメントが議論されてきました。しかし、今、観光客は、観光地における文化や生活の体験を重視するようになっています。そのため、観光事業者以外の地域の様々な人や組織が協力してくれないと、地域の観光振興が上手くいかなくなってきています。地域マネジメントという視点が重視されるようになり、多様な利害関係者が存在する地域全体をどうマネジメントするかが課題となっています。

地域福祉においても、地域共生社会ということが言われるようになりました。地域の多様な主体が協力して、支え合いの地域を作るということがテーマです。そこでは、福祉事業者だけではない、地域の利害が異なる多様な主体をマネジメントしなければなりません。

企業でも、近年は、外部とのエンゲージメント（関係作り）が盛んに議論さ

れるようになってきています。交換の関係だけでない、企業の熱心な支持者（アドボケーター）やエバンジェリスト（伝道者）をどう作るかがテーマです。こうした人たちは、企業の巻き込み型の運営ではなかなか育ちません。むしろ、いかに相利をベースにした舞台を提供するか、という協力 3.0 型のプログラム開発が重要となってきているのです。

　協力のマネジメントを考える時は、関係者マネジメントが主だと考えましょう。多くの人々の力で目的を達成するのです。自分たちの力だけで目的を達成すると考えたら、もう協力はどこかへ飛んで行ってしまいます。組織マネジメントは、関係者マネジメントが上手く機能するように作るもの、と考えましょう。

4. 関係者マネジメントの土台を作る

　協力構築サイクルにおける関係者マネジメントは、関係者を管理することではありません。関係者は、それぞれの利害関心を持ち、自分たちの活動を実施しています。その中で、あなたの目標と関係者の利害との相利性を保ち、相互に上手く貢献し合えるようにしていくのが、この関係者マネジメントのポイントとなります。

　つまり、関係者マネジメントとは、相利追求のマネジメントであり、お互いに上手く協力し合うことです。

　この関係者マネジメントが上手く機能するように組織マネジメントを構築・運用する。これが、協力を拡大していくための基本となります。そして、関係者マネジメントは、関係者が活躍できる舞台を提供することで行っていきます。この舞台には、複数の物語（劇）が進行し、多数の主役がいるという構図です。この主役群と連携しながら、各物語の運営に協力していくというのが関係者マネジメントの方法となります。帰属は、このような大きな舞台に参加しているという感覚の共有から生まれてきます。

　では、このようなマネジメントは、どうすれば可能になるのでしょうか。四つのポイントがあります。

　第一に、柱となる物語を作ることによる舞台感覚の創出です。第二に、関係者の代表（主役を担う人）を、組織マネジメントに組み込むこと。第三に、組織の運営において、関係者マネジメントを中心に組織を運営していくこと。

第四に、総有資産（みんなで活用する非独占的な場）を作り出し、協力者にその価値を高めることで、帰属意識を強化することです。第一はすでに前章で説明したので、第二から第四を、実例をもとに解説しましょう。

2011年3月11日、東日本大震災が日本を襲いました。救援組織は、最初はバラバラに活動していたのですが、それでは、効果的な救援活動ができないということで、災害支援やNPO支援組織を中心に、3月下旬には、東日本人震災支援全国ネットワーク（JCN）が結成されました。被災地支援に関わる市民団体、青年会議所、経団連、共同募金、日本赤十字などが参加する日本最大の民間救援ネットワークです。また、政府の震災ボランティア室と連携し、各省庁ともネットワークを作って、全体の調整を行っていきました。もともとが各救援団体の活動をつないで、相互協力を進めるという目的の組織ですから、中核となる運営委員会（理事会）は、各団体の代表や代表代理から構成されています。各団体の救援活動をよりバックアップできるよう、相互の連絡調整や協働プロジェクトの開発、政府各省庁との連携の中継ぎなどを積極的に展開しました。

この活動により、お互いの情報交換が進むとともに、各省庁や被災自治体との連携活動、企業と市民活動団体との協力活動など、セクターを超えた協働事業がたくさん生まれるとともに、予算や税制など、被災支援の政策も多数提案し、作られていきました。

主役は、救援活動にあたった各団体ですが、JCNがその間で中継し、またお互いの協力を進める連結器として活動したわけです。当然、JCN自体のマネジメントは、そのような協力や連携を進めるため、各団体をつないでプロジェクトを作るということがメインとなります。関係者が各舞台でより動けるようにしていくためにJCNが動くのです。運営委員会は、各関係者がいかに活動しやすくできるかを共に検討するために存在するというものでした。これが、関係者マネジメントのための組織マネジメントの例でしょう。

この場合、総有資産はJCNのプラットフォームです。その機能が有効であればあるほど、メンバーの帰属意識は高まります。外部の各活動は、それぞれが独立した目的を持ち、それぞれの主役のリーダーシップで動きます。その関係は、中央と下部組織ではなく、フラットな連携です。中核的な組織は、その調整を行う関係者マネジメントの土台（サーバント）となります。

ここで、総有資産とは、みんなで所有されていて、誰でもが利用できる資産のことです。制度や公共施設、JCN のようなプラットフォーム、協力の物語や舞台などが相当します。このプラットフォームが、各協力者の意図実現にとってなくてはならないものであればあるほど、プラットフォームへの帰属意識が高まっていくのです。協力における帰属意識は、狭義のメンバーシップに限らないことを理解しておきましょう。

5. 人々のネットワークにはハブがある

　「人々のネットワークにはハブがある」と考えることは、関係者マネジメントをやりやすくします。

　ハブというのは、第 12 章で説明したように、ネットワークの結節点となる存在のことで、多くの人々と良好な関係を持っていたり、多くのフォロワーがいたり、異なる集団を結ぶ結節点となるような存在を言います。ボス、元締め、リーダー、長、顔役、役員、インフルエンサーと呼ばれる人は、このハブとしての機能を持っていると考えられます。

　具体的には、商店街組合長、業界団体の役員、町内会の会長、会社の役員、NPO のリーダー、地域の顔役、政治家などです。また、その役職の OBOG なども、かつての人間関係を持っている人が多いので、ハブであるとみなせます。引退した組合の会長、元市長、前の町内会長などが該当します。

　その他にも、個人的にネットワークが広い人も、もちろん、ハブです。

　さて、このハブ概念はどう有益なのでしょうか。それは、関係者マネジメントの中身をよく見てみると、直接コンタクト可能な関係者と、直接コンタクトがなかなか難しい関係者の二つのマネジメントから成り立っていることによります。ここでは、直接コンタクト可能な関係者のマネジメントを、ハブマネジメント。直接コンタクトがなかなか難しい関係者のマネジメントをネットワークマネジメントと呼びます。

　たとえば、地域づくりの活動を行う時、志を同じくする、企業、住民団体、福祉団体、行政とは、一緒に活動していくことは比較的容易です。しかし、私たちが直接関係を結べる人たちは限られています。地域の様々な住民、企業、住民団体、公益組織とは、なかなか直接関係を持てません。

　では、そのような人たちと、どうやったら共に地域づくりをしていけるの

でしょうか。代表的な方法は、三つあります。

　一つは、統治（政治）を使って、政治の権威で人々を動かしていく方法です。自治体が、まちづくりのイベントやキャンペーンを行い、人々を動員していくことは頻繁に行われています。もう一つは、先に述べた物語を使う方法です。これは、市民側から社会活動を組み立て、物語に人々の参加を求めていく方法です。たとえば、地域の人口減に対して、住民が立ち上がり、「私たちの故郷を守っていこう」と呼びかけていくのはこのケースです。

　この二つは、それぞれ高い有効性があるのですが、弱点もあります。つまり、どちらも直接マス（不特定多数の人）を対象とするので、ターゲットを絞ったマネジメントがしにくいという点です。どちらも必要な考えなので使うのは良いのですが、不足する部分を補うために別の手法が求められます。これが、第三の手法であるハブマネジメントです。

　すでに述べたように、世界の人々は、必ず何らかの形でつながっています。したがって、この直接関係を持てない人たちをマネジメントすることは、このつながりを通じてマネジメントしていくことになります。人々のつながりには、必ず結節点となるハブがあり、それを担うハブ人材がいます。そこで、ネットワークをマネジメントするのには、このハブをマネジメントすることで、そのハブに連なるネットワークをマネジメントしていくのです。ハブ人材を、直接にコンタクトできる関係者にすることで、ハブ人材のマネジメントができるようにしていきます。そして、このハブの持つネットワークで直接関係を持てない人たちのマネジメントを可能にしていきます。

　さて、この時、どうやってハブ人材を探すかですが、主に二つの方法を使います。

　一つは、肩書や呼称を利用する方法です。先に述べたハブ人材は、長、役員、役員 OB などといった肩書を持っていて、大方何らかのネットワークを率いています。その人たちをリストアップしていくわけです。

　もう一つの方法は、ヒアリングです。肩書はシステム的なネットワークでのポジションを示しています。しかし、すでに述べたように世界は非システムでもできています。この場合、インフォーマルなネットワークにおけるハブは表からは見えません。誰が誰に貸しがあるとか、誰は昔あるプロジェクトを成功させて関係者に融通が利く、とかです。その場合は、いろいろな人

にヒアリングをして、見えないネットワークがどうなっていて、誰がハブ人材なのかを調べていくことになります。ハブ人材に詳しい人というのが、どの世界にも必ずいます。たとえば、地域の政治的ネットワークに関しては、自治体の部長や古参の政治家などは、どういうネットワークがあり、誰がハブ人材かをよく知っています。その人たちの仕事の多くは、地域の利害の調整であり、そのためにこのような見えないネットワークをよく知っておくことが求められるからです。

ただし、このようなインフォーマルなネットワークは、人によって認識が違い、間違った情報もたくさんあります。複数の人に確認することで、より確かな知識を得ることが必要となります。

また、ハブ人材には敵も結構いる場合もあります。そのことを知らずに安易にハブ人材を協力者にお願いすると、そのハブ人材の敵が、知らないうちに敵となってしまい、活動に支障が出ることもあります。

さらに、ハブ人材の間には、序列意識があったり、ライバル関係があったりする場合もあります。あるハブ人材Aさんにお願いに行く際には、その前に別のハブ人材Bさんにお願いに行っておかないと、Bさんはメンツをつぶされたと怒ってしまう、などといった話は事欠きません。

このように、ハブ人材に協力をお願いする際には、ハブ人材の持つネットワークの内容、敵やライバル、強みと弱み、他のハブ人材との関係性を調べてから関係者になってもらうことが重要です。いずれにせよ、ネットワークはハブや物語を通じてマネジメントする、と覚えておきましょう。

6. ネットワークと組織作りもテストしながら進める

関係者マネジメントにおけるネットワークは、一朝一夕でできるものではありません。

役割や相利性、調整の方法、舞台などを作っていき、それをテストして、実際にそれで人々が上手くお互いに動いていけるかを確認してから、関係の在り方を決定し拡げていくことになります。さらに、人の動機や世界の状況は刻々変化していきます。それに対応して協力の在り方も調整していくことになります。したがって、協力のネットワークと組織を作っていく時は、その作るものが人間の関係性であることを理解して、テストしながら作ってい

くことが重要となります。この構築物の開発においては基本的なステップを
よく理解しておく必要があります。

　まず、関係性を検討するためにプロトタイプ（試作品）を開発するフェーズ
があり、それをテストするフェーズ、そして修正しつつそれを固定して活動
展開するフェーズ、さらにテストを続けて変更していくフェーズです。つま
り、開発⇒テスト⇒固定⇒変更という4フェーズが基本の手順となります。
この手順の概要と、そこで使う工具を表16・1にまとめました。たとえば、
一から組織を立ち上げる場合は、研究会等を活用してプロトタイプを検討す
るのに対して、すでに組織がある場合は、その組織に部会やワーキンググル
ープを作って検討する、ということをしていきます。

　重要なことは、人間関係は、実践してみなければ分からないことが多々あ
るということです。さらに、人のしたいことや関係性・環境は変わっていき
ます。変更を織り込むことが最初から必要なのです。

　まずは、小さくプロトタイプを検討し、それが上手くいけば、しっかりし
たネットワークや正式な組織を作っていくのです。最初に関係を固定したネ
ットワークや組織から始めてしまうと変更がしにくくなります。「辞めても

【表16・1　ネットワークと組織作りの4フェーズと使う工具】

段階	概要	工具
開発	協力の関係の試作品（プロトタイプ）を検討したり、活動の内容を決めたりする段階です。役割の基本モデルを使い、活動を始める仲間を集めていきます	研究会・勉強会・SNSのコミュニティ・部会・委員会・集会・ワーキンググループ
テスト	活動を実際やってみて、関係性が上手く機能するかどうかを試してみます。どういうメンバーが必要か。また、誰と一緒にやるのが良いのか、などテストします	実行委員会・プロジェクト・部会・委員会
固定	役割分担を明確にし、一定の継続的活動を展開する段階です。ただし、常に状況は変化するので、組織は変化を織り込んで、役員や委員会等の任期や期限を明確にします	法人・任意団体・会
変更	状況の変化や新しい関係の必要に応じて、改善を行っていきます	更新・交代・部会や委員会の改変、新設

らえませんか」という言葉を連発すると、人間関係にひびが入ります。

　何か新しいことを始めようとした場合、いきなりしっかりした組織を作るのではなく、まずは実行委員会などで期限を区切って実施してみましょう。これなら、上手くいかなければ一度で止めれば良いですし、人を変えたければ、2回目は実行委員会を組みなおせば良いわけです。実行委員会形式で1〜3回やってみて、固定的組織を作る必要があれば、そこで継続的な組織化をすれば良いのです。

　ネットワークも組織も、しっかりテストしながら、段階的に開発していくことを学んでいきましょう。

7. 人が入れ替われる組織を作る

　ところで、NPOで世代交代が上手くいかないという話をよく聞きます。

　これは、組織における舞台作りが上手くいっていないことに一因があります。第15章で解説した、多くの人が主役を果たす組織は、交代する人も生み出しやすいものです。しかし、一つの舞台しかなく、主人公をずっと1人が続けているような場合、新しい人が入るハードルが高くなり、メンバーが固定し、組織が衰退していきます。これでは、活動の持続性が弱くなるだけです。そこで、組織を作る時は、最初から世代交代ができるような仕組みを組み入れておきましょう。

　昔の日本の村落集団では、子ども衆、若者衆、中老衆、年寄衆など年齢で分けてグループを作り、リーダーシップをそれぞれの年代で取らせていました。ある年齢になったら次のグループに移って、そこでまた若手としてやり直すのです。年齢によって複劇化したうえで、交代を自動化し、プレイヤーを増やすとともに組織全体の活力を維持する方法と言えます。

　現代なら、たとえば、団体内部で新人のグループやベテランのグループなど複数のグループを作り、それぞれで主体性を発揮できるようにしていくやり方があります。ある年齢になったらOB会に移行（卒業）するなど移動のルールを作ることもグループの若返りを図るのに有効です。テーマごとにプロジェクトを作っていき、どんどん新しい人に任せていくことで機能分化し、グループへの帰属感を保ちながら更新を図っていく手法もあります。また役職も、必ず任期を定めて、人が交代しやすい組織を最初から設計しておく方

法もあります。交代の仕組みを最初から作っておかないと、後になって「そろそろ交代してください」とは言いにくいのです。また、交代した人は後任者が自分と違うやり方をしたとしても、口を出さないようにしていくことも大切です。時間の経過とともに人が入れ替わっていくことを前提に、入れ替わりや成長が可能なように組織を構成していきましょう。

　もう一つ、組織や活動を立ち上げる時、考えておいたほうが良いことに「解散した時のこと」があります。とりわけ、プロジェクトで財産を持つ時には重要です。組織自体が変化したり、解散したりする時の残余財産の処分についても最初から考えておく必要があるのです。解散後の残った財産をどうするのか、権利関係は誰が責任持ってどう処理するのかなど最初に終わる時のことを考えておきましょう。

　何かのプロジェクトを実施する場合、寄付を集めることがしばしばありますが、余ったらどうするのかをたいていの場合決めていません。しかし、これは集める前に決めておかないと、あとでトラブルのもとになります。余ったら返すなら良いのですが、違う目的に使うとなると注意が必要です。類似した目的が第一候補ですが、それでも、お金を集める前に告知しておかないと、寄付者から「そんな目的に使ってもらうために寄付したのではない」と批判を受けかねません。お金や資産に関することは、最初にしっかり決めておかないと、最後に協力が崩れたり、トラブルになってしまいます。適切に終わる方法について考えるのも、協力のテクノロジーなのです。

8. 相利評価を実施する

　最後に、相利に基づく協力の評価方法について説明しておきます。

　評価は大切です。これも、活動への帰属感を高めていきます。

　一般的な評価方法では、評価者が第三者として存在し、特定の視点から統一的な価値尺度にしたがって成果を評価します。しかし、相利的な協力においては、各協力者がそれぞれ自分の利益を実現できた、と各自が了解できるかが評価の要点となります。協力者は、それぞれ別の利益を求めていますし、それぞれ評価基準も違います。特定の視点からの統一的な評価が一番重要ではないのです。

　ここで使うのは、相利評価表による「相利評価」です。

すでに、相利評価表の作り方については説明してきました。自分と各協力者が、それぞれ活動に期待する各自の目標や利益とその測定方法を決めます。それが、活動の結果、どの程度達成されたのかを測定し、自身で確認していくわけです。もちろん、これは理想的な形で、実際は、主宰者が、各関係者に、各関係者が期待できる利益を提示し、その測定方法を提案することもあるでしょう。そして、それに基づく測定を実施することになるかもしれません。そうした場合でも、最終的にその測定結果を評価するのは各関係者であるという点は変わりません。

　この方法は、それぞれが自分で評価基準を出すので、専門的な知識がなくても評価ができるというメリットがあります。地域猫の事例なら、評価基準は、主宰者にとっては、可哀想な野良猫の数が減少することでしょう。住民なら野良猫による被害や迷惑の件数が減ることです。マンション管理人や町内会長にとっては、住民からのクレームが減り、住民トラブルが少なくなることです。そして、自治体は殺処分が減り、住民満足度が高まることとなります。これらが、各協力者の評価基準です。これなら専門的知識は不要です。

　もっとも、活動が大規模になり、税金や多額の資金を使う等の事業では、もっと厳密な指標を設定する必要があるでしょう。そのような高度な指標でも、設定できるのが相利評価表の特徴です。

　協力全体のコーディネーターや評価アドバイザーがいる場合、その仕事は、外部から評価することではなく、お互いにそれぞれの目標が達成でき、相利性が生まれるようにそれぞれの評価基準をアドバイスし、設定や測定を支援することになります。

　また、世界の利益（環境保護や人権擁護など）に関しては、その推進機関が提示している評価基準を採用していきます。ESG や SDGs など様々な世界の利益の指標がすでにたくさん開発されています。それを利用していくのです。

　このような相利評価は、もちろんプロジェクトの途中でも実施していきましょう。途中で、誰の利益が実現されつつあり、誰の利益が実現していないのかが分かると活動を見直すことができますし、その合意も取りやすくなります。相利評価を途中で実行することで、相利性をいっそう強化することができるのです。相利評価の具体例は、次の Part 4 で掘り下げて解説します。

Part 4

実例に見る
協力の組み立て方

-NPO法立法を事例に-

Part 4 では、協力構築サイクルの使い方を、NPO 法立法の事例を使って、通しで見ていきます。

NPO 法の立法活動は、協力のテクノロジーを駆使したとても分かりやすい事例です。現実の活動において、協力構築サイクルはどのように活用していくのか、理解を深めましょう。

第17章 約2年かかった共有目標の開発

1. 何もないところからのスタート

　松原が、NPO法の立法活動に携わろうと考えたのは、1992年の秋のことです[注35]。当時は、企業の世界で、フリーランスの事業開発コンサルタントとして働いていました。しかし、1991年のバブル崩壊により、80年代後半の事業開発ブームが終わり、企業は「選択と集中」の時代へと転換していきます。松原は、これは一つの契機だと考え、仕事を変えようと思っていました。

　もともと学生時代から国際的な人権活動団体[注36]でボランティアをしていたこともあり、市民活動の世界には関心を持っていました。そこで改めて市民活動の世界を見渡してみると、その世界は大きな変革期にあることが分かります。日本において、それまでの行政主導社会に終わりが見え始め、市民活動が、今後あらゆる分野で重要になってくることは明らかでした。しかし、その期待に応えられるだけの力量が不足している、というのが市民活動に携わる者の共通理解でした。

　とりわけ、問題となっていたのが制度の不備です。日本では、NPO（市民活動団体）が法人格を取ろうとしても、適した法人制度がなかったのです。一番使えるとされていたのが民法34条（当時）による公益法人（社団法人や財団法人）の仕組みでした。しかし、公益法人になるには、社団法人だと1千万円とか3千万円の年収が必要だとか、財団法人だと3億円とか5億円の基本財産が必要だと言われていました。また、行政の許可制であり、許可基準もとても厳しいものでした。このため、大多数のNPOは法人格が取れなかったのです。法人格が取れないので、NPOは、契約も結べない、銀行口座も開けない、組織で人も雇えないなど、多くの困難を抱えていました。これでは、団体の力量を強化したいと思っても難しいと言わざるを得ません。

　また、多くのNPOは、財源の不足に悩んでいました。寄付金を集めやすくする税制優遇措置（寄付税制）も昔からあったのですが、これは、公益法人

よりも資格が得にくく、ほとんどNPOには使えないものでした。

　一方で、簡単に法人格が取れ、また寄付の税制優遇措置も取りやすい欧米のNPO制度が日本に知られるようになってきており、日本の制度改革が必要だという声が、様々な団体から出されていたのです。

　松原も、事業開発に携わっていたので、制度的基盤がないところで活動を発展させていけないことはよく理解できました。そこで、NPO法立法に取り組むこととし、市民活動の世界に入ることにしたわけです。

【表 17・1　NPO 法立法関連年表】

1980 年代	多くの市民活動団体が生まれ、行政とは独立して活動を展開
1992 年〜 94 年	NPO 法立法や民法改正を進める市民活動団体や研究グループが複数立ち上がる
1994 年	複数の政党で NPO 制度を研究する部会が作られる
1994 年 11 月	シーズ＝市民活動を支える制度をつくる会結成
1995 年 1 月	阪神淡路大震災、政府、各政党が NPO 法の検討を本格的に始める
1995 年 3 月	オウム真理教地下鉄サリン事件
1995 年 4 月	政府の動きに危機感を持った三つの市民グループが市民活動連絡会を結成
1995 年 11 月	政府が政府立法を断念 新進党が NPO 法案（新進党案）を国会に提出
1996 年前半	与党 3 党の間で調整がつかなくなる
1996 年 10 月	総選挙を前に与党 3 党が政策協定を結び、NPO 法立法を合意
1996 年 12 月	与党 3 党が「市民活動促進法案」を国会に提出
1997 年 5 月	与党 3 党と民主党が NPO 法案の修正に合意
1997 年 6 月	NPO 法案衆議院を賛成多数で通過
1997 年後半	自民党参議院が、NPO 法案成立に難色。審議に入れず。
1998 年 3 月	NPO 法案が名前を「特定非営利活動促進法」と変え、修正され、参議院と衆議院を通過。衆議院は全会一致。成立。
1998 年 12 月	NPO 法施行
2001 年 3 月	認定 NPO 制度が成立
2001 年〜 12 年	NPO 法の数回の改正。認定 NPO 制度の数回の改正。NPO 会計基準の制定。

ただし、松原は市民活動の世界に広い人脈を持っていたわけではありません。政治家にもお付き合いはほとんどありません。活動のための資金を持っていたわけでもありません。法律や税金の知識も持っていません。ちなみに、松原はNPO法立法に関して何かの原体験があるわけでも、強い思い入れがあったわけでもありません。一緒にやろうという仲間がいたわけでもなかったのです。基本、何もないところからのスタートだったわけです。

　このように何もないところから始めるには、まず仲間を探すことからスタートするより他はありません。1993年に入ると、NPO法を作ろうという趣旨の話を、あちらこちらの市民活動イベントに参加して話して回りました。ともかく一緒にやろうという仲間が欲しかったのです。

　こうやってあちらこちらの集会に出かけたり、NPO制度が必要だと主張している人を訪れたりするうちに、「一緒にやろう」という人が数名現れてきます。

　そこから、NPO法立法の協力構築サイクルがスタートするわけです[注37]。

2. 仲間と共に現状を分析する

　1993年、NPO法を作ろうと最初に集まった数名の仲間の「現状」認識は、「NPO（市民活動）が世界をなかなか変えられない」というものでした。したがって「目的」はそれを反転させて、「NPOが世界を変えていけるようになる」ということになります。とても漠然とした現状認識と目的ですが、スタートはこれでOKでした。

　問題意識がぼんやりとでも出来たら、次は、「目標開発フレームワーク」を使って、仮説構築していきます。

　研究者の文献調査から、「原因」として「NPO活動を支える制度（法人制度と寄付税制）が整備されていない」ことを想定していました。すると、「解決策」は「NPO活動を支える法制度を整備する」となります。そして、「目標」は、「NPO活動を支える制度（NPO法）を立法する」となります。

　これで、最初の目標設定の仮説が作られたわけです（表17・2）。

　次に仮説を検証していきます。ここからが、実際的な活動の開始となりました。

　協力構築のために、検証はできるだけ多くの関係者と一緒に行う必要があ

【表 17・2　NPO 法立法活動の最初の仮説】

① 現状	多くの NPO は、世界を変えられない
② 目的	多くの NPO が世界をより良く変えていける
③ 原因	NPO 活動を支える制度（法人制度、寄付税制）が整備されていない
④ 解決策	NPO 活動を支える制度を整備する
⑤ 目標	NPO 法（法人制度と寄付税制）を立法する

ります。そこで、私たちは、法人制度と税制度のそれぞれで研究会を立ち上げて、関係者や研究者に来てもらい、実際はどうなのか、海外等の先進事例はどうなっているのか、を調べることとしました。研究会はそれぞれ月に 1 度開催。メンバーは流動的ですが、毎回それぞれ 3〜10 名程度でした。

　この研究会で行ったことの第一は明確化です。

　「NPO が世界を変えられない」とは、具体的にどういうことでしょうか。研究会で、様々な NPO 関係者に現状を話し合ってもらいました。

　「環境 NPO が自然環境の豊かな土地を買い取ったが団体で保有できない」「海外の貧困地域を十分支援できない」「政府の人権政策を変えられない」など、参加した NPO から多数の問題が出されます。これが一種の視点移動の手法となり、問題を明確化していきます。研究会には、講師として海外の NPO 制度に詳しい研究者にも来ていただきました。また、誰でも参加できる形で開催していましたから、自治体関係者も参加してきました。それにより、NPO 以外の視点も得ることができました。さらに、将来協力を拡大するために、研究会に参加していない NPO にも、ヒアリング調査をして、現状の問題点を蒐集していきました。

　さて、この研究会で得られた現状・目的を相利評価表で整理してみます（表 17・3）。

　「NPO が世界を変えられない」という問題設定では同じですが、実際には、各分野の NPO ですべて違う現状に直面しています。NPO 以外の利害もあります。そこで、分野や活動によって NPO や関係者を分類（分解）します。そして、それぞれにおいて、「世界を変えられない」とは何なのか、を具体化していきます。それを相利評価表に整理していくわけです。

【表17・3　相利評価表による現状分析】

三項	主体	現状認識（困りごと）	目的（したいこと）
自分たち	環境NPO	自然環境が豊かな土地を買い取ったが団体で保有できない	団体で資産を保有でき、自然環境を守れる
	人権NPO	政府の人権政策を変えられない	政府の人権政策を変えられる
	まちづくりNPO	自治体のまちづくり政策に関与できない	自治体の政策を変え、ともに地域づくりができる
	福祉NPO	地域で十分介護サービスを提供できない	地域に十分な介護サービスを提供できる
	国際協力NPO	海外の貧困な地域へ十分支援が届けられない	海外の貧困な地域へ十分支援が届けられる
関係者	消費者NPO	企業の行動が変えられない	企業の行動を変えていける
	福祉NPO	施設を購入しても、個人資産となってしまう	団体で施設が保有できる
	福祉NPO	スタッフを雇っても、任意団体が雇うこととなり、労働環境が不十分	労働環境が確立でき、職員が安心して働ける
	国際協力NPO	海外の災害等で緊急援助が必要でも、効果的な援助ができない	災害が起こったら、すぐに駆け付けて効果的な援助ができる
	音楽NPO	補助金や事業収入だけではマネジメントが安定しない	寄付や委託など新しい収入源を拡大できる
世界	人権	団体を作っても、法人格が得られないのは結社の権利として問題がある	法人化できるようになり、結社の権利を強化できる
	民主主義	市民の政治参加の力が弱い	力を持つNPOが多数できることで、市民参加が進み、民主主義が発展する
	政府	ポスト福祉国家の流れの中、社会サービスの担い手が不足	社会サービスの担い手が充実し、国民の幸福に貢献できる
	自治体	市民参加や協働を推進したいが、相手が不安定で不安	信用できるNPOが育つことで、協働が進み地域が良くなる

※「自分たち」の項に入っているNPOは、研究会に集まったNPOです。「関係者」の項のNPOは、ヒアリング等を行ったNPOです。

　表17・3では概要しか書けないので、何が問題か分かりにくいことと思います。また、多くの現状が、いったいNPO法とどう関係があるのか、これだけでは判然としません。しかし、それらは原因特定で明確化していきます。

3. なぜ世界を変えられないかを検討する

　では、次の原因特定に進みましょう。

　まずは、それぞれの「NPOが世界をなかなか変えられない」ことの原因を、列挙していきます。当のNPOや、いろいろな研究者、関係者が、語っている原因候補をかたっぱしから集めていきます。ここでは、先に作った原因に関する仮説「NPO活動を支える制度が整備されていないこと」は、いったん脇に置いて考え直してみます。それが適切な仮説かどうかがまだ分からないからです。

　研究会で検討すると、参加者がいろいろ原因を挙げてくれました。適した法人制度がないのが問題である。寄付税制が問題である。この二つは、すでに考えられています。さらに、NPOのマネジメントノウハウが不足している。マネジメントのツールが不足している。人材が不足している。寄付者を集めるための郵便料金が高いのが問題である。日本には寄付文化がないのが問題である。人々がNPOを異端視していることが問題である。人々が、NPOをボランティアと同一視している。一般の人々のNPOへの無理解がある。などなどと、いくつも原因候補が挙げられました。

　実際には、もっとたくさん原因を列挙しましたが、ここではこれくらいにしておきましょう。

　さて、こうやって原因を並べてみると、なんだかたくさんありすぎて、どうして良いか途方にくれます。メンバーで議論をしていると、たいてい、「寄付が集まらないのは欧米のように寄付文化がないからだ。文化を変えないといけない。それには教育が大事じゃないか」とか、「欧米には、企業が社会貢献でNPOに寄付をする。企業の文化を変えれば良いのではないか」という話になって終わってしまうこともありました。文化の問題となるとどう手を付けたら良いか分かりません。今集まっているメンバーは10人程度でしかありません。それで日本文化を変えていくのは途方もないことです。

　しかし、こういう時でも、筋道立てて考えていけば、突破口は開けてきます。

　ロジックツリーで、まずは原因を整理していきます。整理の方法は、いろいろあるのですが、先述したように誰に起因するかで整理する方法が有効です。社会変革は、誰かを変えることで原因を解決していくわけなので、原因

【図 17・1　ロジックツリーによる NPO 法の事例の原因分析】

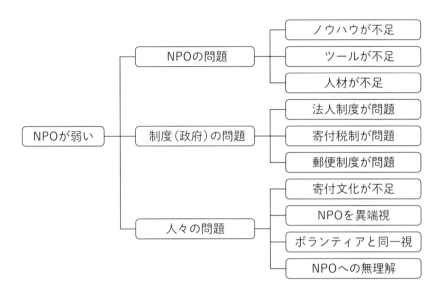

は誰のところで起こっているか分かることが大切だからです。この「誰」を分析するのには、いろいろなフレームワークがあるのですが、NPO 法立法では表 10・4（p.100）のデマンドサイド・サプライサイド・フレームワークを使いました。NPO をサプライサイド、社会や人々をデマンドサイド、政府や制度をインターミディアリーサイドにおいて、整理したわけです。

　この三つの分類を基本に、列挙された原因をロジックツリー形式で整理していきます。ロジックツリーは、もっと掘り下げていくのが良いのですが、ここでは、この後の解決策に続く流れを掴むために、3 層で止めておきます（図 17・1）。

4. 試行錯誤しながら NPO 法の立法を目標に決める

　さて、次は原因特定と解決策の開発です。これはセットで行います。というのも、原因が分かっても解決できないものでは意味がありません。解決できる（実現可能性のある）原因を特定する必要があるためです。

　解決策は、①解決策候補を開発する、②解決策を選定する、の順で行います。

解決策を開発するのには、発散と収束のデザイン思考を採りました。可能な限りアイデアを出し、解決案を多数提案し、その後、議論や実験をしてみて良い結果を出す案に絞っていったのです。

　NPO法立法での解決策候補の開発は、海外の先行事例や他事例の調査、問題を抱えている団体へのヒアリング、文献調査などで行いました。また、ブレーンストーミングによるアイデア出しも行いました。

　そのうえで、消去法で絞り込んでいきました。絞り込みの基準は、相利性、かかる時間の長さ、実現可能性、有効性、波及効果などです。

　まず、文化などの人々に起因する原因は、解決策が実現困難もしくは時間がかかりすぎるということで消去されました。寄付文化がないことの問題は、一朝一夕には解決しそうもありません。小学校での寄付教育を実施することや国民運動としての寄付月間を設けるキャンペーンなども考えられましたが、具体的な効果が見込めません。それなら、寄付金を集めるNPO側の募金能力を高めることが有効ではないか、という話になりました。そのためには、やはり制度（寄付税制）でのバックアップが欧米の事例でも有効です。

　NPOへの無理解や偏見も、啓発活動や教育の問題ともされましたが、制度が変われば、政府や自治体のNPOの扱い方も変わります。これは、市民に大きな影響を与える（波及効果が高い）ので、こちらのほうが有効であると考えられました。

　NPO自体のマネジメントノウハウが不足していること、人材の問題があることは、別に検討されました。こちらは、社会実験として数回NPOへのマネジメントセミナーを開催し、効果を見てみました。しかし、効果はまったくありませんでした。NPO自体に組織的基盤ができておらず、決定権者が誰かもはっきりせず、意思決定ルートも確立していません。マネジメントノウハウをスタッフが学んでも、組織として採用する意思決定ができないのです。また、スタッフの流動性が高く、学んでもすぐ組織を去ってしまいます。このため、マネジメントノウハウやツールの提供よりも、組織の確立が優先するという結論となりました。それには、企業のように制度が不可欠です。ここでも、NPO法が先に必要という話になりました。

　郵便料金制度も検討されました。これは、米国でNPOへの郵便料金割引制度があり、NPOのファンドレイジングに極めて有益だったことによりま

す。郵便料金の割引で大規模ダイレクトメールが可能になり、ファンドレイジングコストが引き下げられるのです。これは、郵政省（当時）と協議したのですが、割り引くとしてもどの団体を割引対象とするかの基準がありません。郵政省はNPOのことは分からないので、基準が作れません。米国では、NPO税制の対象団体を認定する機関が国税庁にあり、その認定基準を使って米国郵政公社が割引の対象を決めています。ここでも制度の創設が優先することが分かりました。

こうして、NPO法立法が、優位性のある解決策として絞り込まれたのです。

しかしこれだけでは、NPO法が、実際に効果があるのか、各団体の抱えている問題を解決できるのか、有効性はどれくらいあるのか、が分かりません。そこで、各団体や研究者へのヒアリングなどの調査を行いました。

NPO法が、相手の問題にどう貢献できるか、を明確にしていくわけです。ここでは、相利開発の手法を使い、具体化していきました。

たとえば、国際協力NPOの場合、活動を展開するうえで法人格や税制がないために困る点はないかを確認していくのです。確認していくと、いろいろ困っている点が明らかになりました。

一つは災害時の緊急支援です。海外で大きな災害があった場合、救援活動は時間との闘いです。しかも、被災地には、世界中からNPOが集結し、一種の競争状態となります。変な話ですが、救援活動で成果を上げようと思えば、一刻も早く現地入りして拠点と人材を確保し、救援しやすいところから活動を展開していくことが必要となります。遅れると、現地の拠点や人材を先行したNPOに確保され、十分な活動ができないことになるのです。しかし、海外の国に、それまで拠点を持たないNPOが入国するには審査があります。ここで、本国の法人格があるとないとでは審査にかかる時間が大きく違ってくる場合がありました。とりわけアフリカ諸国などでは、法人格がないNPOだと、救援に入っても、空港で1週間以上審査のために待たされることも頻発していました。これでは、効果的な緊急救援活動はできません。欧米のNPOは、本国で簡単に法人格が取れるのですべて法人格を持っています。なので、入国も救援活動もスピーディーにできます。日本は、法人制度に問題があり、国際貢献ではとても不自由だったのです。こうなってくる

【表 17・4　NPO 法立法による期待される成果】

主体	現状認識（困りごと）	NPO 法で解決すること＆リスク
環境 NPO	自然環境が豊かな土地を買い取ったが団体で保有できない	買った土地を法人として登記できるので、所有権が確立する。代表が交代しても贈与税が取られない。結果、自然環境が守られる
人権 NPO	政府の人権政策を変えられない	法人制度や寄付税制で、収入源の多様化が図れる。それにより、持続的なスタッフを雇用でき、政府への政策提言能力が向上する。人権政策を変える力が強化される
まちづくり NPO	自治体のまちづくり政策に関与できない	法人格を持つことで、自治体と協働事業がしやすくなる。それにより、自治体のまちづくり政策に関与できる
福祉 NPO	地域で十分介護サービスを提供できない	法人格を得ることで、自治体から委託や補助金が受けられ、介護サービスの充実が図れる
国際協力 NPO	海外の貧困な地域へ十分支援が届けられない	寄付税制で寄付が集めやすくなり、海外への支援量が増え、援助がより強力にできる
消費者 NPO	企業の行動が変えられない	海外にあるような消費者団体訴訟をするためには、資金が必要だが、寄付税制ができることで、資金獲得が可能になる
福祉 NPO	施設を購入しても、個人資産となってしまう	法人で施設を保有できるので、団体資産となり、代表が変わっても贈与税や相続税が発生しない。個人資産と団体資産を区別できる
福祉 NPO	スタッフを雇っても、任意団体が雇うこととなり、労働環境が不十分	法人に雇用されていることで、労働環境が確立でき、職員が安心して働ける
国際協力 NPO	海外の災害等で緊急援助が必要でも、効果的な援助ができない	法人格があることで、入国審査がスムーズになり、現地にいち早く入り、効果的な援助ができる
音楽 NPO	補助金や事業収入だけではマネジメントが安定しない	寄付税制で寄付金を増やし、法人格で自治体等からの受託事業ができ、新しい収入源を拡大できる
自治体	市民参加や協働を推進したいが、相手が不安定で不安	法人格をもった市民参加を促進するしっかりした団体が増えることで、協働事業を増やし、市民参加を拡大できる
政府	ポスト福祉国家の流れの中、社会サービスの担い手が不足	NPO が法人となり、寄付を集めることで、社会サービスの供給力が上がり、国家財政の限界を補完できる
政府	犯罪行為を行う市民活動団体がある	法人格を隠れ蓑にすることで、犯罪行為が助長される（負の成果）

と、NPO 法は、日本の国際協力 NPO が国際貢献する力を高めるために重要であることが分かります。

　福祉 NPO は、別の問題を抱えていました。当時は、まだ介護保険制度がありませんでした。高齢者介護 NPO に委託や補助金を出して介護サービスを展開する自治体も出てきていました。しかし、委託や補助金を出すとなると、NPO 側の契約主体や責任体制が明確であることが求められます。任意団体では、契約の主体が代表者個人となるため、多くの自治体では契約ができず、なかなか NPO が、十分な高齢者介護をできない状態でした。そこでも NPO 法が求められていたのです。

　こうして様々な NPO や関係者に、NPO 法の有益性を確認していったのです。相利評価表をベースに、各 NPO の困りごとが NPO 法でどう解決するかについて、調べたことの代表例を表 17・4 にまとめておきます。

　こう整理してみると、NPO 法は、多くの NPO が抱えている問題の解決に有益だと分かります。もちろん、解決できない問題もあり、それで研究会の時点で去っていった NPO 関係者もないわけではありません。しかし、多くの NPO から支持を受ける解決策であることが明確になったわけです。

　このような調査は、立法運動において、NPO 法の必要性や有効性を示す質的データとなりました。また、各分野の有力な NPO の多くが NPO 法の必要性を証言することで、一定の量的必要性を示すことにもなりました。質的調査と量的調査の両方で、証明した形となったわけです。

　また、研究者の協力で、これらの NPO の問題が、欧米では、法人制度や税制度で解決していることも情報として得られました。これで、先進事例調査による、解決策候補（NPO 法）の有効性の証明も得られました。

　さらに、これはもう少し後の話になりますが、1995 年には、政府が NPO 法の必要性を全国の市民活動団体へアンケート調査します。これにより、全国で約 6 万ある任意団体の市民活動団体のうち、1 万以上の団体が、適した法人格があれば利用したいと回答しました。大規模な量的調査で、NPO 法のニーズが証明されたわけです。これらの質的・量的調査は、議員を説得するのにも、マスメディアに説明するにも大きな力を発揮しました。

　ところで、解決策候補の選定では、リスクの検討も重要です。つまり、その解決策を採った場合、どのような負の問題が起こる可能性があるか、そし

てそれゆえ誰が反対するか、です。このような負の成果も、成果のリストアップ表を作る時に「期待される成果」に挙げておきましょう。

　解決策に問題があるなら、解決策を選定する段階で検討しておく必要があるからです。NPO法の場合、欧米のように、行政の許認可なしに法人化できる仕組みが望ましいと考えられました。すると、行政サイドから寄せられた懸念は、反社会的な団体や法人格を隠れ蓑に人を騙す団体が出てきて、社会的問題になるのではないか、というものでした。「法人格の濫用」と言われる問題です。

　この危惧があると行政は賛成してくれませんし、政治家や世論も素直に賛成とはなりません。そこで、このリスクも検討しました。

　結論としては、法人化したNPOは、情報公開をしっかり行い、透明性を確保することで、市民社会からチェックを受けられるようにしようということになりました。

　そこで、研究会では、NPO法の構成要素に、法人制度、寄付税制に加えて3本目の柱として、法人化したNPOの情報公開制度を入れることにしたのでした。

　この3本目の情報公開は、立法過程において極めて有効に反対派の説得に効果があったものです。これについては、調整のところで解説します。

5. SMARTフレームワークで目標を明確化し本格的活動がスタート

　1994年4月に、NPO法に関するシンポジウムを開催し、それが成功に終わると、NPO関係者から立法運動への期待が高まります。それを受けて、私たちは研究会を解散し、立法運動団体であるシーズ設立の準備会を設置しました。準備会は、1994年4月から11月まで開催されました。

　準備会では、まず、SMARTフレームワークに基づいて、表17・5のように目標の整理が行われました。

　このSMARTの5項目のうち、達成可能かどうかは正直よく分かりませんでした。しかし、政治の世界では、1993年に戦後長く続いた自民党と社会党の二つの政党からなる55年体制が崩壊し、自民党が政権を失います。さらに、1994年には、自民党、社会党、新党さきがけからなる連立政権（自社さ政権）が成立します。政治は、流動的になっており、新しい政策を求める

【表 17・5　NPO 法立法の SMART による目標の整理】

Specific （具体的に）	NPO 法の立法 ・行政の許認可なしで、NPO が簡易に法人化できる制度の創設 ・寄付が集めやすくなる寄付税制の創設 ・信頼性担保のための NPO 法人情報公開制度の創設
Measurable （測定可能な）	法律ができたかどうか。また、全国の NPO のうち、法人格や寄付税制を使いたい団体がどれだけ活用可能になるか（活用できないで困っている団体がどれだけ出るかのネガティブチェックを含む）
Achievable （達成可能な）	・政治状況は、ポスト福祉国家に動いており、世界的に NPO とのパートナーシップは不可欠となってきている ・日本における市民活動の重要性は高まっている ・市民活動セクターの立法への支持は強い ・政治も流動化しており、新しい政策を提案しやすくなっている ⇒これらの状況から、達成可能と判断
Related （関連した）	相利評価表により、多くの NPO や政府、自治体の利益と関連性が確認されている
Time-bound （期限がある）	5 年以内に立法する。立法できない場合は、シーズを解散する

【表 17・6　NPO 法立法における目標開発フレームワーク】

① 現状	多くの市民活動は世界を変えられない
② 目的	多くの市民活動が世界をより良く変えていける
③ 原因	市民活動の基盤となる制度が整備されていない
④ 解決策	市民活動を支える制度である NPO 法（法人制度、税制度、NPO の情報公開制度）を整備する
⑤ 目標	NPO 法を 5 年以内に立法する

政治家は増えていました。このような情勢を受けて、政治的にチャンスはあると判断したわけです。

　さて、この 5 項目のうち、研究会で決まっていなかったのは期限でした。

　当時、立法運動は、10 年も 20 年もかかるというのはザラでした。そして、多くの市民活動団体は、そのような長期戦には疲れていました。立法運動をするのは良いが、長期にわたったり、期限がなかったりしたのでは、協力できないという意見も多々ありました。

　そこで、5 年で期限を切ることとしました。5 年以内に法律が出来なければ、NPO 法はニーズが十分でなかったと判断して、シーズは解散すると決

めたのです。5年の根拠は、松原が、事業開発コンサルタントをしていた時に、事業開発の当時の一般的な成否の期限が5年だったことによります。それ以上の理由はありません。それでも、協力を広めるためには決める必要があったのです。

　こうして、準備会では表17・6のように目標を明確化したわけです。1994年10月のことです。松原がNPO法の立法に取り組もうと検討を始めてから約2年が経っていました。

（第 **18** 章） 立法活動にも設計図がある

1. 関係者をリストアップしてつなげていく

　目標が出来たら、次は役割開発です。

　まず、そもそも法律を作るという作業自体が分かっていなかったので、そこから調べていきました。調べると、法律を国会に提案する方法には、政府が提案する閣法と議員が提案する議員立法の二つあることが分かりました。このどちらかを選ばなければなりません。政府か議員か、どちらに提案の役割を担ってもらうかです。

　目指すNPO法は、行政の許認可によらない法人制度です。当時、公益法人などの非営利公益団体の法人制度は、行政の厳しい許認可が当然でした。それをなくそうという大きな規制緩和の制度を作る話です。政府提案では、規制がなくなるとはとうてい考えられません。議論をしていった結果、議員立法しかないという結論になりました。

　さて、議員立法で行こうとはなりましたが、問題は山積です。今と違い、当時はほとんど議員立法は行われていませんでした。政府が、発議しにくい法案を与党に依頼して、議員立法で立法することはあったのですが、一から議員が法案を作り提案していくのは、極めて少なかったのです。そこで、どうすれば議員立法できるかが問題となりました。

　まず、立法における主な関係者をリストアップしていきました。

議員立法では、法案の提出権は国会議員にありますが、衆議院なら20名以上の賛成が必要となります。また、実質的には政党の力が強く、議員立法といっても政党が提案することが前提となっていました。

　そこで、国会議員と政党が最大の関係者となります。政府も大きな関係者ですが、議員立法を目指したので、政府にはそれほど大きな役割を期待していませんでした。

　問題は、国会議員にどうやってNPO法の立法に積極的になってもらえるかです。国会議員が動く動機は、地元の票、利益団体や圧力団体の影響、マスメディア等の世論の動向、有識者の意見などがあります。残念ながら、シーズには、地元の票を動かす力もありませんし、NPOは小さな存在で利益団体や圧力団体にはなれません。

　そこで、NPO法の必要性を、マスメディアや有識者などにアピールして、世論を高めることで国会議員に必要性を理解してもらうことを目指すことにしました。世論をマスメディアに置き換え、マスメディアで「NPO法立法を」との声が高まることを期待したのです。当初は、ともかく手当たり次第

【表18・1　シーズ設立当初の役割分担表】

関係者	役割	内容
国会議員	立法	法案を作成し、国会に提出し、可決する
政党	立法	党内の国会議員の意志を法案支持でまとめる
政府	議員の支援	議員に技術的支援を行う。邪魔をしない。
マスメディア	世論喚起	NPO法が必要であるという世論を形成し、議員にプレッシャーを加える
NPO	働きかけ、世論喚起	メディア等に働きかけ、NPO法の必要性に関する世論をおこす
弁護士・税理士	アドバイス	法案の内容や実務的な問題点などについて、専門的アドバイスを提供してもらう
研究者	アドバイス、世論喚起	海外の制度などを紹介し、立法への知見を提供してもらうとともに、議員やマスメディアにも専門的知見からNPO法の必要性を訴えてもらう
準備会メンバー	立法活動の運営	各関係者のマネジメントを行う

に、NPO 法の必要性を訴えていってなんとかしようという戦略を立てました。

また、シーズの研究会に来てもらった研究者や弁護士などの専門家には、専門的なアドバイスや法案の内容検討などを手伝ってもらうこととしました。

こうして、関係者をリストアップして、やって欲しい役割をともかく割り当てていくことをしたのでした（表 18・1）。

2. 役割の基本モデルとして「被害者の会」を選択する

この戦略で、成功のカギ（Key Factor for Success）は、NPO 法立法を支持する強力な世論が作れるかどうか、にあります。当時は SNS などはなく、世論はマスメディアが作っていました。マスメディアが理解しやすく、記事を作りやすいことが大切です。

そこで、分かりやすい役割の基本モデルとして、「被害者の会モデル」を使うこととしました。ここでは、NPO が、世界のために役立ちたいと頑張っているのに NPO 法がないために十分な活動ができないで困っている状態を、一種の被害を受けている状態とみなし、そのような NPO を被害者と見立てるわけです。そして、その被害者が集まって、被害の是正のために立ち上がったというストーリーとすることにしました。

被害者の会モデルは、メディアからも社会からも議員からも、分かりやすいのがメリットです。物語が作りやすいのです。

具体的には、準備会でシーズを立ち上げる時、シーズがどのようなメンバーシップ（正会員制度）を採るのかの検討に反映されました。個人も団体も、分け隔てなく広く会員としてシーズを設立する案。NPO だけに絞って、ともかくたくさん NPO を集める案。信頼できる NPO だけに絞って集める案などが提案されました。

くり返すと、成功のカギは、マスメディアの支持を得ることにあります。したがって、シーズが、よく分からない有象無象の人や団体から成り立っていては、シーズの見解を支持する記事をメディアは書いてくれません。当時は、ただでさえ NPO への信頼がない時代でした。そこで、シーズは、メディアから見て実績があり、信頼できる NPO に絞って最初の正会員を集めることとしました。

また、メディアも、福祉、国際協力、人権、環境、まちづくり、消費者問題など、様々な切り口を持っています。シーズは、分野に限定されない法人制度を目指していたので、すべての分野を集めるほうが求める法律の姿がメディアには分かりやすいはずです。特定の分野、たとえば環境分野のNPOばかりからシーズが構成されていたら、メディアは「これは環境問題の一部だ」と勘違いしてしまいます。

　シーズは、新しく出来る団体です。その構成員は、シーズの性格を語ります。

　そこで、主要各分野の代表的なNPOで、法人格や税制の優遇が受けられないで困っていて、メディアから信頼されている1〜3団体に限定して、シーズの正会員になってくれるよう勧誘していきました。メディアからすれば、「こんなしっかり活動しているNPOが制度の支援を受けないのはおかしい」と思ってもらえるようにしたのです。数よりは質を選んだわけです。

　もちろん、その条件に合わなくても協力したいという団体や個人は多数ありました。そこで、そういう個人や団体は、賛助会員になってもらいました。

　こうして、シーズは、1994年11月に、各分野の代表的NPO 24団体からなる連合プロジェクトとして結成されたのでした。

3. 働きかけるために具体的な固有名詞に置き換える

　準備会で議論されたことの一つは、世論を高めていく戦略です。

　問題は、実際に働きかけていく時、「世論とは誰か」がよく分からないことです。とりあえず、マスメディアに置き換えましたが、固有名にまでは詰められていません。世論（マスメディア）とは、いったい誰を具体的に指しているのでしょうか。それが誰であるかが、固有名のレベルで分からなければ、働きかけはできません。マスメディアといっても、新聞、ラジオ、テレビ、雑誌などたくさんあります。どこまでお願いの範囲を拡げれば良いのでしょうか。

　ここで、私たちは、当時代表的なマスメディアであるということで、世論を、新聞とテレビに置き換えました。また、新聞といった場合、影響力を考慮して、大手5紙（読売、朝日、毎日、日経、産経）と共同通信や時事通信を、テレビは全国キー局を対象としました。

そして、世論喚起のために、シーズでイベントや学習会を開催し、プレスリリースを流すなどして、できるだけニュースにしてもらい、それをきっかけに世論を高めてもらう戦略を考えていきます。マスメディアは、事件やイベントがないとニュースは書いてくれないからです。シーズは、事件は作れません。当然、シーズ（イベント）→マスメディア（ニュース）→世論のルートとなります。

　その時点で、各NPOの役割は、このシーズの活動に協力してシーズのイベントに記者に来てもらえるように働きかけることでした。広告が出せるわけでもありませんでしたので、シーズの戦略は、シーズが中心になって、イベントを開催し、イベントの広報を強化していくことくらいしか最初は思いつかなかったのです。

（第 **19** 章） 立法までの手順書を作っていく

1. 法律成立までのお願いをつながりにする

　1994年11月のシーズ設立後、ともかくやってみるしかないと、イベントや学習会を開催するとともに各関係者にアプローチを展開していきます。もちろん、国会議員にもお願いに行きました。しかし、いきなり国会議員にお願いに行っても、まったく相手にされません。市民活動に熱心だという議員のところに行っても、「時期尚早」と言われてしまいます。

　新聞やテレビにアプローチしても、単なるシンポジウムくらいでは大きなニュースにはなりません。何よりも苦戦したのは、NPOというジャンルを取り上げるメディアのコーナーがなかったことです。事件・事故なら社会面があります。国会議員の政局や政策ならば、政治面があります。企業の動向や政府の経済政策ならば、経済面があります。しかし、市民活動一般を取り上げるようなコーナーはなかったのです。辛うじて、新聞なら生活面がありましたが、料理のレシピを紹介する記事の横に、NPO法のシンポジウム開催の記事が紹介されるという具合です。これでは、政治へのプレッシャーと

はなりません。

　ここで、ロジックチェーンをしっかり作る必要が出てきます。いかにして、各関係者に効果的なお願いの連鎖を作れるかです。

　ロジックチェーンの作り方の解説ともなるので、ここまでの説明と重複する部分もありますが、少し詳しく書いておきます。

　ロジックチェーンを作るのには、2軸の関係者分析を使います。最初にゴールである対象者の関係者分析をします。次に、自分の関係者分析をしていきます。そして、お互いの関係者を、じゃんけんフレームワークを用いてお願いが効く力関係を見出し、つないでいきます。

　では、改めて国会議員の関係者分析をしてみましょう。住民（票）、支援者（票・金）、利益団体（票・金）、省庁（政策支援）、世論（票・評判）などが関係者として挙げられます。次に、シーズの関係者を分析します。NPO、研究者、自治体職員、市民、弁護士等専門家が挙げられました（図19・1）。

　こうやって挙げてみると、双方の関係者が見事なまでにつながっていなかったことが分かります。

　そこで、ここからがつながりを作っていく作業となります。

　まず、国会議員の関係者を再度チェックしていきました。国会議員を対象とした場合、まず思いつくのは、関係者から住民を選択したうえで、その数

【図19・1　NPO法立法運動における2軸の関係者分析】

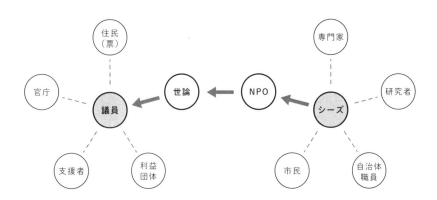

でお願いしようという作戦です。たとえば、署名を集める作戦となります。小さな自治体の議員相手なら、これは効果があるかもしれません。

　しかし、NPO法立法の事例では、署名を集めるといっても、国会議員全員の承諾を得られる署名数がどれくらいの数必要なのか、さっぱり分かりません。1994年当時は、インターネットも発達しておらず、WEB署名などもありませんでしたし、SNSもなかったのです。署名集めは手書きで行わざるをえず、大変な労力が求められました。それゆえ、署名は、NPO法立法では効果的な手法とは思えませんでした。

　次に、後援会の有力者や支持基盤の地縁団体などの支援者、利益団体の企業関係者など、様々なルートを検討していきました。シーズには、各議員の後援会や地域の支持基盤にお願いを拡げるだけの力量はありません。経済界などの利益団体にもネットワークはありません。

　では、次は世論です。これはどうでしょうか？世論はすでに「置き換える」技術で、マスメディアに置き換えています。

　しかし、新聞やテレビといったマスメディアにどうすれば協力をお願いできるのでしょうか？シーズだけでは、それほどメディアと強いネットワークがあるわけではありません。事件や事故があるわけでもありません。何度かイベントを開催しましたが、有効と言えるほどの成果は上がっていません。何よりもNPO法を効果的にとりあげてもらえるコーナーがありません。

　ここで再度、自分たちの関係者分析をしてみます。上手くつながるラインはあるでしょうか。結論から言うと、検討した結果、各NPOからならマスメディアを動かせるのでは、となりました。当初は、シーズから直接マスメディアへのアプローチでした。「シーズ（イベント）⇒マスメディア（ニュース）⇒世論」のルートです。これを、「シーズ⇒多くのNPO⇒マスメディア⇒世論」とつなぎ直すわけです。では、このロジックは有効だと判断した根拠はどのようなものだったのでしょうか？

　まず、多くのNPOは、福祉、環境、文化、国際協力、人権、まちづくり、消費者などの分野で、様々な社会問題に取り組んでいます。当然、それらの問題に取り組んでいるNPOは、多くのメディアと協力関係を持っています。メディアも常日頃そういう社会問題の解決に努めているからです。

　新聞やテレビといったマスメディアは、読者や社会から、社会問題の解決

のために良い記事を書くことが期待されています。問題を解決するような良い記事を書けばメディアの評価は高まりますし、読者の満足度も高まります。記者もそのような記事を書くことを使命としています。

　つまり、社会問題の解決のために尽力しているNPOの活動をバックアップし、その抱えている問題を除去することは、マスメディアとしても期待される役割（役割期待）を果たすことになります。マスメディアの意図（したいこと）と、私たちお願いする側の意図は相利の関係を結べるわけです。もちろん、細部は詰めなければいけないのですが、相利性があり、協力の力は効きそうです。そして、それらの社会問題は、政治、経済、社会、論説などの様々なコーナーで取り扱われています。

　そこで、シーズ⇒多くのNPO⇒マスメディア（世論）⇒国会議員⇒NPO法立法、というロジックチェーンは有効であると判断したわけです。

　こうすると、各分野のNPOからのマスメディアにお願いできる機会も増えます。各NPOが自団体のテーマでイベントをしたり、取材されたりした時、「NPO法が必要」と一言添えてもらうことで記事になる回数も増えていきます。メディアのあらゆるコーナーで扱われることになっていきます。

　なお、このロジックチェーンは、脚本の骨格を示しているにすぎません。このつながり以外に多くのお願いの連鎖が実際には作られました。シーズから直接国会議員というのもありますし、NPOから直接国会議員というのも頻繁に行いました。そういう多面的なお願いの連鎖を同時に動かしていくことも、極めて重要なのです。

2. 仮説で良いので脚本を作っていく

　ロジックチェーンが出来たら、図19・2の脚本フレームワークにまとめます。

　議員立法の経験者がいなかったため、プロットは、仮説でしかありません。しかし、仮説を作ることに意義があります。

　まず、ロジックチェーンの各要素をプロットに置き換え、それぞれのテーマを決めます。シーズ⇒NPO⇒マスメディア⇒国会議員⇒NPO法立法（ゴール）というロジックチェーンは、NPOが立ち上がる⇒多くのNPOが訴える⇒世論が起こる⇒国会議員が動く⇒NPO法が立法される（ゴール）、とい

【図19・2　NPO法立法の脚本フレームワーク】

	現状	幕1	幕2	幕3	幕4	目的
テーマ	始まり	NPOが立ち上がる	多くのNPOが訴える	世論が起こる	国会議員が動く	NPO法が立法される
活動の主対象		知り合いのNPO	信用あるNPO	主要メディア	国会議員	
時期	現在	1年以内	1年〜	1年〜	2年〜	5年以内
活動	NPOの世界を変える力が弱い	問題を抱えたNPOが団結して立ち上がり、被害者の会を結成	NPOのネットワークを作り、NPOから問題をメディアや関係各所に訴える	各メディアで、NPO法の必要性が取り上げられる。世論が形成される	国会議員が、立法に動く	国会で、NPO法が成立。NPOの力が強まる
KPI（重要業績評価指標）		中心となる各分野の代表的NPOの数	各NPOが参加して動くイベントや発信の数。参加するNPOの数	メディアでの露出数。社説等の賛同記事の数	賛同する国会議員・政党の数	NPO法の成立。施行。NPO法人の数

う物語になります。これは、私たちが仲間を集めてシーズという立法運動団体を作る。シーズが多くの NPO に働きかける。多くの NPO が世論（マスメディア等）に訴える。世論（マスメディア）が NPO 法の必要性を訴える。世論に押されて国会議員が立法に動く、という「お願いの連鎖」となっています。

　始まりとゴールを除いた各プロットをそれぞれ幕1〜幕4とします。それぞれの幕で、働きかける主な対象を「活動の主対象」とします。この主対象が、次の主対象に働きかけて、ロジックチェーンが動いていくわけです。

　そして、目算として時期を希望的に入れ、その幕での活動の概要を入れます。各幕で、その幕が上手くいったかどうかを測定する KPI（重要業績評価指標）を設定します。これは、量と質とで記述します。この KPI の設定は、協力者の役割分担と大きく関係してくるので、次節で説明します。

　こうして、NPO 法立法運動の脚本が出来上がったわけです。

3. 何度も人に置き換えてつながりを具体化する

　ところで実際には、世論を置き換える作業をもう一度行っています。

　世論を喚起するといっても、政治面でも社会面でも経済面でも、NPO法はまだまだ大きな扱いになりません。シンポジウムではたいしたニュースにはなりません。当時は、ほとんどの有識者には関心がないテーマだったので、有識者もほとんど発信してくれません。テレビでニュースにしようとしたら、映像が不可欠ですが、そんな絵になる映像があるわけでもありません。

　しかし、新聞には、ニュースや映像に大きく左右されない社説や論説があります。社説の仕組みを調べると、どこでも社説を書く論説委員等がいて、福祉、国際協力、文化芸術、地方分権など、各自テーマを持って、社説を書いているということが分かりました。さらに、各分野で、しっかり活動しているNPOなら、それぞれが懇意にしている論説委員等がいることも分かりました。NPOは最先端の社会問題に取り組んでいますから、論説委員にとっては、重要な関係者なのです。そこで、各NPOから論説委員等にアプローチして、NPO法案の重要性について説明してもらうようにしたのです。

　さらに、社説・論説は、新聞社の主張となります。それぞれ全国紙は、数百万の発行部数を持っていますから、その社説は一種の世論と言えます。記録も残るので、国会議員や関係者に配布もできます。こうして、世論を、新聞の社説や解説に置き換えることにしたのです。一方、テレビは社説的なものがないので外しました。また、新聞といった場合、影響力を考慮して、大手5紙と共同通信を対象としました。シーズも直接アプローチしますが、メインのアプローチの担い手を、分野ごとのNPOに変えたのです。

　そして、社説や論説の内容を、市民活動活性化のためにNPO法が必要とするだけでなく、環境保全活動の強化のためにNPO法が必要である、国際協力の発展のためにNPO法が必要である、という具合に、各論説が得意とする分野でNPO法の必要性を書いてもらうことに注力していきます。リフレーミングによる相利開発を使ったわけです。

　これは、後の話ですが、1997年には、1紙を除く、大手4大紙の社説・論説や共同通信の記事で、「NPO法案の成立を求める」という主張が掲載されることに成功します。国会議員も、これを世論と認めていきます。

　つまり、置き換えに成功したわけです。

4. 効果が出るように各幕の KPI を設定する

　さて、各幕での活動概要が決まったら、幕ごとに KPI（重要業績評価指標）を設定していきます。

　KPI とは、各幕で目指す目標を指標化して分かりやすくしたものです。

　KPI も、バックキャスティングで作り、フォアキャスティングでチェックするという手順は同じです。KPI は一般的には、数量化でき測定可能なもので設定しますが、出来事の成功など質的な指標でも構いません。ポイントは、各幕で、その幕の成功か否かが判断できることと、それが成功したら、次の幕が上手く動くように設定されていることです。

　NPO 法立法では、幕 1：シーズ⇒幕 2：NPO ⇒幕 3：世論（新聞の社説）⇒幕 4：国会議員⇒ NPO 法立法、というロジックチェーンでした。NPO 法立法のためには、衆参両院で可決される必要がありますから、幕 4 の KPI は、衆議院と参議院の過半数の国会議員の賛同となります。実際には、もっと多くの国会議員の賛成が必要となりましたが、それは後で修正すれば良いことです。幕 3 は、世論が NPO 法立法を支持している、と言える新聞の社説や論説の質と量です。これは、全国紙 5 紙の社説・論説、共同通信の論説記事がターゲットです（後にブロック紙も考慮しました）。幕 2 は、各社説が記事を書くだけの NPO の数と質です。できるだけ多く、また多分野の実績のある NPO に協力者になってもらうことです。特に数値目標を設定はしていませんが、数を追い求めるより、質や全国的な拡がりを持たせる必要上、全国各地の主要都市の代表的 NPO に入ってもらうことに注力しました。

　幕 1 は、シーズ結成時の NPO の数と質ですが、これはすでに説明した通り、各分野の代表的な NPO がそれぞれ 1〜3 団体参加してくれることを目指しました。

　これにより、各幕で目標とする KPI が設定できたことになります。

　もちろん、このような KPI の設定は、当初から明確だったわけではなく、活動を展開しながら決めていきました。

（第 20 章） 悪戦苦闘した相利の開発

1. 何も知らないので、ともかく説得してみた

　少し話を巻き戻して、相利について説明します。

　シーズは、何もないところからスタートしています。あらゆる相利を開発する手法を使って、協力者を増やしていかなければ立法は実現しません。しかし、シーズを設立したばかりの頃は、相利を開発していく多様な手法などまったく理解していませんでした。

　当然最初は、一番シンプルな説得の方法を使うことから協力を得ることをスタートしました。使ったのは、信念の方法や公益の方法です。つまり、「市民活動を強くし、社会をより良く変えていくために、NPO 法は必要なので協力してください」と説いていったわけです。

　同じような問題意識を持っている人や組織には、この訴えは効果がありました。欧米での NPO の果たす役割の重要性や、市民参加の必要性などをよく知っている人や組織は、すぐ理解してくれ、活動に参加してくれたり、協力を申し出てくれました。研究者、海外の市民活動と交流が深い政治家、NPO の重要性を理解している一部の行政、一部の NPO 関係者、国際情勢に詳しい新聞記者などです。

　しかし、この説得の方法だけでは、協力の輪は大きく拡がりませんでした。マスメディアも、政治家も、ほんの一部の人しか関心を示さなかったのです。それ以上に、当の NPO の多くが積極的に関心を持ってくれませんでした。「NPO 法を作って、市民活動の力を強くする」と言っても、「それは良いことだ。頑張ってくれ」という感じで、自分のこととは思わなかったです。

　これでは、とても立法まではもっていけません。立法するには、もっともっと大きな協力を作っていかなければならなかったのです。

2. 分かってもらえないので具体的にしてみた

　自分の団体に、なぜ NPO 法が必要か、が分からないと、立法に協力する

気は湧かないでしょう。その時に有益なのが「具体化による相利開発」です。

　シーズでは、すでに研究会や準備会で、個別の事情に即した相利を調べています。具体化では、それをさらに明確にし、またより多くリストアップしていきます。

　たとえば、法人格がないために、銀行口座が団体として開けない、という問題があります。任意団体でも銀行口座は持てるのですが、それは団体の代表個人の口座を転用しているにすぎません。団体と個人の資産の区分が、他者から見ると不透明と見られることもありました。こうなってくると、団体の代表者になる人のリスクは大きなものとなります。もし、団体が大きくなって、大きな金額を扱うことになると、代表者は個人の所得隠しではないかと疑われかねないのです。実際、そのようなリスクから、ある団体は、大手企業の経営者に団体の代表に就任してもらったのですが、自分名義の口座に大きなお金が振り込まれるということで、不安になったその経営者が代表を辞退してしまったという例もありました。せっかく経営者に代表になってもらおうとしたのに、法人格がないばかりに上手くいかなかったのです。

　また、別の具体化の事例もあります。ある東京のボランティア団体が、東京以外の地方から就職を希望してきた若い人を雇いました。しかし、その人が東京でアパートを探そうとしたら、多くの物件で拒否にあったのです。理由は、法人でもない団体に勤めている人は、安定収入が得られるか不安があり、部屋を貸せないというものでした。

　このように、シーズでは、NPO法がないために具体的な問題となった事実をたくさん集めていきました（表17・4/p.181）。

　このような問題は、他の団体でも共通しています。たくさん集めれば、どれかの問題を、他の団体も抱えています。このような問題の実例を共有し、拡げていくことで、多くのNPOにとってNPO法の問題は自分たちの問題であるという理解が拡がりました。

3. NPOの分野ごとの共通価値を使ってみた

　具体化の次に使ったのが、仲間意識による相利開発です。

　これは、NPO法を作るという目標の持つ価値を、各団体が集団として持つ共通の利益に重ねることで共通価値とし、相利を拡げていく手法です。

その時、着目したのが NPO の「活動分野」です。NPO の活動分野によって、抱えている共通問題があります。その共通問題は、各分野の NPO のネットワークで強く共通化されています。その共通問題の解決に NPO 法が有益であることを示していけば良いわけです。

　もともと、シーズは設立時から、福祉、人権、医療、環境、まちづくり、国際協力、LGBTQ、消費者問題などの各分野の代表的な NPO を揃えて、組織を作っています。そして、設立時にその分野の抱える問題はある程度分析してあります。

　そして、人権、環境、国際協力、消費者問題、まちづくりなどは、それぞれの分野で全国的なネットワークがありました。福祉は、介護や子育て支援、障がい者支援などに細分化されていましたが、それぞれで強いネットワークがありました。そうした分野ごとの共通の利益を把握し、このようなネットワークに NPO 法がその共通の利益に叶うことを訴えて協力を拡げていくわけです。

　たとえば、国際協力分野では、NPO の財源拡大が大きな課題でした。海外の途上国の人々を支援したくても、物資やお金が必要です。政府の補助金の拡大を期待する一方で、国際協力 NPO は、政府からの独立も重要となってきます。そこで、民間からの寄付金を増やすために、多くの NPO が寄付金税制の利用を望んでいたのです。国際協力 NPO は共通の利益として、寄付税制の確立に強い動機を持っていたわけです。

　まちづくり分野では、自治体との協働事業が拡がってきていました。住民参加のイベントや公共施設の運営、まちづくり施策の調査などで、NPO に事業を委託する形で協働を進める動きが各地で生まれてきていたのです。

　しかし、自治体は協働相手が法人でないと、なかなか契約しにくい現状がありました。もし、トラブルが起こった時、任意団体だと責任の所在がはっきりしないからです。そのため、契約がなかなかできない状況がありました。一部のまちづくり NPO は、別に会社法人を作り、契約はその会社で、活動は NPO でという使い分けをしていました。しかし、これでは煩雑です。まちづくり NPO の共通の利益として、法人制度が必要とされていたのです。

　環境分野では、ナショナルトラスト活動に共通の利益がありました。ナショナルトラスト活動とは、自然環境が豊かな土地を NPO が買い取ったり、

寄付してもらったり、借り上げたりして保全する活動です。しかし買い取ったり、寄付してもらったりした場合、誰が所有するかが大きな問題となります。法人格がない場合、個人所有となります。もしその個人が亡くなったり、活動から離れたりする場合、土地の所有権の移転が発生します。すると贈与税や相続税が発生してきます。これでは、土地を安心して保全できません。ナショナルトラスト活動に関しては、法人制度は絶対必要なのでした。さらに、土地の寄付も結構あることから、寄付税制も必要とされていたのです。

　このように、分野とその活動によって共通する、NPO法の必要性がありました。NPOは多数の分野ごとのネットワークを構築していたので、シーズでは、そのネットワークに働きかけて、共通価値をベースにNPO法立法の協力者を拡大していったのでした。

　なお、この時、各分野のネットワークに、独自の要望活動を展開するようにも勧めました。まちづくり、国際協力、NPO支援などのネットワーク団体が独自の提言書を議員に提出していきます。シーズの要望内容と異なるものもありましたが、しかし、各分野で共通利益を強く自覚してもらうためには必要だと考えました。まずは、意見が違っても関係者になってもらって、それから調整すれば良いという考えだったのです。

4. NPO セクターという集合的アイデンティティに訴えてみた

　NPO法立法では、「集合的アイデンティティ形成による相利開発」も強力に行われました。

　これは、それまでつながりが弱い人や団体の間に、共通の利害関係などを見出すことで、新しい同一性（集合的アイデンティティ）を作り出し、そのアイデンティティに基づいて相利を開発する手法です。

　NPO法立法において形成された集合的アイデンティティは、「NPO」そのものです。

　もともと、NPO（Non-Profit Organizations）とは、米国の連邦税法で、非営利公益団体を営利法人と区別していることから生まれてきました。法人税を課すのに、企業と、企業でない公益団体を分けたものです。これは、日本における一般的なNPOの理解（市民活動団体のことを指す）とは大きく違うものがあります。米国では、NPOといえば、私立学校、非営利型病院、財団、図書

館、博物館、オーケストラ、宗教団体、スポーツ団体、市民団体など広く非営利公益団体を含めています。ハーバード大学やアメリカ・オリンピック委員会、スミソニアン博物館（スミソニアン協会）もNPOです。

　米国でも、1970年代くらいまで、これらのNPOは、活動分野ごとにも分かれており、集団的アイデンティティをそれほど持ってはいませんでした。しかし、1980年代に入って、米国もポスト福祉国家への移行が本格的に始まると、補助金に依存していた多くのNPOは危機に瀕します。その利害の共有が、「NPOセクター」という集合的アイデンティティを生んでいきました。

　その際重視されたのが、非営利性だけでなく、政府や企業からの独立性です。政府に依存せず、自ら多様な資金源を開拓し、独立したマネジメントを展開することがNPOの特徴とされました。

　日本にこのようなNPOの概念が入ってきたのは、1980年代後半です。

　当時、日本でも公益法人や社会福祉法人、学校法人など、米国基準で言えばNPOと呼んでも良い団体はたくさんありました。しかし、これらの団体は、政府の監督下で自立したマネジメント力が弱かったり、財源を行政に依存していたりで、政府から独立した存在とは見られなかったのです。そこで、NPOという概念が日本に入ってきた時、この概念は、行政から独立して活動していた多くの草の根市民活動団体を指して用いられたのでした。行政からの独立性が、NPOの特徴であるとされたのです。

　さて、日本でも1990年代半ばまでは、このような市民活動団体も、行政の縦割りを反映して、分野を超えての一体感は弱かったのが実際です。しかし、「このような市民活動団体の基盤強化のためにNPO法制定を」という運動は、分野を超えた共通の利害の認識を広めました。

　NPO法の立法議論が、それまでなかなか交流のなかった分野の市民活動団体の交流を活発にしていきます。そして、各地で、分野を超えて、これらの団体の支援をするNPO支援団体が作られていきます。

　政治やマスメディアの場でも、分野を超えて、NPOという呼称が拡がっていきます。これにより、日本では、米国からの輸入言葉ではありますが、米国とは異なる日本独自の「NPOセクター」が作られていきました。

　こうして、分野を超えた新しい集合的アイデンティティが作られていき、

そのもとで、行政から独立した市民活動団体は、共通の利益を持っているとの認識が広まっていき、NPO法立法の運動により多くの団体が参加してきたのでした。

5. 法人格以外の利益もたくさん示してみた

　NPO間の協力が拡がる一方で、NPO法に魅力を感じない団体も多数ありました。NPO法は、法人制度や寄付税制でしかありません。それは、自分が期待している支援策ではない、というわけです。

　しかし、他の支援策も多くはNPO法と関連づけることができます。

　たとえば、米国では、連邦や州で認定されたNPOには、地方税の減免や、テレビCMの無料枠提供、郵便料金の割引などの支援策が充実しています。これらは、米国のNPO寄付税制と連動して作られています。したがって、日本でも、NPO法が成立したら、このような支援策の拡充が期待できます。また、企業や助成財団などのNPO支援策も、制度ができるといっそう充実することが期待できます。企業の社会貢献担当者は、やはり支援先は、法人格をしっかり持っている安心して契約ができる団体のほうが、社内稟議が通りやすいと口を揃えて言っていました。

　法人制度には関心はないけれども、このような支援のほうが欲しいというNPOは多数あったのです。そこで、NPO法が出来ればそのような支援策が可能となることを、欧米の先進事例で示し、相利を開発していきました。この将来の支援の充実を期待して、NPO法立法に協力する、という団体も結構あったのです。

　これらの団体は、NPO法そのものというより、その成立が生み出す「付随利益」に関心があったわけです。

　実際、NPO法が出来た後、財団や自治体、企業によるNPO支援の助成金や無償のサービス提供が一気に増えました。地方税の減免も拡がりました。政府系の金融機関や信用金庫などからのNPO向けの融資枠も創設されるなど、NPO法成立以前には考えられなかった支援策がどんどん充実していきました。

　このような付随利益は、海外事例の調査や国内の関係機関へのヒアリングなどで割り出していくことができました。付随利益の開発は、NPO法立法

の協力者を増やすのに大きな効果を発揮したのでした。

6. 相手の関心に合わせてリフレーミングを繰り返してみた

　説得、具体化、集合的アイデンティティ形成、付随利益などの手法を使うことで、NPO法立法に協力してくれるNPOはどんどん増えていきました。

　ロジックチェーンに基づけば、それらのNPOがマスメディアに働きかけることで世論を形成し、その世論が国会議員を動かす力となるはずでした。

　しかし、与野党の法案検討が進んでいくと、それだけでは力不足であることが判明します。議員立法するとなると、国会議員の過半数の賛成が必要となります。さらに、当時は今と違い議員立法が一般的ではありませんでした。政府提案の法案が多く、議員立法は後回しにされていきます。法案を通すためには、より多数の国会議員の賛成がなければ、各党の党内での承認手続きも進められません。

　一方、大多数の国会議員には、市民活動の促進などは重要事ではありません。むしろ、NPOを「政府に反対するとんでもない輩」とみなして、敵視している議員も少なくありません。その中で、賛同を取り付けなければいけないのです。より多くの議員にとって、「NPOが、NPO法がないために困難な状況にある」というだけでは法案を支持する理由にはならないのです。

　ここで、NPO以外の人々に協力を広めるために使ったのが、リフレーミングの手法です。

　リフレーミングは、自分たちの必要性からNPO法立法を訴えるのではなく、相手の必要性に基づいてNPO法立法を訴える方法です。要は、相手の視点に立つわけです。

　たとえば、NPO法を介護保険の視点から見る、というリフレーミングをしていきます。1990年代、日本では高齢者介護問題が大きな社会問題となり、1997年には介護保険法が成立します。施行は2000年と決まりました。そこで問題となったのが、新しい保険制度において十分なサービス事業者が確保できるか、ということでした。都市部は企業の進出が見込めるのですが、人口の少ない地方では、採算性が取れないかもしれず、十分な事業者が確保できないのではと危惧されていました。もし、事業者が足りないとなれば、制度の成功も危うくなります。しかし一方、地方では、介護サービスを提供

する住民参加型福祉団体が多数ありました。こういう団体が介護保険のサービスを提供できれば良いのですが、介護保険法で指定事業者となるためには、原則として法人格が必要とされています。住民参加型福祉団体は小規模なため、多くが、法人格が取れない状況で困っていました。そこで、シーズでは、住民参加型福祉団体がNPO法で法人格を取ることで、介護保険の指定事業者となり、地域での介護サービスを充実させることができる、というアドボカシーを展開したわけです。

こうなると、介護保険制度を推進している議員にとっては、NPO法の問題は、市民活動を活性化する視点（フレーム）ではなく、介護保険制度を成功させるという視点（フレーム）にリフレーミング（視点変更）されるわけです。これにより、介護保険制度を推進している議員への理解は大幅に拡がりましたし、協力議員も増えました。福祉関係のメディアの関心も高まりました。NPO法立法の推進に大きな力となっていったわけです。

シーズの目標はNPO法の立法です。一方、これら国会議員の目標は介護保険制度の成功にあります。つまり、双方が違う目標を持っていますが、NPO法の立法を介護保険制度の成功という視点から見た時の意味を開発することで、相利を確立できたわけです。

もう一つ別の事例を紹介します。

国際協力NPOにおいて、海外で災害が起こった際などの緊急援助活動において、法人格が重要であることはすでに述べました。法人格がないと、入国審査がスムーズに行われず、緊急援助であるにも係わらず現場入りに時間がかかってしまうのです。これでは、NPOは十分な国際貢献ができません。

一方、日本の外交は1990年代、一つの問題を抱えていました。それは、国際貢献における人的支援の問題です。1991年、中東で湾岸戦争が起こった際に、日本は多国籍軍に対して130億ドルの資金援助を行いました。しかし、人的貢献がないとして、国際的には大きな批判にさらされたのです。日本政府とりわけ外務省や外交関係議員には、いかにして人的国際貢献を強化できるかが、大きな問題だったのです。

そこで、シーズでは、国際協力NPOの抱えている問題を外交関係の議員に説明して回りました。日本の人的な国際貢献は、日本の国際協力NPOが活躍することでも可能であること。そして、緊急支援では法人格がないため

に、十分な国際貢献ができていないこと。それを解決するためには、NPO法が必要であると説得していったわけです。

　国際協力 NPO が、法人格がとれないで困っているという視点を、日本政府が十分な人的国際貢献ができないで困っているという視点にリフレーミングしたのでした。

　NPO 法に関心がない外交関係議員も、日本の国際的地位の向上には大いに関心があります。NPO 法が出来ることで、それが一歩でも実現するのであれば大歓迎です。議員は、NPO を強くしたいというより、日本の国際貢献を強化し、国際的な評判を獲得したいということで、NPO 法立法を支持してくれるようになりました。

　さて、調べてみると、国会議員というのは、それぞれ得意分野・関心分野があります。福祉・医療、外交、経済、地域活性化、文化など、それぞれが熱心に取り組むテーマを持っているわけです。そこで、シーズでは、国会議員を関心ごとに区分（セグメント）していきました。そして、その分野での政府や議員の問題や関心事を洗い出していきます。そのうえで、その問題でのNPO 法立法の意義をリフレーミングし、相利開発を行っていきました。

　環境保護と NPO 法、文化振興と NPO 法、地域活性化と NPO 法、地方分権と NPO 法、企業の社会貢献と NPO 法というふうに、リフレーミングを繰り返し、議員の支持層を拡げていったのです。

　また、マスメディアやその分野の専門家・研究者が関心を持ってもらうために、このようなリフレーミングに基づき、シンポジウムやイベント、専門誌への寄稿も積極的に行いました。

　「地方分権と NPO 法」や「文化振興と NPO 法」などといったテーマで、シンポジウムやイベントを開催し、マスメディアや専門家を招待し、その分野の関係者の参加者を募ることで、NPO 法に関心を持たない人たちの協力を作っていったのでした。

7. 相手のリーダーとしての役割価値に訴えてみた

　リフレーミングと併用して効果があったのが、役割の持つ価値の利用です。これは、役割の持つ機能や価値に注目して相利を開発する方法です。

◼1 無関係の人を関係者にするリフレーミング

1996 年から 1997 年にかけて、リフレーミングを繰り返す中で、シーズは NPO 法自体の全体的なリフレーミングを行います。

当初は、NPO を強化することで日本をより良くしていく、という視点でした。あくまでも NPO 視点です。しかし、これでは、広範な人々の協力は生み出せません。視点を変えて、日本全体の今後の方向性から、NPO 法の意義を見直したのでした。

1990 年代は、高度経済成長時代から続いた日本の政治経済システムが大きな壁に突き当たり、転換していった時期です。政治改革や行政改革が叫ばれ、とりわけ、戦後の行政主導の社会システムからの転換が求められていました。行政主導の政治から、政治主導の政治システムにどう転換できるかが、政治分野では大きなテーマとなっていました。そこで、シーズはこのロジックを転用することにしました。つまり、「今後の日本社会は、行政主導から市民主導に変えていく必要がある。市民主導社会のためには、市民の実行能力を高める NPO 法は不可欠である」とテーマ設定を変えたのです。

「行政主導の社会を選びますか？市民主導の社会を選びますか？」と 2 択で質問していくと、「行政主導の社会を選ぶ」と答える人はほとんどいません（実際いませんでした。当時はそのような時代だったのです）。

◼2 日本のリーダーを自負する人たちの協力を引き出す

さて、このように NPO 法の問題を、日本の社会システムの転換にリフレーミングすると、ここに新しい関係者が生まれてきます。それは、各分野でのオピニオンリーダーや先導的な機関です。それらの人や機関は、常に日本のこれからの方向性やビジョンを発信していく役割を担っています。そこに役割期待があるのです。

日本のシステム転換に話を変えると、経団連などの経済団体、日本弁護士連合会、日本青年会議所、民間シンクタンクなどが、積極的に NPO 法立法に関して、その必要性を訴えてくれるようになっていきます。シーズは、情報提供などを行うことで協力していくことになります。

日本弁護士連合会は、独自の NPO 法案を提案し、NPO 法の必要性を法曹界に発信してくれました。経団連は、民主導社会を作るとともに、企業の社会貢献のパートナーを強化するという目的から、NPO 法立法のロビー活

動を展開してくれました。また、日本青年会議所も、独自のNPO法案を発表し、シーズと連携して立法活動を展開してくれました。多くのシンクタンクの提言でも、日本のこれからの社会システムのために、NPO法は必要であると一致したメッセージを発信してくれました。

1996年に結成された民主党は、「市民が主役」をスローガンに掲げていました。もともと、結成前からNPO法推進に熱心な議員が中心になって、党を結成したこともあり、NPO法を大きな政策テーマとして取り上げていきました。これも、日本社会の将来ビジョンの議論に大きな影響を与えました。

1997年になると、これらの動きが広まり、NPO法の立法は、市民活動支援の問題設定を超えて、日本の未来をどう作るかの一つの試金石とみなされるようになっていったのでした。

8. 対立相手との調整で目標も修正してみた

NPO法立法過程の最終段階では、目標の修正を行うこともしています。

たとえば、立法の初期において、NPO法を作るにあたっては法人制度と寄付税制の両方セットで作るというのが前提でした。

しかし、立法を進めていくと、この二つの制度の立法プロセスがかなり異なる性格を持つものであり、一緒に作るのは難しいことが分かってきました。とりわけ、寄付税制は、与党内でも反対が多く、実現は見通せない状況がありました。

理由としては、NPOといっても実際どのような団体が法人格を取るのか分からないうちに、大きな優遇制度である寄付税制は付けられない、とするものでした。

一方で、法人制度よりも寄付税制に期待して協力してくれている団体も多いのです。断念はできません。

シーズでは、1996年には、法人制度と税制度を分割し、別々に作る方向へと進みます。法人制度だけでも精一杯だという理由もありました。ここで、戦略を練り直し、目標の修正を行いました。まず、法人制度を作り、そこでさらに理解を拡げて、寄付税制を作ろうと2段階にしていったのです。

寄付税制に期待してくれていた団体からは、2段階にしたことでかなり反発があったのは事実です。法人制度だけで終わって、寄付税制は実現できな

いのではないのか、という批判がいろいろな団体から寄せられました。

　しかし、2段階目をしっかり担保するために、NPO法成立時の付帯決議で、法人制度が出来てから3年以内に税制を検討する、という文言を入れることに成功します。

　これにより、寄付税制に期待してくれている団体の協力を維持し、さらに実現可能性を見えるようにしていくことで、より大きな協力を生み出すことに成功します。NPO法が出来たあと、この寄付税制実現のために、NPOの大きな全国的ネットワークが形成されましたし、国会議員の側でも寄付税制を実現する超党派の議員連盟が作られました。

　このように目標に修正を加えることで、関係者の利益を約束し、協力を増やしていくことができたわけです。

※

　このような様々な相利開発を繰り返し、協力の輪を大きく拡げていくことで、1998年3月にNPO法を成立させることができたのでした。

（第 **21** 章） 調整で対立者を協力者に変え、立法を実現する

1. 棲み分けることで対立を減らす

　シーズでは、相利開発によって協力を拡げるとともに、非合力の関係性を様々に使って、立法を進めていきました。とりわけ、立法といった政治の場面では、著しく多様で異なる利害がせめぎ合う場だけに、非合力の関係の使い分けによる調整が極めて重要となります。

　立法活動において、どのように調整が行われたか、話をスタート地点に戻して見ていきましょう。

　すでに述べたように、NPO法立法に関して、民間サイドで本格的に議論が始まったのは1993年頃からです。当時は、既存の公益法人制度の元になる民法を改正すべきとする意見と、公益法人制度とは切り分けて新しい法人制度を作るべきであるとする意見が対立していました。

シーズでは、公益法人制度を改正するとなると、旧来の公益法人に関係する利害がそのまま立法の議論に持ち込まれ、立法が極めて難しい作業になると判断し、「棲み分け」を提案していきます。つまり、公益法人制度はそのままで、新しい非営利公益法人制度であるNPO法を別個に作ろうと考えたわけです。法律の専門家からは、かなり反発を受けたのですが、政治の力を借りて民法改正をしないことに成功します。言わば、公益法人側と棲み分けることで、結果的に無関係としたわけです。あの時点で、公益法人制度を改革するとなると、公益法人や省庁側から大きな反発も想定されていました。利害調整もかなり大変なこととなっていたでしょう。棲み分けることで、それらの利害調整はいっさいする必要がなくなりました。

　また、ロビー活動では、各政党の利益の棲み分けも意識しました。政党には、それぞれ支持団体やアピールしたい支持層があります。シーズは、かなり広範なネットワークを構築していたので、政党ごとにアプローチを変えていくことができました。1995年当時の主要政党構成は、与党が、自民党、社会党、さきがけの連立政権（与党三党）。野党が、新進党と共産党という構成でした。

　自民党は、1993年に政権を失った後、政権に復帰した直後で支持層の立て直しが大きな関心事でした。とりわけ、当時拡大しつつあった無党派層にどうアピールするかに大きな関心がありました。市民活動団体には、福祉やまちづくりなど無党派層の団体がたくさんあります。自民党には、そのような無党派層の団体を前面に立てて要望活動を行いました。自民党内部でも、「これから無党派層の支持を取り付けていくには、このような新しい無党派層の市民活動にアピールすべきだ」とする意見が拡がっていきました。

　一方、社会党は、新しい社会運動系の団体にアピールしたいと考えていました。さきがけは、行政改革を旗印にしていましたので、行政を補完するようなNPOに関心がありました。新進党は、出来たばかりの党なので、諸団体の支持拡大に熱心でした。共産党も、共産党を支持する市民活動団体のグループがあり、そこからアプローチしてもらえるように取り組みました。

　人は、対立する相手からお願いされても言うことは聞かないものですが、味方の言うことには熱心に耳を傾けるものです。各政党の支持基盤（棲み分け）を重視して、市民活動団体側の陣容も棲み分けを行い、要望活動を組み立て

ていったのでした。

2. 相手の意図を代替していくことで対立をなくす

1995 年 1 月に阪神淡路大震災が起こります。

6 千人以上の方が亡くなり、一時は 30 万人超が避難を余儀なくされるなど、甚大な被害が出た戦後日本における前例のない大災害でした。

しかし一方で、150 万人とも 200 万人とも推計されるボランティアが、全国から被災地に駆けつけ、多くの人々を元気づけました。これを受けて、マスメディアはボランティア支援政策を政治に強く求めだしました。こうして、政治でもボランティア支援が一気に大きなテーマとなったわけです。

この動きは、NPO 法立法にとって、大きな追い風になったのは間違いありません。しかし、一方で問題も生まれました。テーマが「ボランティア支援」となってしまったからです。

個人で無報酬のボランティアを支援することと、団体で非営利の NPO を支援することには、一見同じようで、大きな違いがあります。

たとえば、ボランティアは原則的に謝礼を受け取ったり、対価を得たりはしません[注38]。一方、NPO は利益の分配をしませんが、対価を受け取りますし、スタッフに賃金を払います。ボランティア支援の文脈で NPO 法が作られてしまうと、NPO ＝ボランティア団体となり、対価をとってはならない、スタッフに給与を支払ってはならない、などの規制が入りかねません。そうなっては、むしろ NPO の発展を阻害してしまいます。

実際、政府は、1995 年 2 月に「ボランティア問題に関する関係省庁連絡会議」を設置し、ボランティア支援策の検討に乗り出します。NPO 法も検討されたのですが、その内容は、無償または低廉な価格でサービスを提供することを法人格取得の要件とするなど、極めて問題の多いものでした。

シーズとしては、なんとしても、ボランティア支援色を薄め、本来の NPO 法の内容に戻す必要がありました。そこで、「ボランティア支援法ではなく、NPO 法を」というアドボカシーを展開していきます。もちろん、ボランティア支援を否定するのではありません。次のようなロジックを立てて、説得していったのです。

「ボランティアが十分活動していけるためには、コーディネートする組織

がしっかりしている必要がある。組織がしっかりするためには、専門性を持つ安定した有給スタッフが必要である。したがって、給与がしっかり払えることが肝要。そのためには、収益事業など多様な財源開発が必要となるので、組織は非営利（対価を取っても利益を分配しない）を要件とすべき」。

ボランティア支援をしたいという相手の意図を、NPO法立法に代替させていったわけです。意見の相違が起こった時、相手を否定するのではなく、違う目標等で代替することでそれを解消していく手法です。結果、この方法は効を奏し、1995年の秋には世論はNPO法立法でほぼ一本化されました。

もう一つ、リスクへの対応でも代替の手法を使いました。

1995年1月に起こった阪神淡路大震災は、NPO法立法の世論を大きく高めました。

しかし、その直後の1995年3月に起こったオウム真理教による地下鉄サリン事件は、大きな逆風を巻き起こします。事件がカルト教団によって引き起こされたこと、そして、その教団が宗教法人格を隠れ蓑にしていたことが判明するにつれ、宗教法人をはじめとする非営利法人制度に対する監督強化の世論が巻き起こったのです。

その逆風は、ようやく議論が始まったばかりのNPO法案も直撃します。カルト集団がNPO法を悪用したらどうする、と懸念する意見が一気に増えたのです。多くの意見は、NPO法を立法するのは反対ではないが、悪用されないように監督を強化せよ、というものでした。しかし、監督を強化されては、設立するのが難しく、運営にも大きな負荷がかかる法人制度となりかねません。それでは、当初の目的を達成できません。

そこで、シーズでは、この意見を代替させていくことを行いました。もともと、法人制度を濫用されたら問題だ、という反対意見は想定していました。その対策として、NPO法案には、法人の情報開示制度をセットすべし、と先取りの議論を組み立ててきました。そこに監督強化の意見を誘導することにしたのです。

米国のNPO法は、国税庁（IRS）で情報開示される仕組みが出来ていました。一方、日本の公益法人制度や宗教法人制度には、情報開示の仕組みはありません。その違いを訴えることで、監督強化の意見を情報開示強化の意見へと代替させていったのです。

さらに、当時は、中央官庁や公益法人の汚職事件などが問題となっており、情報公開法制定の機運も高まるなど、世論の情報公開を重視するトレンドがありました。そのトレンドも捕まえて、「監督を強化しても不正はなくならない。監督強化よりも情報開示を」と訴えたわけです。

　この代替戦略は効を奏し、数々の論争の末に、「監督は原則情報開示の強化で行う」と決着がついたのでした。

3. 敵対関係も協力には有効となる

　敵対関係も、協力構築においては有効に使える場合があります。

　対立している二者が、ある時、共通の敵が現れたことによって協力し合うことはよくある話です。

　阪神淡路大震災が起こった当時、市民側は、NPO法（特別法）推進グループ（シーズはこの立場でした）、民法改正グループ、研究者グループなどに分かれて、要望活動を展開していました。お互いなかなか協力できなかったのです。しかし、政府が強引に政府主導でNPO法を作ろうとしている姿勢に危機感を覚えた三つのグループは、1995年4月に「ストップ！政府立法[注39]」というテーマを掲げて、市民活動連絡会[注40]を結成します。政府を対立相手として、団結したわけです。敵の敵は味方と言います。敵対関係が協力拡大に効果を発揮した時でした。その後、連絡会では、国会議員と連携して議員立法を進め、1995年11月には、政府に立法を断念させることに成功しています。国会議員という調整者（第三項）を作り、そこで調整を行ったわけです。

　議員立法が固まると、次は、政党間の意見対立が主要な問題となりました。とりわけ、最初の大きな障壁となったのは、与党3党（自民、社会、さきがけ）内での意見対立です。法案の内容をめぐって、自民対社会＆さきがけの対決が起こり、法案の検討がストップしてしまったのです。新しい敵対関係が生まれたわけです。

　これを解決したのは、1996年10月の総選挙でした。NPO法だけではなく行政改革等の重要案件が、連立政権では進まないと見た与党内の議員が、1996年9月に民主党を結成します。総選挙に臨むにあたって、NPO法などの法案が与党では進められないと訴え、選挙の争点にしようとしました。慌てた与党3党は選挙前に協定を結び、NPO法の意見対立を収束させ、成

立を約束しました。これにより、NPO 法立法は大きく一歩進みました。与党内の敵対関係が、新しい脅威である民主党の出現と、調整者である選挙（第三項）を受けて、解消され、協力に転換したのでした。

　与党案がまとまり、国会に提出（96年 12 月）されると、次は、与党対野党の対立となりました。新進党、共産党も独自の NPO 法案を提出しており、とりわけ、与党対新進党の対立が激化しました。再び、大きな敵対関係が出現したわけです。

　NPO 側も、この時点では、与党案支持グループと野党案支持グループに分かれており、国会議員間、NPO 間で、激しい意見対立が繰り返されていきます。直接の論戦も繰り拡げられましたが、お互いに NPO からの支持やマスメディアの支持を奪い合っていきました。NPO や世論の支持が、第三項となり、競合関係が生まれたわけです。

　与党案支持だったシーズは、この間、リフレーミングなどの相利開発を繰り返し、協力者のネットワークを拡げていきます。各分野の NPO、経済界、シンクタンク、研究者などが、与党案支持となっていき、その結果は、マスメディア（新聞等）の社説や論説となって現れてきました。シーズは、このような世論を形成することを通じて、世論を調整者（第三項）としていきます。この調整が効果を生み、法案は、新進党が反対をしてはいましたが、民主党も修正要望を出して与党案支持に回ります。世論の多数派が与党案支持で形成され、1997 年 6 月には衆議院を通過したのでした。

4. じゃんけんフレームワークで協力者を増やす

　その後も、さらに対立は生まれます。今度は、参議院自民党が、NPO 法案は、野党（もっぱら民主党）を利する法案と見て、成立を止めに入ってきたのです。再び敵対関係の勃発でした。

　世論は NPO 法立法支持が大勢を占めるようになっていました。しかし、参議院の大物議員ともなれば、多少の世論では動じません。当初のロジックチェーンが機能しなくなった局面でした。そこで、シーズでは、ロジックチェーンを変更し、大物参議院議員を個別に説得していく方法に切り替えました。と言っても、シーズからいくら説得しようとしても、参議院の大物議員は会ってもくれません。

そこで、使ったのがじゃんけんフレームワークです。人は、敵対する相手や見知らない人の意見は聞こうとはしませんが、仲間や恩義のある人の意見は進んで聞くものです。

　反対している主要参議院議員をリストアップし、個別に関係者分析をかけていきます。そして、その重要関係者が見つかると、その人にアプローチできるNPO側の人的ネットワークを洗い出す、という作業が続きました。

　協力者に、対象とする国会議員の重要な支援者に働きかけをしてもらうようにお願いのルートを拡大したのです。

　ロジックチェーンを、シーズ⇒NPO⇒マスメディア＆議員の重要支援者⇒国会議員⇒NPO法成立、と一部を複線化し、修正しました。

　すでに、シーズは、全国的で分野や政治的立場を超えたNPOのネットワークを形成していました。また、そこから、NPO支援に熱心な経済団体、企業、政府系財団、マスメディア、著名人とのネットワークも作っていました。そのネットワークを頼って、主要な参議院議員の重要関係者とのつながりを作っていったのです。

　たとえば、ある大物参議院議員は、総務省出身だと経歴から分かります。そこで、総務省のOBリストを洗い出し、先輩格ですでに民間の財団の役員に転職していて、まだ強い影響力を持つOBを見つけ出します。都合が良いことに、その財団は災害ボランティアの支援を目的としていました。そこで、NPO関係者のネットワークに聞いてみると、すぐに仲の良い知り合いが見つかります。そして、その人は、NPO法立法にもすでに熱心に関わっていてくれた人でした。そこで、その人と共に、そのOBにお願いに行ったところ、そのOBの方は、直ちに賛同してくれて、大物参議院議員に目の前で電話をかけてくれました。最初はもめていましたが電話が終わると、OBの方は「大丈夫。彼は条件を付けるが、反対はしないと言っている」と言ってくれたものです。

　このようにして、NPO側は、参議院自民党の関係者である経済界、保守系メディア、保守系団体のリーダー、支持団体である宗教団体などへのアプローチを展開していきます。

　これらの関係者の働きかけが効果を奏して、1997年末には、参議院自民党が、法案を一部修正することで合意し、参議院での審議入りへと動きます。

意見の対立（敵対関係）は、じゃんけんフレームワークを使うことで、参議院自民党の支持者という第三項をめぐる競合関係に切り替わり、そこが調整役となって、協力に転化することに成功したわけです。

なお、この時、つながりを生み出すために、一番よく使われたのが多重所属です。多くの人は、複数の団体に多重所属しています。企業、学校、地域団体、NPO、趣味の団体などです。その所属を伝って、つながりを生み出す手法です。

この参議院議員の事例なら、議員は総務省出身ということでそこのOBと、OBは災害支援の財団の代表ということで災害支援NPOのネットワークと、災害支援NPOは、NPO法立法のネットワークと、それぞれ多重に所属しています。それを伝っていったわけです。このつながりを使うことで、じゃんけんフレームワークの繰り返しが可能となったのでした。

5. 第三項を利用して競合を協力に変える

1997年年末になって、最後に残った反対は野党の一部でした。与党のNPO法案に反対していた最大野党の新進党は、97年の12月に分裂し、与党と対抗する力は、もう十分ありませんでした。さらに、分裂して出来た一部の党は、与党案に賛成へと回っていきます。

しかし、一方で与党3党のほうも、安定した基盤を失いつつありました。連立政権での政策の違いが大きくなってきていたのです。翌1998年7月には、参議院選挙が予定されており、その前に、与党の連立政権は崩壊することが予想される状況となってきていました。

与野党の枠組みがすべてやり直しとなると、NPO法案全体がやり直しの危機を迎えます。その時点では、NPO側は、まだ与党案支持と野党案支持で2分されていましたが、両者の間で協議が持たれ、連立政権が崩壊し、NPO法立法の枠組みがゼロベースになるのは望ましくない、と意見が一致することとなります。その結果、両者で協力して与党案支持でキャンペーンを張ることとなりました。この場合も、選挙が対立する二者をつなぐ、調整役（第三項）となったのです。

野党も支持者が与党案支持となったわけで、対立を続ける理由がなくなります。法案の内容の調整は、NPO側で行われ、NPOが与党案と野党案の

調整役となりました。ここで、主に調整が図られたのは、法人制度と寄付税制を切り離すこと、付帯決議等で寄付税制の実現を担保することなどです。

　与野党の間で、法案の修正会議が持たれ、主要会派がすべて参加し、合意しました。こうして、NPO法は1998年3月19日に、一部の修正を経た後、国会議員の全会派一致で成立したのでした。

　多くの対立があった国会議員全員が最終的には、NPO法成立に関して協力関係に移行したわけです。また、この法律成立後は、政府も実施に責任を負い、協力体制に移行します。NPO法のスムーズな施行ということで、シーズと政府は相利性が確立し、良好で緊密な協力関係を構築していったのでした。

6. フリーライダーも役に立ってもらう

　敵対、競合、棲み分けなどの非合力の関係の切り替えと、それを協力に変えていくということがいかに結びついているか、の実例をここまでお話ししてきました。

　なお、依存に関しては触れませんでしたが、依存も使っています。

　シーズが重視したのは、活動に協力してくれないけれど、イベント等に来てくれる人たちでした。こういう人の多くは、協力したいわけではないが、情報が欲しいという人が多かったのです。一種のフリーライダーであり、依存と言えるでしょう。

　しかし、観客が多くなると、メディアはより関心を持ってくれますし、議員も立法への意欲を高めます。シーズでは、対立する国会議員を招いて、討論を繰り返し、論争を演出し、人々の関心を高め、観客を増やすことも注力しました。スポーツがそうであるように、闘いというのは、人々の関心を高めるものなのです。

　このような人たちに協力を呼びかけても、なかなか協力はしてくれません。しかし、参加し、フリーライドしてもらえるだけでも、やり方によっては、協力を増やすための仕掛けになります。観客が増えれば増えるほど、メディアや国会議員、NPOなどの関係者の意欲が高まっていくわけです。

　このように依存も使い方によっては、活動を推進するエネルギーとなったのでした。

（第 **22** 章） 寄付税制実現のために
舞台を増やし協力者を拡げる

....

1. まずは物語を作り直すことから再スタート

　1998 年 3 月に NPO 法が成立すると、シーズは、取りこぼした寄付税制の実現に向けてロジックチェーンを再構築していきます。

　NPO 法の付則で、「施行から 3 年以内に法律を再検討して、その結果に基づいて必要な措置を講ずる」と定められました。法律の施行は、1998 年12 月でしたので、2001 年の 11 月末までに、「寄付税制を実現する」との検討結果を得なければなりません。

　NPO 法が成立したことは、日本の非営利セクターにとって大きなターニングポイントとなりました。また、都道府県と経済企画庁（当時）が所轄庁（法律を所管する官庁）となったことで、全国的に NPO 法人の設立ブームが起こってきます。都道府県が、各地で NPO 法人設立支援に乗り出したのです。

　このような大きな変化に大わらわで対応する一方、シーズは、戦略の再検討を行っていきます。

　まだ、その時は税制度を作る方法を十分分かっていませんでした。

　NPO 法と同じように議員立法で立法したかったのですが、すぐにそれだけでは上手くいかないことが判明します。税に関する法律は、基本的に予算関連法案として、政府が毎年 1 月に開催される通常国会に一括して提案することになっています。ここに、NPO 法人への寄付税制が法案として提案されなければいけないのです。そして、政府提案の内容を決定するのは、与党税制調査会と財務省です。

　今度は、ターゲットは与党税制調査会と財務省となったわけです。

　シーズでは、次の立法活動に入るにあたって、基本となる物語を次のように設定しました。

　「NPO 法人への寄付税制を実現するために、みんなで（NPO と協力者とで）、財務省と与党税制調査会に対して、寄付税制を実現するように、2001 年 11月末までに、国会や中央官庁で要望活動を展開する」。

【表 22・1　物語のフレームワーク（NPO 法人への寄付税制実現の事例）】

要素	内容
Why	NPO 法人への寄付税制を実現するために
Who	NPO と協力者とが
Whom	与党税制調査会と財務省に対して
What	寄付税制を成立させるように
When	2001 年 11 月末までに
Where	国会や中央官庁で
How	要望活動を展開する

　あとは、NPO 法立法過程で拡がった多くの協力者に向けて、この新しい物語に再び協力をお願いしていけば良いわけです。

　物語のフレームワークに整理すると表 22・1 のようになります。

2. 政府の時間に合わせてスケジュールを見える化する

　NPO 法が成立すると、全国各地で NPO 法人が次々と設立されていきます。都道府県では、NPO 支援センターが設立され、NPO セクターという集合的アイデンティティが急速に形成されていきました。

　寄付税制創設運動に参加する団体も一気に増えていきます。

　こうなると、多くの人々がお互い会わない状況で協力行動を展開していけるよう時間の見える化が不可欠となります。つまり、協力行動を目標に向かって一致させるためにスケジュールを設定し、それを誰でもが分かるようにしていかなければならなくなったのです。

　では、どうすれば良いのでしょうか。

　税制改正のプロセスで大きなポイントとなるのは、例年 6 月から 8 月末までと、9 月から 12 月中旬までの二つの期間です。まず、6 月から 8 月末までは、各省庁が与党の各部会・委員会と協議し、それぞれの税制改正要望を取りまとめて、財務省に提出する期間です。この期限が 8 月末です。その後、財務省は、与党税制調査会および各省庁と、どの要望を実現すべきか審査を行います。その審査を受けて、10 月後半から 12 月中旬まで、各省庁と財務省、与党の各部会・委員会と与党税制調査会との間で交渉が平行して

行われます。

　最終決定権を持つのは、与党税制調査会です。そこで決定された改正内容が、税制改正大綱として発表され、それを元に翌年度の税制改正法案が作られる、という段取りです。

　政府法案ですが、与党税制調査会に了解してもらうためのスケジュールが必要となるのです。これが共有すべき時間となります。「関係者の時間」を使ったわけです。

　シーズでは、このうち一番の山場となる10月後半から12月中旬の税制調査会での交渉を目標として、1年のスケジュールを組んでいきました。まず、6月頃にNPO側の要望書を政府と各党に提出します。それまでは、要望内容をNPOや協力者とまとめる時期となります。7月から10月までは、与党のNPO担当議員・委員会に働きかける時期です。そして、山場は10月から12月初旬までで、キーパーソンとなる税制調査会の議員に働きかける時期です。このようにスケジュールを明確化したうえで、協力者に、今はこの時期であるからこういう協力行動が必要である、と見える化して、メッセージを発信していったのです。

3. どんどん舞台を増やして協力者を拡大する

　税制を作る作業というのは、NPO法を作るよりもはるかに難しい作業だとされていました。税制というのは、多様な利害関係が複雑に交差する場です。様々な利益団体の主張、公平性、過去のやり取り、各省庁の綱引き、議員間の貸し借り、国際情勢など、日本の政治の縮図と言っても過言ではありません。

　そして、何より税制は保守的です。それは悪い意味ではなく、多くの人々の生活に直結するだけに安定性を重視しないといけないわけです。したがって、制度作りも慎重にならざるを得ないのです。

　さて、シーズは、NPO寄付税制の創設に取り組んだのですが、NPO法立法の時は、力不足のため寄付税制までは届きませんでした。まだまだ、協力の力が足りなかったのです。そこで、NPO寄付税制創設を含むNPO法改正プロセスにおいては、さらに協力を拡大することに主眼が置かれました。ここで取られた手法の一つが複劇化です。舞台を複数並列的に作っていくこ

とで、それぞれから協力者を増やしていったわけです。

まず、1999 年に、NPO 法立法を推進してきた団体による NPO/NGO 連絡会[注41] が結成されます。NPO 法立法プロセスでは、NPO 側は、与党案支持と野党案支持で 2 分されていました。しかし、寄付税制を作るためには分裂していたのでは、とうてい立法できないと両派は協働活動をすることにしたのです。

NPO/NGO 連絡会には、NPO 法が出来たことによって全国各地で出来た NPO 支援センターの主要団体も加盟しました。これで NPO 法立法の時は十分できなかった全国各地での立法運動の基盤ができることになります。また、福祉、環境、国際協力、まちづくり、子ども支援などの各分野でも、NPO 法立法を契機にネットワークの強化が行われていきます。この各分野のネットワークも、それぞれが舞台となっていきます。経済界や青年会議所でも、NPO が今後の日本社会の重要な主役になると見て、社会貢献部会や NPO 委員会で NPO 法の施行支援を展開していきます。これも税制改正の舞台となります。税理士・公認会計士による NPO 支援の全国ネットワークも形成されだし、これも協力者を拡げてくれました。NPO 支援に関心を持つ助成財団によるネットワークも形成され、ここでも NPO 法改正への協力者を拡げていきます。

並行して、1999 年には超党派の国会議員による NPO 議員連盟も結成されます。NPO 議員連盟が最大のテーマとしたのが、寄付税制の実現です。この議員連盟の所属議員を中核として、各党で NPO 施策を推進するための NPO 部会（委員会）が設置されます。

こうして、1998 年から 2000 年にかけて、NPO 寄付税制を推進するための多数の舞台が整っていったのでした。

ここで重要なポイントは、各舞台は、シーズの物語のもとに複劇化されていったわけではないことです。NPO 法が出来た後、それぞれの分野で NPO 法を活用しながら、自分たちの目的を実現していきたいというネットワークが多数出来ていったのです。

地域の NPO 支援センターは、自分の地域の市民活動の強化が目的です。各分野の NPO ネットワークも、自分の分野の活動活性化が目的です。助成財団は、助成財団への寄付税制を拡充したいので、NPO 寄付税制創設の動

きを利用したいというものでした。経済界は、規制緩和や行政改革、企業の社会貢献強化などの目的を実現するために、NPO強化が重要だということで協力してくれました。NPO議員連盟は、ポスト福祉国家の時代の新しい国家像の実現がメインテーマだったと言えるでしょう。そこでは、NPOの強化が不可欠であるとされたのです。

シーズは、それらのグループと、目標を調整することで相利性を確立していきます。シーズが、それぞれのグループの結成や活動に力を貸すことで、それぞれのグループは自身の目的を追求しながら、同時にシーズの目標にも協力してもらえるような設計をしていったわけです。ポイントは、各舞台はシーズの活動のために作られたものではなく、シーズ中心に動いているわけでもなく、シーズの活動と相利性をもっていけるように連携していたことです。

世論（マスメディア）は、すでにNPO法成立時点で、「次は寄付税制の実現を！」と論調を出してくれていました。次のロジックチェーンは、シーズ⇒各舞台⇒国会議員の関係者⇒NPO議員連盟＆各党のNPO部会⇒与党税制調査会＆財務省、というものになりました。

脚本としては、各舞台で寄付税制実現の必要性を共有していきます。そこで声をあげ、関係議員に働きかけをしていきます。結果として、国会議員の多数を寄付税制実現の支持者にし、与党税制調査会で承認してもらおうというものでした。国会議員で推進者となる中心的主役は、NPO議員連盟の議員です。

そこで、シーズでは、連絡会のネットワークを基盤に、地方への活動展開を進めます。議員の地元から要望を挙げたほうが効果的だからです。幸い、NPO法が出来たことにより、全国各地でNPO法の解説を聞きたいという声が多数あがります。各地のNPO支援センターやシーズは、協力して、それらに応えるとともにNPO寄付税制の重要性を訴える作業をしていきます。また、そこに地元選出のNPO議員連盟の国会議員を招くなどして、地元からも国会議員への働きかけを強化していったのでした。

全国的な運動とNPO議員連盟の活動の結果、2000年12月の税制改正大綱では、NPOへの寄付税制である「認定NPO法人制度」の創設が決まります。この法案は、2001年の通常国会に予算関連法案として提出され、可

決されました。

　こうして、認定 NPO 法人制度は、2001 年 10 月に施行されました。NPO 法成立時の「2001 年の 11 月末までに改正の検討結果を得る」とした目標は、達成されたのでした。

4. 場面を見える化することで協調行動を生み出す

　認定 NPO 法人制度は実現したのですが、まだ問題は残りました。寄付税制の対象となるために必要な認定の要件が厳しすぎたのです。これでは、多くの NPO 法人には、寄付税制は絵に描いた餅です。

　そこで、シーズでは、NPO 法改正運動をさらに展開していくことになります。

　設定したロジックチェーンは、有効に機能することが分かっていました。そこで、そのロジックチェーンはそのままに、さらに複劇化していくことで協力者を増やしていくこととしました。

　複劇化は、認定 NPO 法人制度を作った手法をそのまま拡大していきます。認定 NPO 法人制度成立後、公益法人の民法改正運動グループ、自治体の NPO 支援ネットワーク、NPO 法人会計基準策定グループ、ファンドレイザー支援の協会などが創設されていき、シーズはそれらと相利性がある協力を作っていきます。これらのネットワークは、それぞれの目的を追求しながら、そのためにも NPO 法改正に協力してくれる活動を展開してくれます。それにより、いっそう協力者が増え国会議員への要望の力が増す構造となっていきます。

　さて、2001 年から 2012 年までの改正運動で、さらにシーズが力を入れたのが、場面の見える化です。協力者が増えると、それぞれが独自に動いてもらえるようにしていくことが必要になります。そのためには、今がどんな局面で協力者にして欲しいことが何かを、場面として見える化して、分かってもらうことが重要になるのです。

　たとえば、税制改正のスケジュールで、10 月から 12 月中旬の税制調査会を説得していく局面では、今、どの議員が賛成してくれなくて、それで上手くいっていないか、が重要になります。このような情報を、「今、こういう局面で、誰々議員を説得するのに苦労している。苦戦中」などとどんどん発

信していくわけです。

　すると、起こるのは、協力者から「それなら私ならこれができる」という申し出です。それが、大きな力となります。実際、改正活動をしている時、税制調査会のある中心議員へのアプローチに苦労していた時のことです。その情報を発信したところ、その議員の地元のNPO代表者から、「その議員なら、私の家族が後援会のメンバーだ。そちらから要望をあげてみよう。要望書を送ってくれ」と電話をいただきました。まったく会ったこともない方からです。その数日後、議員への面会ができると、秘書から連絡がありました。そして、その議員に会うと「私の地元からも要望を戴いている。なんとかしてあげたい。詳しい話を聞かせてくれ」と相手から言ってきたのです。それまでは、面会の予約も取れなかった議員だったのです。

　このような協力の申し出は、無数にありました。それらの人の多くは、会ったこともないか、1度2度イベントで会った程度の人でした。見知らぬ人との協力も作れるのです。

　ただし、この時、あまり困難を強調すると逆に協力は増えないこともあります。むしろ、「あと一歩」ということを伝えると、「それならば」ということで協力者が増えます。伝え方も重要なのです。

　さて、このように場面を共有する活動に力を入れた結果、全国のNPOや協力者の協調行動が大きく進展していきます。なかなか一気に希望どおりの改正は実現できなかったのですが、それでも、2001年から2010年まで、数次にわたり認定NPO法人制度や寄付税制の改正は実現しました。

　そして、2011年に、政権交代の影響もあり、税額控除制度の導入や認定要件の大幅緩和が実現することになります。

5. 貢献が見える場を作ってヒーローを増やす

　協力を強化していくためには、今誰が何に取り組んでいて、そこをどう支援・応援するか、は大切な問題です。そして、それが見えないと、他の協力者が安心して支援・応援はできません。

　また、どんな協力者がどれくらいいて、どう取り組んでいるのかは、他の関係者にとっても大きな関心事です。人は、社会的に有名な協力者がいたり、多くの人が協力していると、自分も協力したいと思うものです。

シーズでは、世論を盛り上げていく目的もあり、当初より、協力者の貢献を見える化していくことに注力していきました。

　NPO法の立法や改正では、一番の推進者は国会議員です。議員立法を目指す戦略からも、国会議員の貢献を見える化していくことは不可欠です。そのため、シーズでは、NPO法立法の時からNPO法改正に至る時期まで、頻繁に国会議員を招いてのイベントや学習会を開催していきます。そして、そこに、各分野のNPOの代表やマスメディアの記者を積極的に招いて、議員の貢献がより見える工夫をしていきました。

　同時に、ニュースレターやFAX通信、プレスリリース、メールマガジン、ホームページを通じた配信などを通じて、国会議員の活躍を知ってもらう努力をしていきました。1999年までは、インターネットが一般的でなかったこともあり、紙のニュースレターやFAX通信が中心でしたが、2000年以降は、メールマガジンやホームページへと情報発信の仕方も切り替え、より多くの人へのアウトリーチを目指していきました。

　このような貢献を見える化する機会を作ることは、国会議員への啓発活動にも有効でした。国会議員は、支援者になってくれる可能性がある関心層が集まる集会では、やはり聴衆にヒットする発言をして、自身や自政党の評価を高めたいと思うものです。そこで、シーズでは、イベントのたびに、登壇する国会議員に、聴衆であるNPOやマスメディアが今何を聞きたいのか、どこが聴衆に訴えるポイントかを事前に説明しておくことをしていました。これにより、シーズやNPO側が期待することを、むしろ国会議員の方から公衆の前で発言してもらい、より貢献をしてもらえるようにできたわけです。

　貢献を見える化するにあたっては、協力者はそれぞれ自分の貢献をアピールしたい対象があることを理解しましょう。国会議員では、それは地元の有権者でしょう。

　シーズでは、NPO議員連盟の名簿の提供を受け、各地のNPOやNPO支援センターと共有し、地域で、NPO支援に熱心な議員であることをアピールしていけるようにもしました。このことに関しては、与野党を問いませんでした。NPO議員連盟の議員からは、地元のNPOから頼られることが増えたと、喜んでもらえたものです。

　もちろん、国会議員以外の主役の貢献も見える化する努力をしています。

NPO法立法段階では、シーズはまだ東京でしかイベントを開催する力がありませんでした。そこで、なるべく全国各地のNPOの代表を東京に招き、登壇してもらったり、会場から発言してもらったりして、NPO側にも貢献の機会を作りました。情報の発信力のある学識経験者にも、イベントで発言してもらうなどすることを積極的に行っていきました。それにより、個々の貢献を見える化するとともに、個々の貢献をより強化できたのです。

　また、経済界や青年会議所なども、提言を出したり、イベントで発言したりして、NPO法改正をバックアップしてくれました。このような動きも、積極的にシーズからも発信していくことで、様々な組織が動いていることを見える化していきました。

　1999年以降のNPO法改正では、複劇化により舞台は一気に拡がります。そこで、今度は、その各舞台に、違う舞台の協力者に登壇してもらったり、情報を伝えたりすることで、より貢献を見える化していきました。

　また、ホームページを使って、協力者に登場してもらったり、インタビュー記事を掲載したり、活動を伝えたりすることで、見える化を進めていったのです。

　こうして、NPO法立法や改正では、多くのヒーローが生まれていきます。

　確認しておくことは、これらはシーズが仕掛けたのではなく、それぞれの分野で自発的に舞台が作られていったことです。シーズは、それが上手く相利的に機能するように、支援したり、伝える作業をしていったにすぎません。

　シーズの活動のための舞台を作るのではなく、生まれてくる舞台に力を貸し、相利的な関係が作れるように設計していったのです。

6. 観客が増えることも盛り上がるポイント

　見える化のためにイベントやメールマガジン等の情報発信を強化しても、そこに観客がいなければ意味はありません。

　せっかく国会議員にイベントに登壇してもらっても、その会場が空席だらけだったら、むしろ登壇者は意欲を失ってしまい、逆効果となってしまいます。

　そこで、重要となってくるのが、観客を増やす施策です。協力者にはなってくれはしないが、関心層として動いてくれる人々です。このような人々の

ことを、情報だけ取っていったり、自分たちの商売に利用したりするために、「フリーライダーである」と嫌う人もいます。しかし、調整のパートでも述べましたが、観客となってくれればそれだけでも大きな貢献です。相手の利益をこちらの利益は違うと考えて相利的に考えていくほうが有益です。

観客を増やす施策はいろいろありますが、1998年までのNPO法立法では、対立を際立たせることに重点を置きました。

NPO法の立法過程は、政府対国会議員、与党対野党、与党3党内の対立、NPO対国会議員、NPO対NPO、政府対NPOと、常に対立の連続でした。対立は、立法を進めるうえでは障害ですが、一方で、観客を増やすうえでは好材料です。人々は、論争があるとスポーツ競技を観る感覚で、興味を持つものです。

そこで、シーズでは、むしろ対立を鮮明にして議論を闘わせるイベントを多数開催していきます。各党のNPO担当議員を一堂に集めてのシンポジウム、与党議員だけのシンポジウム、与党対野党の議員のシンポジウム、個別議員を呼んでの勉強会など、形式や登壇議員、組み合わせを変えるなどして、それぞれの主張を鮮明にしてもらい、討論してもらうわけです。

そして、シーズは解説者として、その時の論点や意見の違い、それぞれの相手への批判点などを解説するペーパーを出していきます。観客に見所をしっかり伝える役割を担ったわけです。

このような施策は功を奏し、イベントではいつも会場は満員となります。また、メディアの関心も高まり、争点を明確にする記事を書いてくれるようになります。それが、また、多くの人の関心を高めていくことになったわけです。

次に、1998年以降、NPO法が成立して改正のフェーズに移ると、この戦略は見直しを迫られます。対立の構図は、与党税制調査会対NPO税制推進議員となります。ここでも対立はあるのですが、与党税制調査会の役員議員は、イベントには登壇してくれません。取材に行っても会ってももらえません。すると、イベントに登壇してもらえるのは、推進派の議員ばかりとなります。これでは、観客には見所がありません。

そこで、戦略をがらりと変えることとしました。幸いNPO法の成立によって、NPO制度に関する利害関係者は、一気に全国に拡大しました。さら

に、複劇化によって、NPO 法人制度の活用に関心のある組織や団体も多数できましたし、ネットワークも拡がりました。それをベースにテーマごとのイベントに切り替えたのです。

また、扱うテーマも大きく変えました。それまでは、国際協力と NPO 法、地方分権と NPO 法というように、活動分野別のテーマとしていました。しかし、NPO 法改正運動では、より制度の細かなところに関心を持ってもらう必要があります。そこで、自治体の支援制度の発達、政府の支援制度の拡充、ファンドレイジング (資金開拓)、税や会計の実務、法人制度の使い方などの関係者が深い関心を持つ実利的テーマにシフトしていったのです。

情報発信の方法も大きく変えます。それまで、紙のニュースレターや FAX が中心だったのを、インターネットの普及に合わせて WEB に切り替えたのです。さらに、WEB もよくある団体紹介のホームページではなく、NPO 関連のニュースサイトとしました。そして、どんどん新設されていく政府や自治体の NPO 支援情報、助成金情報、企業の NPO 支援情報などの実利的な情報を多数流すことにしていきます。また、新しい法律ですから、法的な質問、とりわけ法務や税務に関する問い合わせに対して、WEB 上に Q & A コーナーを作り、弁護士や税理士に回答してもらうというサービスも開始します。

これらは、NPO 法の利用者を増やすことにもつながりましたし、同時に、支援策を拡充したい自治体や企業などが、新しい施策を検討することにもつながりました。

しかし、なにより、NPO 法や改正に関する関心者も増やすことができたのです。法律改正や税制改正は極めてテクニカルな問題です。それだけだと、ついてこれる人は少数で留まってしまいます。しかし、支援制度や助成金などといった実利的なテーマとセットにすることで、その関心を高めることができたわけです。また、このニュースに交えて、制度改正のイベントや国会議員の活躍などを流すことで、観客を増やすこともできたのでした。

さらにシーズでは、関係者のデータベースを整備し、関係者をこれらのテーマごとに区分できる仕組みを作りました。データベースには 3 万人以上の関係者が登録され、テーマごとに情報を発信できる仕組みとなりました。

そして、テーマごとのイベントを開催し、そのテーマに関心がある人々を

増やしていくことをしたのです。

　たとえば、NPO法人になったばかりの団体は、やはり資金集めに強い関心があります。そういう団体向けに、ファンドレイジングのイベントを開催し、そこで寄付税制の動向や重要性をアピールする、という方法です。ここでも採られたのも相利性に基づいた戦術です。

　もちろん、ここでの参加者は、決して、改正活動へ協力しようという人々が多数だったわけではありません。行政書士や税理士、自治体関係者やNPOのファンドレイザー（資金開拓担当者）など、自分たちに利益のある情報を取りに来る人々がむしろ多数でした。

　しかし、その人たちが観客として来てくれるお陰で、改正運動は、大きな推進力を得たのでした。また、その人たちの中で、機会があれば協力してくれる潜在層も増やしていくことができたのです。

（第 **23** 章）組織マネジメントと
関係者マネジメントを使う

1. 何度もテストしながら組織を作っていく

　シーズでは、試行錯誤を経て、テストしながら組織を作っていく方法を採用してきました。これは、最初のシーズを作る時に採られた方法で、標準的に次の段取りを踏んでいきます。

　まず、少人数でも良いので、研究会を立ち上げます。3人でOKです。そこで、することや目標などを明確化していきます。同時に、研究会に人を誘ったり、発表会をしたりすることで、関心を持つ人を増やしていきます。次に、イベントを開催することで、初期の協力者を見つけます。これは、研究会とは別に実行委員会方式を採ることで、その実行委員メンバーを募集することで行います。

　組織を作るというのは、一緒に仕事ができる人を集める作業です。そして、一緒に仕事ができるかどうかを知るには一緒に仕事をしてみるのが一番です。実行委員会でイベントを一緒にすることで、その判断をしていくわけです。

また、どのような人を協力者として組織に入ってもらえば良いのかも検討します。

　イベントが成功すれば、組織化へ進む判断材料となります。準備会を立ち上げて、どういう組織にするかを検討します。ここでも協力者を募っていきます。協力構築サイクルを回し、脚本や役割、初期の相利を開発していきます。

　これが出来れば、その役割を必要な人に依頼して、人が揃った時点で組織を立ち上げるわけです。

　結構、組織を立ち上げるまでに手間がかかるやり方をしています。

　企業なら、その事業の推進力は元手となるお金（資本金等）です。設立には、元手のお金をしっかり集めることが重要となります。一方、NPOの場合、お金も必要ですが、それより重要なのは協力者です。しっかり目標を理解し、モチベーションを明確に持ち、持続的に一緒にやっていける協力者を募るには、それなりの段階がいるのです。実際、シーズを立ち上げた時、元手となるお金はほとんどありませんでした。収入も会費が主で、それも年間で150万円ほどでした。事務所はシェアオフィスで机が一つ。パソコンは自前のものを使い、有給スタッフは週3日のアルバイトの人が1人。松原は、無給のボランティア事務局長でした。

　それでも、人々の協力を募るための組織形態はしっかり作りました。

　すでに説明したように、目標や期限を区切り、協力が得やすいようにしました。「被害者の会」モデルを採用することで、外部からの理解や協力も作りやすい形を採ります。正会員の要件も、マスメディアが協力しやすいように設計しました。

　さらに、シーズは、自身を、アンブレラ組織ではなく、プロジェクト組織（ジョイントベンチャー的組織）であると定義しました。NPOの世界は、何か新しい分野が生まれるたびに、アンブレラ組織ができ、それが上部団体化して、権力的に振る舞うことが多く、多くのNPOは、シーズがそうなることを懸念していました。「そのような懸念はないから、安心して協力してください」と言い切るためにも、プロジェクト型を採用したのです。「NPO法ができれば団体は解散する」と設立時に明言したのですが、これも、シーズの場合協力を拡げるには重要だったのです。

実際には、設立から3年半経った時点で、法人制度作りには成功しましたが、寄付税制はまさに成立するかどうかの佳境でした。法律の付則で、NPO法施行から3年以内の見直しは決定していたので、寄付税制の成立の可能性は高いと判断されました。なので、その時点で解散はなく、寄付税制創設後に解散は先送りされました。

　さらに、2001年に寄付税制である認定NPO法人制度は出来たのですが、要件が厳しすぎるので、改正運動を続けるべしという会員等からの声で、継続していくことになったのです。

　改正活動では、複劇化をしていき、多くの組織を作る支援をしていきます。そこでも、基本的には、研究会⇒実行委員会⇒準備会⇒組織化の手順で行います（どれかを省略することもあります）。

　常にテストしながら組織化していくことで、組織を立ち上げるのに必要な「認識を一致させた協力者」の募集をしっかりやっていったわけです。

2. 相利を活かして多舞台をマネジメントする

　シーズでは、この複劇化して増えていく舞台のマネジメント（関係者マネジメント）を、主に、連絡機関の構築とハブとの連携で行っていました。

　連絡機関とは、NPO/NGO連絡会のように、各地域の主要NPO支援センターが入るネットワークを作ることで、そこで全体をマネジメントしていくわけです。NPO/NGO連絡会は代表を持たない調整機関でした。できるだけフラットな構造にして、それでも共有の目標を立てて、各地のNPO支援センターの動きを調整していきました。たとえば、税制改正やNPO法改正のキャンペーンを全国で集中的に行う時、そこで調整を行っていったのです。

　連絡会には、すべてのNPO支援センターが入っているわけではないのですが、地域を代表するようなNPO支援センターが入っていて、それが、ハブとなって、地域ごとの他のNPO支援センターと協力体制を組み立てていく仕組みです。

　もともと、各地のNPO支援センターは、それぞれの目的があります。各地域でのNPO活動の活性化を目的として、地域で活動することが主眼です。

　しかし、同時に、全国的なネットワークに参加し、地域のNPO強化につ

ながる制度改正を進めることで、地域でのリーダーシップを発揮できます。全国的な情報を地域に仕入れることもできます。ハブとなった NPO 支援センターは、自治体や企業に対しても、地域の NPO セクターのリーダー的存在であると PR できます。

　一方、シーズとしては、その連絡会を通じて、法律改正の全国的なキャンペーンが実施できます。キーパーソンとなる政治家の地元でイベントを開催したいとしたら、その地元の NPO 支援センターと協力して実施することもできます。シーズだけではとうていできないことです。

　連絡会は、上部組織でもなく、シーズに指揮命令の権限があるわけでもありません。シーズが資金提供したわけでもありません。しかし、この相利性があることで、各地の NPO 支援センターとシーズは共に協力して NPO 法改正に取り組むことができたのです。

　他にも、NPO 政策で先進的な自治体や、全国的に NPO セクターを支援してきた会計士・税理士、経済団体で社会貢献活動をリードしてきた経営者や事務局などが、それぞれの舞台のハブとなってくれて、それぞれの舞台と改正活動との連絡調整を担ってくれました。このような連携は、シーズの力でできるものではなく、ハブにお願いしていったのです。ハブとなった人々は相利性があるゆえに、シーズに協力してくれたわけです。

　もちろん、このような関係者マネジメントは、そんなに簡単なものではなく、難しさもたくさんあります。実際、様々な関係者と関係構築をしていく場合、最初は強力な引っ張るタイプのマネジメントを実施していかざるを得ないことも多いのです。相利性が確立してから、徐々にサーバント・リーダーシップへと移行していくのですが、その切り替えはけっこう難しいものがあります。また、相利性よりも、各ハブのしたいことが優位に立ってしまった場合は協力が崩れます。ハブを担ってくれた人が交代してしまった場合、次のハブとなる人との関係が上手く作れないことも多々あります。シーズも失敗は少なくありません。

　それでも、このような相利性に基づく関係者マネジメントは、一つの団体ではできないことを可能にしてくれるのです。

3. ともかくフェアネスを大切にする

　協力の関係者マネジメントにおいて、とりわけ重要なことはフェアネス（公正さ）を活動の基準とすることです。協力にとって最大の敵は、対立ではなく、アンフェアです。

　議員立法で、しかも、与野党が対立する法案を推進する場合、このフェアネスはとても大切になります。つまり、どこかの党の支持者と捉えられたら、対立する党の議員はイベント等に出てきてくれなくなることが多いし、こちらの要望も考慮に入れてもらえなくなるのです。

　そこで、シーズは、まず、特定の党や議員を支持しないことを明確にしました。また、組織構成からしても、自民党を支持する団体から共産党を支持する団体まで広く構成員に入れたり、署名を集める時は、バラエティを持たせたりする工夫をします。

　大きなイベントでは、必ず主要政党をすべて招いて、なるべく公平に発言機会を提供しました。シーズは、与党案を支持していましたが、反対する野党議員とのコミュニケーションは常に緊密に取っていました。

　反対派の議員が、イベントに一参加者として来場して、発言の機会を求めることもありましたが、しっかりと発言機会を提供しました。求められて野党の反対意見をシーズのニュースレターに掲載したこともあります。

　ある野党議員からは、「シーズのイベントは常にフェアなので、信頼できる」と評価もいただきました。そのこともあり、NPO法の最終局面では、シーズと調整しながら全党が一致して法案に賛同してもらえましたし、NPO法改正では超党派の議員連盟を結成し、しっかりと各党とのパートナーシップを築いていくことができたわけです。

　反対派とのフェアでオープンなコミュニケーションは、敵対を協力に変えていくために必須の作業です。

　もう一つ、影響力のある人とのコミュニケーションをとろうとする努力も重要です。寄付税制を作ったり、改正していったりする時、与党税制調査会の国会議員や重鎮の国会議員などは、なかなか会ってもらえないものです。だからと言って要望活動の対象から外すことはしませんでした。不思議なもので、人間は敵対されるより、無視されるほうが感情的になるものです。自分のところに要望書を持ってきていない、というだけで、反対に回られるこ

ともあります。相手にされなくても、こちらは相手を重視しているとアピールすることは、より良い関係を築くうえでとても大切なのです。

4. 成果をフィードバックして相利を果たす

最後に、成果のフィードバックについて解説します。

1998年のNPO法立法では、シーズ設立前に想定された相利評価表の主だった具体的問題の多くは解消することができました。環境分野や福祉分野など各分野のネットワークで、NPO法人化した団体が続々現れ、それまで問題だったことが解消したと、各分野ごとのイベントや各団体のニュースレターで報告していくことになります。ここは、シーズが成果をフィードバックしていく必要はほぼなくなっていったわけです。

政府も、統計を取り出し、NPO法人の増加数を毎月発表するようになります。マスメディアでも、増加は報じられましたし、自治体ごとに自地域のNPO法人数を公表していくことも行われました。

政府や自治体、シンクタンクなどがNPO法人向けにアンケートを実施し、その財政状況や雇用状況を調査し、発表していくことも頻繁に行われました。

これらの動きによって、成果のフィードバックの多くは、シーズを介さないで行われたのが、NPO法の特徴です。

また、世論や行政からの注目が集まったこともあり、NPOの社会的地位は大きく向上しました。世界を変える力も、まだまだ不十分とはいえ、依然よりは格段に向上していきました。これらの成果も、シーズを介さず、調査レポートやNPO自身の報告でフィードバックされていきました。

一方、2001年に成立した寄付税制である認定NPO法人のほうは、成果のフィードバックに苦労しました。なにせ、出来た時はかなり問題のある内容だったために、認定を受けられるNPO法人が少なすぎたのです。

シーズでは、問題点を調査し、それを改正すべきであるとするアピールをする一方、認定を取ると大きなメリットが生まれたとする成果に関する調査もして、そちらもアピールしなければいけないという分かりにくい広報をせざるを得なくなります。

それでも、認定を受けた団体のアンケート調査やヒアリングを行い、受取寄付金の増加や信用の拡大といったメリットがあることを明確にし、ホーム

【表 23・1　NPO 法立法の相利評価表（成果部分）】

三項	主体	現状認識（困りごと）	成果
自分たち	環境 NPO	資金が集めにくい。自然環境が豊かな土地を買い取っても団体で保有できない	団体で資産を保有でき、自然環境を守れるようになった。寄付税制で土地を買いとる資金を集めやすくなった
	人権 NPO	政府の人権政策を変えられない	政府の人権政策に提言できるNPO が増え、影響力が増した
	まちづくりNPO	自治体のまちづくり政策に関与できない	自治体との協働事業が増え、施策実施で関与の幅が広がった
	福祉 NPO	地域で十分介護サービスを提供できない	介護サービスを提供できる団体が増えた
	国際協力NPO	海外の災害等で緊急援助が必要でも、効果的な援助ができない	災害が起こったら、すぐに駆け付けて効果的な援助をしやすくなった
関係者	消費者NPO	企業の行動が変えられない	消費者団体訴訟制度の創設を一歩進めることにつながった
	福祉 NPO	施設を購入しても、個人資産となってしまう。	団体で施設が保有できるようになった
	国際協力NPO	海外の貧困な地域へ十分支援が届けられない	寄付税制を使うことで、より多くの資金を集められ支援を増やせるようになった
	福祉 NPO	スタッフを雇っても、任意団体が雇うこととなり、労働環境が不十分	労働法規の導入が進み、職員が安心して働ける場が作りやすくなった
	音楽 NPO	補助金や事業収入だけではマネジメントが安定しない	企業寄付など寄付税制で資金源が拡がった
世界	人権	法人格が得られないのは結社の権利として問題がある	法人化できるようになり、結社の権利を強化できた
	民主主義	民主主義を支える市民の政治参加の力が弱い	社会問題を解決できる NPO が増えた。一方、民主主義強化に直接つながっているかは不明
	政府	ポスト福祉国家の流れの中、社会サービスの担い手が不足	社会サービスの担い手が増えた。ただし、政府の資金限界があるので限度がある
	自治体	市民参加や協働を推進したいが、相手が不安定で不安	NPO との協働が増え、市民参加が進んできた

ページやリーフレットなどを活用して、広く成果のフィードバックをしていきました。

　また、ファンドレイザーや税理士のネットワークでも、独自に、寄付税制のメリットに関する広報をしてくれたこともあり、複劇化による成果のフィードバックも、進んでいきました。このような成果のフィードバックや認定要件の緩和もあり、2011年の改正の後、認定NPO法人の数も1000を超えるまでになっていったのでした。

　一方、付随利益は、多数開発されました。NPO法人向けの助成金は一気に増えましたし、政府や自治体からの委託事業も増えました。企業からの無償もしくは廉価のサービス提供も急速に増加しました。地銀や信用組合、政策投資銀行などからのNPO法人向け融資枠が創設されたり、政府の信用保証制度も活用できるようになりました。自治体は、NPOのためにシェアオフィスを用意したり、会議室などのハードを整備したりしました。このようにして、付随利益は、当初想定していたよりはるかに充実したものとなったのです。

　このような支援策の充実は、そのつど、シーズでは、ホームページを通じて広く広報しました。これにより多くのNPOがその支援策の存在を知り、利用できるようになりました。これも、成果のフィードバックの一例でしょう。

※

　さて、最後に、当初の相利評価表をもとにNPO法立法の結果を表23・1に記しておきます。

　松原としては、決してすべて良かったと言えるものではありませんが、参加した団体や個人が成功したと思える程度には、成果を上げ、フィードバックできたと評価しています。

Part 5

協力を応用する

Part 5 では、協力のテクノロジーは、現実のどのような場面で使えるのか、その応用について説明します。21 世紀に入り、世界は大きな変化の時代に入っています。20 世紀までの世界システムが限界を迎え、新しい世界システムが求められています。その「世界」は、地域であり、NPO（市民社会）であり、企業であり、自治体であり、国家です。この世界の新しい動きに、協力のテクノロジーはどう有効なのでしょうか。ここでは、これからの世界の変化と協力のテクノロジーの可能性について解説します。

（第 **24** 章） 地域づくりに相利を活かす

....

1. 地域づくりの大きな問題

地域づくりは、今、多くの場面で壁に突き当たっています。

一番よく聞かれる悩みは、地域の人たちが活動に参加や協力をしてくれないというものです。福祉における地域共生社会でも、地域の子育て支援でも、教育の問題でも、地域の産業活性化の問題でも、多くのリーダーは、地域の人々に参加を呼びかけ、「助け合い」や「当事者化」を訴えています。しかし、なかなか人々の参加や協力は拡がっていきません。

昔、地域住民は、共に生活圏を形成し、同じ地域に住む者として共通した利害関心を持ち、それゆえに、互恵や協力もその基盤の上に成り立っていました。しかし、都市化や人口移動、産業構造やライフスタイルの変化で、地域の同一性の基盤は急速になくなってきています。

互恵の仕組みは、困った時にお互いが助け合うことで長期的関係を築き、生活の安全保障体制を共同で作り上げることで可能となります。

しかし、今日のように、教育や子育て、医療、仕事、介護など、私たちの困りごとは、専門的になり、素人では助け合うこともできません。リサイクルや冠婚葬祭のお手伝い、日々の暮らしで困った時の手助けは重要ですし、その分野では、まだ助け合いが機能している地域もたくさんあります。そのような地域では互恵の仕組みを強化していくことは大切です。しかし、一方で、多くの人はデジタル市場でニーズを満たすようになり、地域でニーズを満たさなくなってきています。普段からの付き合いも希薄になり、お互いに何が困っているかを深く聞くこともなかなかできない状況です。

近所に住んでいても普段から交流がない人同士なら、無理に他者の問題に付き合う必要はありません。そのような義理はないからです。「地域を一緒に良くしていこう」と声高に叫んでも、多くの人からは、「それは大事なことだ。頑張ってください」と他人事のように対応されてしまうでしょう。結局、いつもの少数の人に活動が集中していくことになります。それを責めて

も何も解決しません。

　行政は、地域が様々なサービス機能を自ら提供し合うことを期待して、共生や共助を実現しようとしています。しかし、かつて協力や互恵の基盤だった同一性が失われてきている今日、以前と同じやり方では協力も互恵も築けません。今必要なのは、同一性が失われつつある状況の中で、地域の人間関係をどう作り直していけるか、です。それがないと、共生も共助も機能しないでしょう。まずはつながりを回復していくことが優先なのです。

　そうは言っても、つながりの回復自体がもう言われ尽くされてしまっていて、もはやそれで何か解決が生まれるわけでもなくなっています。さらに、つながりの豊かさを測る社会関係資本の値は、日本ではこの20年下がり続けています。今までの方策は有効ではないのです。

　では、どうすれば、地域の基盤となる人と人との関係を構築していけるのでしょうか？

2. 地域づくりの方法を変えよう

　こういう場合、地域をより良くしていきたければ、やり方を変えることが必要となってきます。

　従来は、「地域の問題があるので、それを解決するために助け合いや協力を」という順番でした。相利開発で述べた目標の価値の共通化をベースにつながっていく方法です。しかし、そのためには、その人にとって、地域が価値あるものでなければなりません。

　では、どうすれば、地域が多様化する人々にとって価値あるものとなるのでしょうか。心理学では、人の幸福度を上げる要因が多数見つかっていますが、とりわけ重要とされるものに、健康や自己決定や自己効力感（やればできる感覚）、人々とのより良い関係性などがあります。これらの項目は、収入や学歴より幸福度に大きく影響すると言われています。

　この本で述べてきたように、世界に変化を生み出し、自己決定（自己実現）の効力を高めるためには、人々と良い合力ができることが不可欠です。それゆえ、地域が価値あるものとなるためには、人々の「したいこと」がその地域で人々と共にできるようになることが大切なのです。

　まずは、その人がその地域なら「したいこと」ができる関係性を作りまし

ょう。それができると、その地域は、その人にとって、守るべき価値がある
ものとなっていきます。したいことをもっとしたいから、もっと地域の人の
協力を得ていこう。そのために、地域の他者のしたいことにも協力していこ
う、助け合っていこうとなるようにしていくことで、地域を作り直していく
のです。つまり、地域を、相利により希望を実現できる舞台に変えていくわ
けです。

　このような方法で、地域のつながりを作り直していっている事例も各地で
増えてきています。

　東京八王子で活動するNPOフュージョン長池は、その良い例です。

　八王子にある多摩ニュータウンは、丘陵地帯を切り拓いて出来た新興住宅
地です。1970年代に入居が始まった日本最大規模のニュータウンですが、
新しい街の例にもれず、人々のつながりが希薄なところがありました。

　1990年代半ば、このNPOの創設者は、ずっと暮らしていける多様性豊
かな地域を作りたいと考えていました。大切なのは、地域の人々のしっかり
したつながりができることです。

　それまでお祭りのなかった地域だったので、まず、市立の自然公園をベー
スに地域のお祭りを開催することからスタートします。もっと地域を楽しく
しようというものだったのです。後に「ぽんぽこ祭り」と名付けられた夏祭
りは、マンション管理組合の協力で大きな成功を収めます。その後、八王子
市から公園の委託管理を受けたNPOは、NPO法人格を取得し、公園を拠
点に地域の人間関係を構築していく活動を展開していきます。公園をベース
に、地域の人々がしたいことを実現できる場とプログラムを、住民と協働で
どんどん作っていきます。地域の人たちが畑を営める農業プログラム、シニ
アが木の剪定や草刈りなどを仕事として楽しめるようなプログラム、大学生
の体験ボランティアのプログラム、そして、障がい者の作業所の就労活動な
ど、地域の人々のしたいに合わせて、公園をその実現の場に変えていったの
です。公園は多くの人が利用するようになっただけでなく、住民が協力し合
って運営するプラットフォームとなっていきました。公園は、住民にとって、
単なるサービスを受ける場から、自分たちが協働して参加する場に変わって
いったのです。

　これにより、NPOは多様性が豊かで人々のつながりのある地域を実現し、

【表 24・1 NPO フュージョン長池の相利評価表】

関係者	課題	したいこと	活動	役割	利益	評価指標
NPO	ニュータウンの人間関係がない	誰もが幸せになれる多様性豊かな街の実現	長池公園の運営	公園の管理。参加型プログラム企画運営	住民に自己実現の場が提供でき、多様性ある街が実現	参加者の人数。協働プログラムの数
自治体	円滑な公園管理に不安。コストがかかる。住民の利活用が少ない	円滑な公園管理。コスト削減。住民向けプログラムの充実		委託者。協働プログラムの開発	円滑な公園管理。住民満足度向上。コスト削減	利用者満足度。協働プログラムの数。参加人数。コスト
マンション管理組合	マンション住民のつながりがない	住民同士のつながりができる		地域活動の場として活用。お祭りの主催	住民同士のつながりができ、コミュニティ形成が進む。	参加人数、出店やプログラムの数。イベント等への参加者数や自主企画の数
町内会	新旧住民の交流の場がない。子ども会がないため子育て支援ができない	新旧住民の交流の場ができる。子育て支援ができる		プログラムへの参加促進	新旧住民の交流活性化。NPOの子育て支援プログラムの利用	町会の住民の参加度、満足度
大学	サークル活動の発表場所がない。学生の社会参加プログラムが少ない	成果の発表の場ができる。社会参加や研究の場ができる		プログラムを活動の場として利用	学生生活が充実する。大学の授業プログラムの充実	学生の参加人数
福祉団体	障がい者の働く場が地域にない	地域に働く場ができる		公園の管理を仕事づくりの場として活用	障害者の仕事の場の確保。自立。	障がい者の参加人数
地元企業	仕事がほしい	仕事が受注できる		長池公園の仕事をする	継続的な仕事の確保	地元業者と契約している数
子育て中の人	ノウハウを教えてくれる仲間がいなくて孤立しがち	安心して子育てができる環境		NPOのプログラムに参加する	仲間ができて、子育てが安心してできる	プログラムへの参加人数。満足度調査
小学校	環境に関する教育プログラムを作るのが大変	生徒に良い環境教育プログラムを提供できる		NPOと一緒にプログラムを作り実践	授業の充実。生徒の成長	生徒や先生の評価
地域住民	地域での活動の場がなく、生きがいが見つけにくい	活動と交流の場ができる		自分たちでプログラムを作り、活動する	人生の充実	参加人数や継続性
企業	CSR や社員研修の場やプログラムがほしい	プログラムが増える、充実する		NPO の企画するプログラムに参加する	CSR や社員教育の充実	企業数。継続率。参加人数

自治体は住民満足度を上げるとともに、コストを抑えながら適切に公園を管理していけるようになりました。ニュータウンの住民は、住民同士で交流できる場ができ、大学生は体験学習の機会を、障がい者は就労の場を得ていったわけです（表24・1）。

　住民の協働が進むことで、それまで公園にあったたくさんの禁止事項、たとえばボール遊びをしてはいけないとか、走ってはいけないなどというものが、どんどんなくなっていきます。禁止より、どういうルールを作ればお互いにより利用しやすくなるか、で協力が組み立てられていったのです。

　NPOフュージョン長池は、日本における市民運営型公園の先進事例とされていますが、単に公園を上手く利活用したからというより、そこをベースに地域の人々のつながりを作っていけたことがその評価を生んでいるのでしょう。

3．地域共生社会を相利開発で作る

　「地域共生社会」を作るためにも、現在の方法を変えていく必要があります。

　現在の主流は、行政主導の、しかも、高齢者介護や障害者支援といった福祉ニーズだけを追求し、それをどう解決できるかという視点に基づいた地域共生がもっぱらです。

　地域には、学校、企業、病院、自治会、商店街、住民といった多様な主体が活動しています。それぞれが、異なる「したいこと」を持っています。それぞれの「したいこと」が実現できてこそ、地域共生社会です。

　愛知県蒲郡市で活動する社会福祉法人楽笑の事例を見てみましょう。

　楽笑は、2007年に設立された障害者自立支援法（現「障害者総合支援法」）に基づく福祉サービスを中心に事業を行う福祉団体です。「障がいのある方もそうでない方も、自分の好きな地域で暮らし続けるまちづくり」を理念に掲げて活動しています。楽笑が、最初に障害者の福祉施設を地域で立ち上げようとした時、多くの住民から大反対にあったと言います。理由は「治安が悪くなる」「大変なのは障害者だけでない」などというものでした。ここで、多くの場合は、「そのようなことはない。認識が間違っている」と説得していくことに全力を尽くすでしょう。しかし、楽笑は違う方法を採りました。

【表 24・2　楽笑の相利評価表】

関係者	現状	目的	活動	役割	相利
楽笑	障害者とそうでない人が共に暮らせていない	障害者もそうでない人も共に暮らせるまちづくり	住民参加型障害者福祉サービス活動 ・障害者就労支援 ・障害者の生活支援 ・障害者の居住支援 ・高齢者の通いの場 ・こども食堂 ・高齢者のスマホ教室	左の六つの事業の運営	共に暮らしていけるまちづくり
障害者	働く場がない。社会参加の場がない	安心して暮らしていける		左の上から五つの事業に参加	就労の場、社会参加の場の確保
自治体	地域共生社会ができていない	地域共生社会の実現		市民活動のバックアップと住民への啓発	国の地域共生社会施策への参加。地域福祉計画の目標の達成
主婦／主夫	働く場所がない	働く場がほしい		就労施設で働く	仕事の確保（30名弱）
子ども	居場所、安心して遊べる場所がない	安心して遊んだり、友達づくりができる居場所ができる		こども食堂への参加	安心できる居場所ができる
ご近所／高齢者	ご近所で井戸端会議をする場所がなくなり、ご近所との交流を深められない。自分の生きがいづくりのため何をして良いか分からない。介護サービスは早い	集える場所ができて、ご近所の仲が深まる。生きがいづくりや通いの場ができる。介護予防になる		高齢者の通いの場（マルシェ）への運営・参加	住民交流の活性化。生きがいづくりと介護予防
自治会	高齢化で居場所がない	高齢者の居場所ができる		高齢者の通いの場（マルシェ）への運営・参加	自治会の会員満足度
PTA／子供会	少子化で保護者が少ないので行事ごとが負担	負担が軽減されて、行事ができるようになる		公園掃除を障害者がすることで負担軽減。公園掃除を委託する。子ども会やPTAと障害者と一緒にするイベントを企画することで行事が継続できる	親の負担軽減と子どもの幸福と福祉教育
地元企業	働く人が不足してきている。今まで高齢者等が内職でやっていた仕事の外注先が少なくなっている。	外注先ができて、事業が円滑に進む		楽笑に委託を出す	事業が滞りなく進む

福祉だけのニーズではなく、地域住民の多様なニーズを調べ、その実現とともに、福祉ニーズも実現していくことにしたのです。

調べてみると、たくさんの地域ニーズが見つかりました。地域の主婦や退職高齢者が働く場所がない、地域住民が交流できる場所がない、地元企業の外注先が減ってきている、子どもたちが安心して遊べる場所がない、などです。楽笑は、これらの地域ニーズと、福祉ニーズを「かけあわせていく」作業をしたと言います。つまり、福祉でしたいことと、地元の様々な人たちのしたいことの相利性を開発していったのです。

たとえば、障害者の就労の場づくりや障害者理解の促進という福祉ニーズと、地域の主婦の働く場が欲しい、住民の交流の場が欲しいという地域ニーズをかけあわせて、パン工房を作ります。障害者だけでなく、地域の人たちの働く場としていったわけです。

障害者の工賃を高め、また様々な障害に応じた仕事を作りたいという福祉ニーズと、地場産業の担い手を確保し、退職高齢者の働く場も作るという地域ニーズをかけあわせることで、干物屋を開設します。干物屋で地場産業に貢献するとともに、障害者も退職者も働ける場とし、担い手も育成していけるわけです。

このような取り組みを進めることで、障害者に対する理解も広まり、障害者と地域の人々が共に暮らしていける地域共生社会づくりに大きな成果を上げてきています。

ここでも、ポイントは相利性の開発なのです（表24・2）。

4. 多様な人々の「したいこと」に着目する

これからの地域づくり／地域共生社会づくりは、まず、多様な人々の異なる「したいこと」に着目することから始めるべきです。それをどうすれば実現できるのか、その結果、地域がより良くなるには、どのような目標や活動を設定すれば良いのか。これが地域づくりの新しい手順となります。

協力のテクノロジーの三項相利を追求していくわけです。1人1人の異なる「したい」を追求していくと、活動がバラバラになり、地域の問題に取り組めないのではないか、と心配するには及びません。

私たちの人間の世界は、不思議な原理で構成されています。それは、相利

性の原理です。あなたがしたいことをより良く達成しようと思えば、他者のしたいことの実現に配慮していくことが大切なのです。

　これまで話した、地域猫活動やNPO法立法、NPOフュージョン長池、楽笑、次章で紹介するオンパクやフェスティバルズ・エディンバラの事例は、それが可能であることを教えてくれます。そして、それを可能にするのが協力のテクノロジーなのです。

　よく地域コミュニティを再構築しようとか、コミュニティを大切にしよう、とか言われます。確かに昔ながらの共同体が残っている地域もあります。それは大事にすべき大切な資源です。しかし、多くの地域では、もはや昔ながらの人々の運命が共にあるようなコミュニティは存在しません。そして、そのようなコミュニティをかつてのように再生させようということも無理な話です。

　求めるべきは失われたコミュニティの復活ではありません。地域を、人々が協力し合って、それぞれが自分のしたいことをできる場（プラットフォーム）としていくことで、新しい人間関係を作れる地域に変えることです。地域という場は、人々の自己実現の舞台でしかありません。

　コミュニティとは、場所でも自治区域でもありません。それは、人々の関係性と可能性なのです。地域を協力の場に作り直していこうとするなら、ぜひ地域の人々のしたいことを分析し、相利性のある目標を開発し、それを実現する中で、人々の関係性を新しく組み立てていきましょう。

　その時、この協力のテクノロジーと相利評価表は重要な道具となるのです。

（第 25 章） 地域づくりプラットフォームと地域（関係者）マネジメント

1. 人々の「したい」を統合するプラットフォームを作る

　相利性に基づく地域づくりの事例を観光や地域再生の分野でも見ていきましょう。

　バブル経済が崩壊した1990年代以降、各地で地域の衰退が進み、政府も

中心市街地の活性化など地域再生の名目で様々な支援策を講じてきました。

　法人需要の減少に伴う団体旅行が激減し、安価な海外旅行との競争環境に投げ込まれた日本の観光地はどこも衰退していきます。かつて新婚旅行のメッカで知られる大温泉地・別府も例外ではなく、寂れた空気感が漂う温泉街の再生が問題でした。そのようななか、2001年から大分県別府市で体験交流型イベント「別府八湯温泉泊覧会（ハットウ・オンパク）」が始まります。

　地域の歴史・文化が楽しめるまち歩きや、温泉力の健康・美容への活用、地元ならではの食文化などをテーマに、多種多様な事業者が小規模プログラムを企画し、それらを集約して開催するプラットフォームを作ったのです。オンパクの創設者・鶴田浩一郎さんは、地域再生という理念を声高に訴えたわけではないと言います。独自の商品・サービスを開発・販売することで売上を確保したい事業者に対して、「新しい商品・サービスを開発しませんか、それを期間限定（約3週間）で私たちのプラットフォームでPRしますよ」と呼びかけたわけです。期間限定なので事業者からすると負担もリスクも少なく、最適なテストマーケティングの機会と捉えられ、多くの参加を得ることができたのです。

　このオンパクが始まるまで別府市では、様々な人や組織によるまちづくりの取り組みが行われていました。ロングステイの研究会、医師会と旅館組合が行う温泉と医療の研究会、地域通貨の発行、温泉水の品質保証の取り組み、温泉マニア向けの特別企画の運営、鉄輪温泉の女将さんの会、中心商店街のママさんガイドなど、多くの市民が、まちのためにしたいことをやるボランティアベースの小集団の活動がたくさんあったのです。オンパクは、これら多くの人々のしたいを発展させることを目指した取り組みでした。

　その後、NPO法人化したハットウ・オンパクは、オンパクの開催を通じて、地域資源の発掘・商品化、一元的プロモーション、商品開発のコンサルティングを担う地域づくりのプラットフォームへと成長し、別府の活性化、魅力向上に貢献する推進母体となりました。このオンパクモデルは、地域再生の手法として全国各地で展開され、さらには海外でも採用されるまでになっています。

　別府市におけるオンパク自体は、一定の役割を果たしたということで、2014年に終了しました。その理由の一つは、まちづくりに取り組む人材が

十分に育ったという背景があります。これらの取り組みを通して、社会関係資本が構築・蓄積され、まちづくりマインドを持った人材が数多く育っていったということなのです。

2. エディンバラ・フェスティバルに見る相利性の開発

　海外における取り組みについてもご紹介しましょう。英国スコットランドの首都エディンバラで開催されるエディンバラ・フェスティバルの例を見てみます。

　同フェスティバルは、世界でもっとも有名で、かつ最大規模の国際的な舞台芸術祭です。始まりは、オペラやクラシック音楽、舞踊を中心とした厳格な国際フェスティバルでしたが、ミリタリー・タトゥー（スコットランド軍楽隊のパレード）やジャズ＆ブルースフェスティバル、国際映画テレビ祭、国際ブックフェスティバル、青少年向け舞台芸術祭、読み聞かせ、などのイベントが次々と加わり、エディンバラ・フェスティバル・フリンジに発展し、その人気の高まりが観光客を惹きつけ、年間を通して様々なフェスティバルが開催されることで、フェスティバル都市としてエディンバラのブランドが確立されていきました。

　この大規模イベントは、主要なフェスティバル関係者で構成されるフェスティバルズ・エディンバラ（Festivals Edinburgh）というアンブレラ組織が核となり、数多くの機関とのパートナーシップを構築し、イベント運営で直面する問題の解決支援に加え、イベント全体の予算を管理し、マーケティング活動を担っています。

　戦後まもなく始まり、順調に成長してきた同フェスティバルも、2000年代に入り、国内外の都市で文化インフラへの投資が進み、国際競争力の低下が囁かれるようになりました。さらなる発展に向けて必要な要件を探るため、2006年、エディンバラ市、スコットランド政府、クリエイティブ・スコットランドなどにより本格的な調査「轟く蹄：エディンバラ・フェスティバルの国際競争力を維持する（Thundering Hooves: Maintaining the Global Competitive Edge of Edinburgh's Festivals）」が実施されました。その結果、スコットランドの文化的価値、ブランド力のさらなる発展、経済・文化面の重要性の認識の必要性、11のフェスティバルが主要ターゲット層に対する理解を共有する必要性の

【表 25・1　フェスティバルズ・エディンバラの相利】

関係機関	求めるもの
スコットランド政府	ブランド確立
スコティシュ・エンタプライズ	経済効果
クリエイティブ・スコットランド	文化的効果
ビジット・スコットランド	観光振興
エディンバラ市	社会的効果
ブリティシュ・カウンシル	国際交流

認識などが重要であるという結論が導き出されました。そのため相互に情報共有し、マーケティング戦略を統合的に行う組織が必要と考えられたことで、フェスティバルズ・エディンバラが設置されたのです。

　この組織は、極めて多くの政府系機関や民間組織と協力関係を構築して事業を行っています（表25・1）。

　なぜ、そのような多種多様な機関とパートナーシップが築けるのでしょうか。それを実現するための重要なツールが「エディンバラ・フェスティバル・インパクト調査 (Edinburgh Festivals Impact Study)」です。フェスティバルが、社会のあらゆる分野に与える影響について定量的な評価を行い、フェスティバルの実施が、どのようにエディンバラに貢献しているか、またどのような問題を解決していかなければならないかを明らかにし、社会全体の理解を得ていくことを目的としています。

　このインパクト調査では、「文化的価値」「経済的価値」「社会的価値（環境面を含む）」を重視し、測定においては、経済面、社会面、そして文化面のつながりやアイデンティティに重点を置いています。それぞれの指標は、関係者で構成されるステアリング・グループで決定され、近年の特徴としては、経済的利益だけでなく住民満足度といった社会的な利益が重視されるようになってきています。また、文化的価値は定量化するのが難しい項目ですが、フェスティバル関係者は、財政状況が厳しい時ほど文化的側面を正当に評価することが重要であると主張しています。

　これらの調査結果は、政府機関および民間組織からの資金調達を確実にしていくための不可欠なツールとしても捉えられており、資金提供者への説明

や新たな資金提供者の開拓のために活用されます。

　つまり、様々な関係者の目指していることと自分たちの取り組みとの接点を見出し、自分たちの取り組みの成果を可視化することで、個々の関係者の実現したいことを自分たちが、どの程度、どのように実現しているかを定量的に示して協力関係（パートナーシップ）を築いているのです。

3. DMO や TMO/BID における地域マネジメント

　ここで、日本の地域づくりの動きを振り返り、その問題について見ていきたいと思います。まちづくりや地域づくりという言葉は、80 年代くらいからよく聞かれるようになり、小布施や長浜、由布院といった地方の小規模なまちの取り組みが注目されました。バブル崩壊後の 90 年代に入ると、中心市街地の衰退が全国的な課題となり、経済産業省などが支援策を講じることになります。この時、まちづくりの中核を担う機関として TMO（Town Management Organization）と呼ばれる、まちづくり会社が各地で設立されていきます。

　21 世紀に入っても少子高齢化に伴う人口減少と東京一極集中に歯止めがかからず、「日本創生会議」人口減少検討部会が「2040 年までに全国約1800 の市町村のうち約半数が 2010 年と比べ 26 歳〜39 歳女性人口が半減し、その後消滅する可能性がある」と報告したのは 2013 年のことです。その翌年、政府は、持続可能な地域づくりを緊急性の高い重要課題と位置づけ、内閣官房に「まち・ひと・しごと創生本部」を設置しました。国を挙げての地方創生がスタートしたのです。

　なかでも地方創生の主要政策として注目されたのが「観光」でした。観光による地方創生を推進するため、政府は、観光地域づくりの推進母体となる観光地域づくり法人（以下、DMO）の形成・確立を施策に盛り込みました。DMO とは、地域観光の司令塔の役割を担う機関であり、観光立国を目指す日本の観光地域づくりの要として、観光集客と観光地域マネジメントの二つの取り組みが期待されています。

　また、地域再生では、2018 年に、日本版 BID（Business Improvement District）制度も創設されました。これは、英米などで導入されている特定のエリアを対象とした負担金徴収（資金調達）のための制度で、地域再生のため、条例により、地域住民等から負担金を徴収できるようにする制度です。

このように、様々な取り組みがなされてきてはいるのですが、どの仕組みも、まだ緒についたばかりで上手いっているとは言いがたい面もあります。DMO も TMO/BID も「民の論理」をベースに「公（公共）」のために貢献する機関であり、その活動には様々なスキームで公共的資金が投入されます。前述のフェスティバルズ・エディンバラのように多様な関係者の参画を得て官と民が役割分担をしながら公共のために成果を上げていくことが期待されているのです。

　つまり、DMO も TMO/BID も地域の様々な人や組織と協働しながら、暮らしやすく魅力的なまちを作っていくための機関であり、そのための地域マネジメントを担う一種のプラットフォーム組織と言い換えることもできます。

　ここで、DMO や TMO/BID に期待される「地域マネジメント」を考えるにあたり、重要な視点があります。それは、極めて質の異なる二つのマネジメントが必要になるということです（図 25・1）。

　一つは組織マネジメント。これは経営学という学問があり、幅広い研究をベースとした教科書もたくさん出版されています。そしてもう一つが地域マネジメント。これは残念ながら学術的な研究もあまり進んでおらず、教科書となるような書物も見当たりません。地域マネジメントについては、2000年代以降、全国の大学で、その名を冠した学科や専攻が増えてきていますが、その具体的な手法においては、体系的に整理され一般化されているものが今一つ見当たりません。

【図 25・1　DMO や TMO/BID が担う二つのマネジメントの特性】

	組織マネジメント	地域マネジメント
人	・職務権限・業務分掌に基づいて人を動かす	・複合的な利害関係者に動いてもらう
力	・組織内部の資金を活用	・組織外の多様な力を活用（関与）
意思決定	・組織内部で意思決定	・関係者間における意思決定
関係原則	・交換の原則が明らか	・関係の原則が多様で複雑

手法が体系化されている　　　　**手法が体系化されていない**

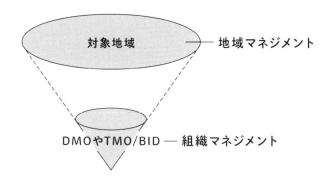

【図 25・2　DMO や TMO/BID に求められる二つのマネジメントの対象】

　そのようななかで、関係者マネジメントを重視する協力のテクノロジーは、地域マネジメントの具体的な手法の一つとして位置づけられると言えるでしょう。関係者マネジメントを、地域マネジメントに置き換えれば良いのです（図25・2）。

　協力のテクノロジーを活用する地域マネジメントについて、DMO のケースでもう少し考えていきましょう。観光庁は、DMO 登録にあたって五つの要件を設定しており、その一番目の項目に「多様な関係者の合意形成」が記されています。本書における協力のテクノロジーがもっとも必要とされる項目と言えます。2018 年の『日本版 DMO 形成・確立に係る手引き』には以下のような記載があります。

　　行政と宿泊業、飲食業等のこれまで一般に「観光関連事業者」とされてきた関係者を中心に観光振興が行われており、文化、スポーツ、農林漁業、商工業、環境事業等の関連事業者や地域住民等の多様な関係者の巻き込みが十分になされてきませんでした。このため、地域に息づく暮らし、自然、歴史、文化等の地域の幅広い資源を最大限に活用できず、旅行者のニーズの多様化に対応できていません。また、これからの観光地域づくりに不可欠な地域住民の視点が不十分なため、観光振興の取組に対する地域住民の理解が得られず、観光振興により地域住民の誇りと愛着を醸成するまで至っていません。

これまで観光庁では観光地域づくりにおいて、地域内の人や組織の合意形成を大前提に据えて「多様な関係者の巻き込み」という言葉を頻繁に使ってきました。本書をここまで読んでこられた方なら、協力のテクノロジーの手法と「巻き込み」という言葉に微妙なニュアンスの違いを感じ取ることができるのではないでしょうか。

　つまり、自分が主体で周りの人や組織を自分の思いどおりに動かそうとするのではなく、多様で異なる利害を持つ関係者のやりたいことを実現させつつ、それぞれとの相利を開発しながら、目指す方向に向かって動きを進めていくことで、初めて地域全体に成果が生まれていくのです。

　DMO や TMO/BID は事業主体としての役割もありますが、一方で、関係者をマネジメントする、つまり地域マネジメントのプラットフォームとしての役割こそが重要であり、そのために協力のテクノロジーは有効な道具となるのです。

4. 地域マネジメントの進め方

　地域における様々な取り組みにおいて、必ずと言ってよいほど「マネジメント（経営）」の重要性が指摘されています。実際のところ、それがどのような行為を指すのかよく分からず曖昧なまま語られるケースが少なくありません。そもそも、地域のマネジメントと企業のマネジメントは、まったく異質のものと言えます。

　そこで、地域マネジメントの進め方についてのイメージを共有したいと思います。

　図 25・3 は、地域のビジョンに向かって、多様な人や組織と個別に KPI（重要業績評価指標）を共有し、それらを達成しながら最終的なゴールに掲げる KGI（重要目標達成指標）を達成するまでのイメージを表したものです。ここで重要なのは、DMO や TMO/BID が業務のすべてを担うのではなく、地域の商工会議所（商工会）や農協、まちづくりグループ、行政や議会などと共に、個々の機関のやりたいことと DMO や TMO/BID のやりたいことの相利を開発しながら、5 年から 10 年の単位でプロジェクトを進めていくというイメージです。

　DMO や TMO/BID における責任者、特に有能な人ほど、まちづくりの

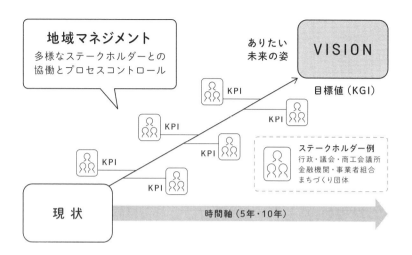

マネジメントを自分（自らの組織）の力でやろうと考えがちですが、そのやり方には限界があります。サンフランシスコ市の DMO の責任者やロンドン郊外の BID の CEO は、「自分はロビィストだ」と表明します。この場合、「ロビィスト」とは、単に政治に働きかけるだけでなく、プロジェクトにおける様々な関係者との協力関係の構築を担う役割を意味しています。このような広い協力関係を作っていくことこそがリーダーの役割なのです。よく言われる「一人の百歩よりも十人の十歩、百人の一歩」の進め方を採用するのが、人々のやりたいことが実現する地域づくりにおいて必要なアプローチなのです。これはまさに協力のテクノロジーの手法だと言うことができるでしょう。

（第 26 章）地域マネジメントに携わる時に知っておきたいこと

1. 地域に変化を生み出す制度的・非制度的アプローチ

　ここで、地域において新しい取り組みを始める際に知っておいたほうが良

いことや注意点をいくつか挙げておきしょう。

　地域に何らかの変化を生み出す取り組みのなかには、制度的な取り組みと非制度的な取り組みがあります。国における制度的な取り組みで言えば、地方に資金を配分するため交付金や補助金などの制度を作り、事業者が活動しやすいよう規制の緩和や制度の創設・改正などを行います。それによって国からの資金を受ける自治体は、計画を作って実施し、企業は規制が緩和されて障壁が下がれば、新たな投資を行うなど経済原則に則った活動を進めていきます。

　地域レベルにおいても、制度的な取り組みと非制度的な取り組みの両方があります。景観を守るために景観法に基づく条例を定めることや、観光振興財源を確保するために宿泊税を導入するなどが制度的な取り組みです。また、住民参加の仕組を定めた住民まちづくり条例の制定なども制度的な取り組みと言えるでしょう。これら制度的な取り組みは、強制力を持つことも一つの特徴で、フリーライダーをなくすことができるなどの力が発生します。

　一方、強制力が働かない非制度的な取り組みとしては、経済原則に則って民間企業がビジネスを展開するのはもちろんのこと、経済原則によらない取り組みもあります。たとえば、ナッジ（Nudge）と呼ばれ、看板や標識などの表示を工夫することで人々に行動変容を促したり、繁忙期に比較的すいているエリアの情報を流して人を誘導するなど、強制力を使うのではなく、経済原則でもない方法で変化を生み出していくことができます。

　地域マネジメントにおいては、このような強制力を持つ制度的な取り組みと、強制力の働かない非制度的な取り組みの両方に関与することが必要となります。地方創生において、民間マインドを持つ人たちのなかには、「非制度的」で「経済原則」を活用する取り組みが、経済的リスクはあるものの面倒が少なくスピード感もあるので適切なアプローチだと考える傾向が強いように思われます。しかし、この協力のテクノロジーを活用することで、民間の立場においても「非経済原則」を活用したり、「制度的」な取り組みへのアプローチについても可能性があることが理解できるのではないでしょうか（図 26・1）。

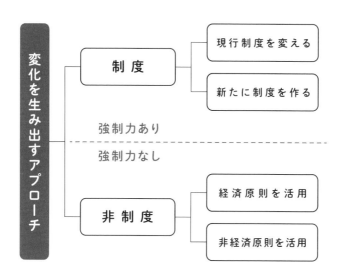

【図 26・1　地域に変化を生み出すアプローチ】

2. 「力の構造」と「意思決定メカニズム」を理解する

　地方創生の取り組みが始まって以降、政府のみならず大企業から中小企業、および個人においても「地方（地域）」への関心が高まっています。協力のテクノロジーを道具として活用し、地域で活動を展開するにあたり、頭に入れておくべき重要なことを共有しておきたいと思います。

　地域では、様々な人や組織がそれぞれの意図や思い、利害得失に基づき多様な活動を行っています。同じ方向に向かって動いている場合もあれば、まったく異なる方向に向かう人がいたり組織が対立している場面も少なくありません。そこには協調や協働、対立や闘争などを見ることができます。

　多様な意図や利害が錯綜する地域においても、人々の合意を取り付け物事を前に進めていく正統性を持った仕組みは存在しています。合意形成の仕組みがルール化され人々の同意を得ている最たるものが議会と行政です。一方、地域には明文化されておらず、暗黙の了解のもと同意が得られている慣習や地域独自の風習といったものもあります。このように、目に見えるもの、まったく目に見えないもの、よほど目を凝らさないと見えてこないものなど複雑な要因が絡み合うなかで、人や組織が動いているのが実際の地域の姿と言えるでしょう。

そのような地域において、人々とともに何らかの新たな活動を進めていくためには、少なくともその地域における「力の構造 (Power Structure)」と「意思決定の仕組み (Decision processes)」を把握することが重要となってきます。

　その「力の構造」と「意思決定の仕組み」について、企業における営業活動を例に考えてみましょう。

　情報系企業A社が大手企業のB社に情報システムを販売するケースで考えます。A社の担当者は、自社が開発したシステムをB社に購入してもらうためには、B社内で、誰がどのように意思決定を行っているのかを知ることが必要となります。担当係長の決済で済む話なのか、課長や部長の決済が必要なのか、もしくは営業担当役員が役員会で決済をとらなくてはならないものなのか、といったことを把握し、順にその了解を取り付けていくことになります（図26・2）。

　稟議書はどのように回っていき、組織的にどのように承認されていくのか、誰がどの程度の決裁権を持っているのかを理解し、その鍵となる人たちから了解を得ることが必要となります。そして、そうした作業を自分1人でできない場合は、様々なリソースを活用して、その実現に向けて人に動いても

【図26・2　営業先企業における意思決定メカニズムを探る】

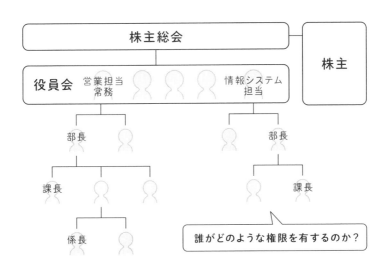

らうこともあるでしょう。自社の役員から声をかけてもらう、自社の株主から適切な人を見つけ出してつないでもらう、B社と付き合いが深い自社の関連会社経由で情報システムの説明をさせてもらうなど、手持ちのリソースを総動員してキーパーソンを説得していきます。外部の協力を得る時、もっとも重要なのが、その協力者へのメリット（利益）を作ることです。まさに相利の開発が必要となるわけです。

　こうした企業の営業活動における取り組みは、地域における様々な取り組みと共通する点が少なくありません。地域における「力の構造」と「意思決定の仕組み」についてしっかり理解すること、言い替えれば、どのボタンを押すとどのランプが灯るのかを理解することが不可欠なのです。これが良く分かっておらず、闇雲に不適切なボタンを押しまくっていると、どこにもランプが灯らず、時にボタンを押し続けたあなた自身が、ボタンを押す権利を失いかねないこともあり得ます（図26・3）。

　この力の構造と意思決定メカニズムを把握するためには、経験から学ぶとともに、多くの人から「話を聞く」ということがとても大切な手段となるでしょう。そして、テレビドラマなどで登場人物の人間関係が図式化された一

【図26・3　地域における意思決定メカニズムを探る】

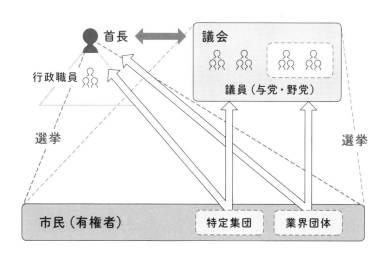

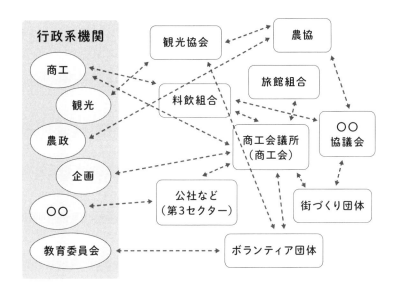

【図26・4　地域を俯瞰する（相関関係を把握する）】

覧図が番組ホームページなどに掲載されていますが、それと同じような相関図（図26・4）を描いて眺めてみるのも頭の整理に有効です。

3. 地域で活動をするなかで常に注意すること

　このように地域のなかのパワー構造を理解するとともに、様々なパワーを有する人たちと活動を進めていくなかで、常に頭に入れておきたいことがいくつかあります。

　まず理解しておくべきことは、物事を決めるのはすべて「人」である、ということと、その人には、少なからず「好き嫌い」がある、ということです。当たり前の話ですが、それが第一の前提となります。

　次に、地域に何らかの変化を生み出そうとすると、その変化に抵抗する人が必ずいるのが当然と考えておきましょう。高齢化が進む地方においては、中高齢者が地域におけるパワー構造の中核を担っている場合が多く、60代でも若い部類に入るという地域も少なくありません。そして、洋の東西を問わず、年寄りは頭が固いとか、過去の経験に縛られて新しい物事を受け入れようとしない、などと指摘されますが、それは人間の一種の特性なのかもし

れません。

　人というのは、慣れ親しんだ習慣を手放すには膨大なエネルギーを必要とし、新たな環境に適応するには痛みが伴い、過去との決別は大きな喪失感を伴うということを理解しておきたいものです。これは年齢・性別を問いません。

　人と人が共により良く暮らしていくために求められるもののなかでコミュニケーション能力が重要と言われますが、そのベースに、こうした人間理解を置くことが大切です。口でなんと言っていようが、その態度やノンバーバルな側面から、人は人を見抜くものです。年配者を地域社会の敵と位置づけ、対決すればするほど後ろ向きのエネルギーに支配され、良い変化を生まないかもれません。変化を受け入れない人々のなかにも接点を設けておくことは変化を進めていくうえで不可欠な要件です。人や組織と対立することが不可避なこともあるでしょうが、多様な考え方の存在を認めることを前提に、敵であっても人としての尊厳を守りながら、上手に変化を進めていくことが大切なのです。

　また、地域で活動している様々な人の背景や立ち位置を理解することも重要です。

　たとえば、首長は住民に選挙で選ばれた自治体のトップですが、当然のことながら首長の意向がすべて通るわけでもありません。地域内に限らず、行政のなかにも首長の方針に反対するグループが存在することもあります。時として信条と異なるステークホルダーの力が必要となり、従来の方針を撤回する必要に迫られ、苦渋の決断を下さなくてはならない場合もあるのです。つまり、首長にかかわらず、何らかのパワーを有する人には、その力の源泉として数多くのステークホルダーが存在しており、それら人や組織の利害を調整しながら自治体や地域の舵取りを担っているわけです。よって、地域においては、そうしたパワーを有する人と接する際は、その動機や背景を見極めながら、その人の言動を読み解いていくことが重要となります。

　最後に、人というのは多様な側面を持っています。地位や役職といった社会的な「役割」を演じているとともに、個人的な経験や学習に基づく物事の考え方（信念）といった人格にかかわる部分の両方を使い分けて生きています。たとえば、あなたが地域のなかで個人的な攻撃を受けたとしても、それが人

格否定でないケースは少なくありません。しかし、役割に対する批判を人格批判と受け止めてしまうこともありますので、この二つの違いを理解しながら、冷静に状況を俯瞰する目を持ち、自分の心とも上手に付き合っていくことが必要と言えるでしょう。

多様性に溢れる地域全体の舵取りを担う地域マネジメントにおいて、協力のテクノロジーは極めて有効な道具と言えます。しかし、協力を構築する相手は道具ではなく人です。人を道具化してはいけないのです。道具であるテクノロジーを利活用するのは人であり、その人に求められるのは、深い人間理解であるということも忘れてはいけない視点となります。

（第 27 章）人々がしたいことを実現する舞台を作る NPO 3.0

1. NPO マネジメントの今日的課題

1998 年に NPO 法が出来て以来、日本で大きな注目を集めた NPO の活動（市民活動）ですが、2010 年代後半から、大きな曲がり角を迎えています。

社会を大きく変えていき、新しい公共の担い手となると期待されたのですが、一部を除き、まだまだ力が弱く、社会変革力が不足しているのです。

一番の問題は、「人」の問題です。多くの NPO が、活動の担い手が増えない、参加者が集まらない、後継者が見つけられないなどの悩みを抱えています。財源不足に悩む団体も多いのですが、それも寄付者や協力者が増えないことに起因しており、結局は人の問題です。

では、日本では、なぜ NPO への参加者が少ないのでしょうか。市民 1 人1 人に公共心が足りないからなのでしょうか。

データを見てみると、そうではないことが分かります。

内閣府の世論調査によると、社会のために役立ちたい人の割合は 1985 年以降、一貫して増え続けています。1985 年には、44%超だった「社会のために役に立ちたい」と答えた人の割合は、2015 年には、66%超になっています。3 人に 2 人は、社会のために役に立ちたいと思っているのです。

一方、では実際にボランティア活動や寄付をしているか、となると、数字は落ちてしまいます。ボランティア活動の参加率は25%前後ですし、寄付者の率もやはり25%前後で、それほど多くありません。NPO活動への参加の意向も、近年減少してきています。阪神淡路大震災直後の朝日新聞の調査（1995年）では、約50%の人がNPO活動に参加したいと答えていたのに対し、内閣府の2013年の調査では、約17%に激減しています。

　つまり、社会貢献したい人は結構いるが、NPO活動への関心は、一時高まったがその後激減し、結果、参加者が減っているという現状なのです。

　公共心がないというより、公共心を上手く社会活動につなげられていない、というのが実際のようです。

　では、なぜこのような状況が生まれているのでしょうか。

　結論から言えば、社会貢献したい市民側と、参加者・協力者を増やしたいNPO側の意識のギャップが、参加を阻害する要因となっています。

　市民側の期待をもう少しデータから見ていきましょう。

　内閣府の世論調査（2005年）では、市民がNPO法人に期待するもののトップ3は、「人と人の新しいつながりを作る」「市民の自立や自主性を高める」「やりがいや能力を発揮する機会を提供する」というものです。市民は、NPO法人に人とのつながりや自主性、能力の発揮の機会などの、自分自身のメリットを期待しています。

　このことがよく分かるのが、「ボランティア活動をして良かったことは何か」という質問に対する別のアンケート結果です。ボランティア活動のメリットのトップ5は、「新しい経験ができた」「友達が増えた（多くの人との出会い）」「社会の役に立てることに喜びを覚えた」「視野が広がり、ものごとの捉え方が変わった」「人に対して思いやりが持てるようになった」というものです。3位に「社会のために役立てた」という回答がありますが、その他の四つは、すべて、自己実現や自己成長に関してメリットがあり、良かったとするものです。

　人々のNPOへの期待は、自己実現の結果として社会貢献の実現、というルートにあるようです。「したいこと」が先にあり、その後に社会貢献がきます。

　一方、NPOの代表や中心スタッフは、自分たちは善いことをしており、

それは誰にとっても自明である、と考えがちです。多くの団体が、自団体の
ミッションや社会的意義の重要さをアピールし、それが重要であるから、参
加や協力すべし、という論理で参加を求めています。言わば、説得の方法の
「公益の方法」、相利開発の「目標価値の共通化」の方法ばかりを使って、協
力者や参加者を募っているのです。そこでは、参加者が何をしたいのか、に
関しては重要視されていません。相利の開発に失敗していると言わざるを得
ないのです。

2. 企業と NPO の境界が不透明に

　参加したい市民と NPO 側の意識のギャップを生む原因は、もう一つあり
ます。

　それは、NPO と企業の境界線が不透明になってきたことです。

　2000 年代に入ると、ソーシャル・ビジネスという新しい手法が注目を集
めます。これは、社会課題の解決をビジネスの手法で行おうというものです。
当初は、NPO が様々な社会課題を解決していくために、マーケティングや
商品開発などの手法を取り入れていこうというのが始まりでした。つまり、
NPO の新しい活動手法という位置づけだったのです。

　それまで、福祉や環境、教育、公共施設の運営などの分野は、受益者から
十分な対価が取りにくい分野とされてきました。しかし、1990 年代後半か
ら、政府が規制緩和を進めるとともに、準市場の整備拡大に力を入れていき
ます。準市場というのは、たとえば介護保険制度のように、政府の資金や法
律をベースに、政府が作る公的市場のことです。2000 年代に入ると、指定
管理者制度、障がい者支援費制度、公共サービス改革法、公共施設等運営権
制度など、多くの準市場を増やすための仕組みが作られていきます。

　このような準市場の発展は、一部の NPO にとっては、活動を発展させる
機会になりました。行政も、NPO との協働を前面に打ち出して、準市場の
担い手として重要視していったものです。

　しかし、2000 年代後半から、状況が大きく変わってきます。企業もソー
シャル・ビジネスを大々的に始めたからです。企業セクターでも、日本は課
題先進国であり、企業が積極的に社会課題の解決に乗り出すことで、日本の
国際的競争優位性を開拓していくべきだ、という主張がされ始めます。政府

も、その論調を捉えて、企業に社会課題解決への取り組みを推奨していきます。さらに、同時期、経営学者のポーターが、CSV（Creating Shared Value：共有価値創造）経営という概念を提案しました。これは、企業が、社会課題の解決を通じて、社会と企業の共有価値を実現していくことで、新しい市場が拓けるとしたものです。

このような背景から、それまでNPOが取り組んできた福祉や環境、まちづくり、教育などの分野に企業が積極的に参入してくるようになります。

これにより、様々な問題がNPOには起こってきます。

まず、NPOは、企業との競合にさらされることになります。福祉や教育、人権擁護といった分野は、人間を対象とする活動であり、効率性だけでは本来評価してはいけない分野です。しかし、準市場においては、もともと効率性を重視していく傾向があったのですが、企業の参入でそれにいっそう拍車がかかっていきます。こうなると、1人1人の個別事情に配慮し、一方で、市民のボランティア参加などを重視する、「効率の悪い」NPOは淘汰されていくことになります。

また、その準市場で持続性を持とうとすると、NPOも効率性や量の拡大に走らざるを得ず、効率の悪いボランティアの参加などは切り捨てていかざるを得なくなっていきます。こうして、NPOはどんどん企業に近づいていきます。

企業とNPOとの境界が分かりにくくなったのです。

2010年代の半ばをすぎると、企業とNPOの違いがますます不透明になっていきます。福祉・環境などといった分野やサービスの内容では、もう区別ができなくなってしまったのです。こうなると、働く人からすれば、社会貢献をしたいのであれば、企業でもNPOでも大差ないとなるわけです。そして、大差ないなら、分かりやすい企業で社会課題解決に取り組むほうが魅力的である、と働き手の志望も変わっていきます。ソーシャル・ビジネスに取り組んできたNPOは一部を除き、担い手が集まりにくくなっていったのです。

こうして、2020年頃には、ソーシャル・ビジネスの担い手はむしろ企業が主役となりました。同時に、NPO独自の存在意義とは何かが、多くのNPO運営者にも分からないという状況が生まれてしまったのです。

3. NPO の存在意義は何か

　ここで、NPO とは何か、をもう一度考えてみましょう。

　NPO の定義としてよく挙げられるのが、NPO 研究の国際的指導者であるサラモンが挙げた次の 6 点です。

① 組織としての形式を持っていること

② 民間であり、政府機関でないこと

③ 非営利であること（利益を分配しないこと）

④ 自己決定できること

⑤ 自発的な活動であること

⑥ 公共的な目的のためのものであること

　しかし、これは NPO の統計調査のための定義であって、その存在意義そのものではありません。そこで、この定義から存在意義をさらに掘り下げてみます。

　「自発的な活動であること」は、つまり、自分たちのしたいことをするために存在していることです。そして、そのしたいことは、「公共的な目的」の範囲にあることという制限があります。ただし、何が「公共的な目的」かは、人によって違ってきます。要は、自分の金銭的な利益を目的としていない、という点で多くの企業と違うということです。仲間だけの利益も目的としていないという点で、共益団体とは違うということにもなります。

　しかし、「公共的な目的」だけでは、企業でも鉄道や電気事業を行う公益企業もあります。社会課題の解決を目指す社会的企業もあります。これだけでは、企業と違う NPO 独自の存在意義は見えてきません。組織としての形式を持つことや、民間であること、自己決定、自発的活動も、企業でも同じです。

　すると、その独自性は、非営利＝利益を分配しないことにあるのでしょうか？しかし、利益を分配しないだけなら、これも企業との違いが分かりにくくなります。日本の企業の約 7 割は赤字経営を続けているとも言われています。利益を分配していない企業は実は結構あるのです。最近は、非営利型株式会社という概念も生まれてきており、収益を分配しないだけでは、NPO の独自の存在意義を示すことはできません。

　さてここで、重要なのは、「非営利」の意味です。実は、非営利は三つの

要素から成り立っています。第一が、「上がった利益を構成員に分配しない」という「利益の非分配」です。第二が「解散時に残余財産（残った資産）を構成員や特定の者に分配しない」という「残余財産の非分配」です。そして、第三が「団体資産の持ち分がない」というものです。これは「総有」と呼ばれ、団体の資産に対して、構成員が分割して請求権を持たないことを指しています。株式会社は株主の持ち物であり、私有が原則です。組合などの共益団体の財産は、構成員全員の持ち物であり、解散時の財産の持ち分に基づく分割請求が可能であり、これを共有（もしくは合有）と言います。一方、NPOには、分割請求権を持つ所有者はおらず、団体財産はその NPO の目的に結びつけられているのです。多くの NPO が定款で「解散時の資産は、類似の目的の団体に譲渡する」としているのは、この総有形態ゆえです。

　同時に、この総有という形式ゆえ、組織マネジメントにおいて、所有権に基づく意思決定権者がいないことになります。つまり、目的達成のために、構成員の合意による意思決定を重視する組織形態となっているわけです。

　問題は、なぜこのような組織形態が必要とされたか、にあります。私的所有に基づき、個々人の利益追求を実現する株式会社という仕組みは、交換の力を結集しやすいように出来ています。軍隊や警察といった武力を独占する国家は、統治の力のための組織であると言えるでしょう。そして、組合などの共益団体は、共有資産を形成し、お互いの助け合いを強化していくためにあり、互恵の力を結集できるようになっています。

　これらに比べると、NPO は、非分配を特徴としており、私益（交換の基盤）や共益（互恵の基盤）の追求を禁じています。また、総有形式で団体財産を目的のために紐づけています。そして、目的を達成するために、構成員の合意をベースとしています。つまり、人々がそれぞれのしたいことを持ち寄り合意して共有目的を作り、その実現のためにそれぞれが力を出し合えるように組織形態が作られているわけです。結果として、この組織形態は、協力の力を結集できるものとなっているのです。

　NPO の存在意義とは、つまるところ、人々が世界のためにしたいこと（公共的な目的）を実現するために、協力を組み立てやすくすることにあります。NPO とは「協力のための装置」なのです。そして、NPO の仕事とは、個々人の多様なしたいこと（希望）を、世界をより良く変える活動に変換するこ

とにあるのです。

4. NPO の従来の活動モデルとその限界

　今日、NPO が直面している様々な困難の多くは、NPO が自身の存在意義、つまり「個々人のしたいことを追求することを促進し、それをより良い世界を実現する活動に変換するための協力の装置」であることを理解していないことに起因しています。

　しかし、その存在意義を理解するだけでは、十分ではありません。その装置を、今日的な方法でどう活用できるか、をさらに知る必要があります。

　ここで、少し、NPO の活動モデルとはどのようなものか、見てみることにしましょう（図 27・1）。

　NPO の活動モデルとして、一番分かりやすいモデルはメンバーシップモデル（会員モデル）です[注42]。何らかの目的のもとに人々が集まり、会員として自ら活動に当たる、会員主体のモデルです。協力 1.0 を基盤とした組織だと言えます。この本で NPO 1.0 と呼ぶタイプです。

　このモデルは、日本でも昔からある伝統的モデルで、市民参加型の多くの団体は、今もこのモデルで活動しています。地域の美化活動をしている団体は、会員が集まって自ら地域の清掃活動を展開します。事務局は、活動の日程を調整したり、活動するための道具や関係機関との調整をしたり、と各会員の活動を支援する役割でしかありません。

　この NPO 1.0 に対して、米国では 1960 年代から、日本では 1990 年代から主流になってきたのがマネジメントモデル（非営利企業モデル）です。マネジ

【図 27・1　NPO のバージョン別によるマネジメント】

NPO 1.0	NPO 2.0	NPO 3.0
同じ目的を持つ仲間を集めて活動を展開。メンバーが活動の主体	NPO の目的に賛同者・協力者を集める。事務局が活動の主体	それぞれのしたいことを実現するために共有する目標と活動を設計。それぞれのしたいことができることで集まる
みんな仲間。目的は同じ。一緒に頑張ろう	私が頑張る。みんなのため。だから手伝って	それぞれの利益のためにこの共有の目標を達成しよう

メントモデルでは、活動の主役が事務局にあります。理事会が事務局を作り、事務局長（CEO）と事務局スタッフが活動に当たります。ボランティアや会員・寄付者は、この事務局をサポートする支援者という役割です。

協力 2.0 のタイプを使うので、これを NPO 2.0 と呼びます。

NPO 1.0 が、ボランティアなど会員が活動の主体であるのに対して、NPO 2.0 は事務局が活動の中心を担います。主体性を発揮するのも、自己実現できるのも、主に事務局です。会員は、株主のように、資源を提供（投資）し、団体の成果を受け取る存在となります。企業の株主・組織・顧客モデルを真似ているので、非営利企業モデルとも言えます。

現在の主流は、この NPO 2.0 のモデルになっています。

この NPO 2.0 のモデルは、専門特化した社会問題解決には向いています。福祉サービスや専門化した国際協力、シンクタンク型のまちづくりなど、サービスの質や専門性が問われる活動の場合、ボランティアでは質の高さや均一性を維持するのは難しく、また、安定性を欠きがちです。こうなると、ボランティアには付随的な作業しか割り振ることしかできません。

さらに、行政との協働などは、活動の成果や効率性が問われるため、ボランティア主体の活動では対応しにくいところがあります。そのため、協働事業では、もっぱら事務局スタッフが活動を担うようになっていきます。

こうして、NPO 2.0 では、ボランティアは補助的で付随的な仕事だけをしてもらう作業員という地位になってしまうのです。これでは、人々がボランティア活動をして自己実現をしたいと思っても、そこに機会を見出しにくくなっていきます。ボランティア希望者が参加を敬遠していくことになっていくのも当然でしょう。

また、外部の関係者に対しても、仕事を手伝ってもらうために「巻き込む」対象とは見ますが、関係者のしたいことには配慮しなくなってしまいます。配慮していては、効率性が落ちてしまうからです。

皮肉なことに、このモデルでは、NPO が社会問題の解決に熱心に取り組めば取り組むほど市民参加が減少していく、という結果に陥っていくのです。

5. 協力 3.0 に基づく NPO 3.0 へ

では、NPO が、本来の存在意義を理解し、多くの人々の協力を拡げてい

こうとした時、どうしたら良いのでしょうか。

　この問題を解決するための新しい活動モデルが、協力 3.0 をベースとする NPO 3.0 です。

　NPO 3.0 においては、NPO のマネジメントが二つのマネジメントから成り立っていることを明確にします。つまり、関係者マネジメントと組織マネジメントです。

　ここで考えていただきたいのですが、NPO が世界をより良くする力は、いったいどこから来るのでしょうか？もし、それが NPO 2.0 モデルのように事務局のパワーから来るのであれば、企業ほど大規模になれるわけもなく、規模のメリットを作れない NPO に優位性はありません。事務局スタッフの数と質が、活動の限界となります。お金の力でも、NPO は企業にはかないません。

　しかし、優れた NPO は、むしろ関係者の力を活かして、事務局や持っている資金の限界を突破していっています。これまでこの本で取り上げた地域猫活動やシーズ、NPO フュージョン長池、フェスティバルズ・エディンバラ等の事例は NPO 3.0 型のマネジメントの実践例だと言えます。

　世界を変えていく NPO の力の源泉は、関係者の協力にあるのです。

　したがって、NPO のマネジメントで、最大のテーマは、いかにして関係者の協力の質と量を向上できるか、つまり関係者マネジメントにあります。決して組織マネジメントがメインのテーマではないのです。にもかかわらず今日の NPO マネジメント論は、企業マネジメントにならって組織マネジメントが中心です。これでは NPO の力は十分発揮されません。

　NPO 3.0 のマネジメントは、主対象が関係者であることを理解しましょう。そして、関係者マネジメントを適切に行うために組織マネジメントがある、と主従関係を明確にしていきましょう。

　次に、この関係者マネジメントは、相利の開発による協力を組み立てることで行っていきます。協力 3.0 に基づく協力構築サイクルを回すことで、この協力関係は組み立てていくことができます。

　相利の開発に主眼を置けば、NPO の目的に関心がなくても、社会貢献に興味がなくても、「自分がしたいことを実現できる舞台がそこにあるから NPO に協力したい」という人や組織を増やすことができます。関係者の協

力を拡げ、その自発性を最大化することで、NPO のパワーは無限に拡大していくことが可能となります。また、様々な専門家や専門機関と協力体制を組むことで、専門性が要求される活動も実施可能となります。

　事務局の仕事は、相利評価表に基づいて、協力を拡げ、目標の最適化を図り、関係者の活動が最大限の力を発揮できるように、プログラムを企画実施し調整していくことになります。そのために、組織マネジメントが必要となるわけです。

　NPO 3.0 における組織マネジメントでは、理事会の役割も変わってきます。今までは、理事会は組織の運営に責任を持つ存在でした。理事の役割は、組織マネジメントに意見を出し、方向性を決めることが仕事でした。

　しかし、関係者マネジメントが主となると、理事会は、関係者と組織をつなぐことで、関係者がより良く活動できるように組織の活動を調整していくことが仕事となります。また、同時に関係者がより良く活動できるように、関係者との相利を構築していく責務も担うようになってきます。NPO 法立法では、シーズの理事は、賛同者を増やし、ロビー活動に各分野の NPO の参加をすすめる役割を担っていました。理事が関係者マネジメントにおける活動のサーバント・リーダーとなってくるわけです。

　地域づくりや環境保護、福祉の充実など、これからの世界をより良く変えていく活動は、多くの市民が当事者として、分散型でその活動を担っていく必要があります。その場合、協力 3.0 の仕組みを使い、それを実現していく NPO 3.0 の方法は、大きな力を発揮していきます。

　これからの新しい時代において、NPO がその役割を十全に発揮していくためには、マネジメント方法の根本的な革新が必要なのです。

（第 **28** 章）企業のパーパス・マネジメントと協力

1. 企業マネジメントの新しいトレンド

　今日、企業マネジメントも大きな変化の時代を迎えています。

2020年、世界のトップ企業のリーダーや政治指導者、研究者などが集まるダボス会議では、21世紀の資本主義の方向性として、「関係者（ステークホルダー）資本主義」という考え方を打ち出しました。

　関係者資本主義とは、株主優先だった20世紀型資本主義（株主資本主義＝シェアホルダー資本主義）を見直し、関係者（従業員、顧客、取引先、地域社会などのステークホルダー）の利益に貢献することを目指す資本主義の在り方です。

　このような関係者資本主義の考えは、20世紀後半からありましたが、21世紀に入ると急速に拡大しています。

　背景には、環境問題や格差問題をはじめとする社会問題の拡大や複雑化があります。それらの問題において、企業責任が問われることが増える一方、問題解決者としての企業への期待も高まってきたことにあります。とりわけ、環境（Environment）、社会（Social）、企業統治（Governance）に関する企業活動を投資の評価指標とするESG投資が、21世紀に入り急速に拡大していることが大きな要因となっています。これは、投資家が環境や社会に有益な活動をしている企業に積極的に投資しようという社会運動です。ESG投資の規模は、2018年には、欧州全体の投資市場の約50％、米国でも25％超、日本でも約18％と、年々増加しており、さらに成長していく見込みです。

　また、SDGsの拡がりで、商品市場も変化しています。地球環境に負荷がかかる商品は、消費者から敬遠される傾向が強まっています。安全や人権、多様性を考慮しない企業統治は、市民社会から大きな批判を受けるようになってきています。逆に、地球環境や社会問題の解決に貢献する企業活動や商品は、売上やブランドイメージの向上につながり、企業のマネジメントにプラスになる事例も増えてきました。

　企業のマネジメント成績を示す事業報告書でも、近年は、売上や利益、資産を示す財務情報だけでなく、環境や地域への貢献、社会との良好な関係といった非財務情報を開示していくことが求められるようになってきています。

　このような状況を受けて、企業マネジメントのノウハウも変化してきています。

　20世紀後半は、企業の構成員を統合していくために、ミッションやビジョンを作ることが頻繁に行われました。それは、企業の従業員や役員のために、企業の追求する価値や意義を明確にし、株主からの評価や従業員のモチ

ベーションを高める手法だったと言えます。しかし、今日、世界の企業がマネジメントの指針とするものは、パーパス（社会的存在意義）へと変化してきています。これは、企業の価値が、単に従業員や株主、顧客から評価されれば良いだけではなく、多くの外部関係者への貢献を明確にし、その評価を得ていかなければならなくなったことへの対応なのです。パーパスというのは、関係者資本主義の時代における企業統治、それも外部の多様な関係者との関係構築のための道具だと言えるでしょう。このような、世界的トレンドは、2008年のリーマンショックの後、徐々に明確になり、2010年代に入ると、世界的に加速しています。

　日本でも、このような世界のトレンドを受けて、市場と企業は大きな変化の時代に突入しつつあります。

　日本で最大の機関投資家であるGPIF（年金積立金管理運用独立行政法人）は、2017年からESG指数を投資の評価方法に採用するようになり、今では160兆円の運用資産のすべてが、ESG指数を考慮した運用となっています。

　トヨタ自動車をはじめとして、日本のトップ企業も、株主や顧客だけでなく、すべての関係者への貢献を企業の行動理念に取り入れ始めています。また、財務指標とともに非財務指標を開示する統合報告書は、2019年には、日本の500を超える大手企業が採用するようになっています。

2. 新しい企業マネジメントが求めるものは

　このような新しい関係者資本主義の時代に、企業マネジメントに求められるものはどのようなことでしょうか。

　関係者資本主義とは、株主や顧客だけでなく、従業員、取引先、地域、社会、環境といった様々な関係者の利益を重視し、それに貢献する資本主義です。企業マネジメントは、それまでの利潤を追求する財務マネジメント（組織マネジメント）から、関係者全体との関わりをマネジメントする関係者マネジメント（関係者マネジメント）へと転換していかざるを得なくなります。

　したがって、これからの企業に求められるのは、顧客への価値創造だけでなく、関係者すべてへの価値創造です。この世界は、様々な異なる利害を持つ関係者が存在する世界であり、その異なる利害関係者のそれぞれの異なる利益を理解し、企業がどう貢献できるかが求められてきているのです。

従来は、企業の価値創造は、顧客と株主に対するものが主でした。顧客への価値創造を担っているのがマーケティング部門で、CMO（Chief Marketing Officer/ 最高マーケティング責任者）の仕事でした。また、株主への価値創造は、財務部門が担当し、それは CFO（Chief Financial Officer/ 最高財務責任者）の仕事でした。

　社会一般への価値創造は、PR（パブリック・リレーション）部門や社会貢献部門が担当していましたが、それらは非主流の部門とされてきました。しかし、これからは、マーケティング部門、財務部門と共に PR 部門が大きな重要性を持つようになり、顧客・株主以外の関係者への価値創造の主役となっていくことが予想されます。欧米では、CCO（Chief Communication Officer/ 最高コミュニケーション責任者）と呼ばれる、外部関係者とのコミュニケーションの統括責任者を経営陣に置く企業も増えてきています。これは、企業でも関係者マネジメントの重要性を示すトレンドだと言えるでしょう。企業マネジメントは、新しい関係構築と価値創造の手法をマスターする必要性に迫られているのです。

　では、具体的にそれはどうすればできるのでしょうか。

　この点を考えるには、2020 年、日本経済新聞が主催する「日経アニュアルリポートアウォード」で最優秀賞を受けた中外製薬の統合報告書が参考になります。中外製薬の統合報告書では、「企業価値の測定方法」というコーナーがあります。そこでは、中外製薬の関係者を 11 に分類し、それぞれにどういう価値を提供しているかを示しています。関係者の分類は、患者、患者の家族、医療関係者、地域、国、規制当局、研究機関、従業員、株主等です。患者には、「薬剤効果・安全性の向上」や「QOL の向上」。地域には、「地域財政改善」や「気候変動対策」「循環型資源利用」。国には、「ヘルスケア産業成長」や「財政収支改善」などの価値を提供しているとしています。

　20 世紀なら、企業がその提供する価値として、「地域財政改善」や「気候変動対策」などを掲げたら、何を血迷ったか、と言われたことでしょう。しかし、今やそれが企業価値の適切な示し方であり、関係者とのより良い関係構築のベスト・プラクティスとなっているのです。

　これからの企業マネジメントは、関係者を分類（セグメント）し、その異なる価値観に対して、どのような貢献ができるかを考え、事業活動として実現

し、適切なコミュニケーションをとることが持続的な企業成長に不可欠な活動となってきます。

　企業ブランドの価値は、これまでは、顧客のみをセグメントして、ターゲティングし、それぞれにどのような価値を提供できるか（ポジショニング）が大きな比重を占めていました。しかし、これからは、顧客以外の関係者も、セグメントし、それぞれにどのような異なる価値を提供できているか、それを伝えられるかが、総合的な企業価値を形成していくことになるのです。

3. パーパス・マネジメントに有益な協力のテクノロジー

　さて、この新しい企業マネジメントの在り方を見て、この本の読者なら、「これは、協力のテクノロジーではないのか？」と思われた方もいると思います。

　答えは「イエス」です。

　協力のテクノロジーは、この世界が異なる価値観・利害関係を持った人々による集合体であることを前提に、関係者をその価値観や役割によって分類し、それぞれに対して目標や活動が提供できる価値を開発し、それを提案することで協力を得ていく技術だと言えます。それが相利の開発です。

　この手法は、企業の新しいマネジメント方法である関係者マネジメントと、目指している方向性が同じなのです。

　これは、偶然の一致ではありません。また、協力のテクノロジーが新しい企業マネジメントの手法から生まれた、ということでもありません。協力のテクノロジーが対応しているのは、21世紀に求められる世界のニーズであり、それへ対応できる技術の提示です。

　この21世紀に求められる世界のニーズとは、利害関心が異なる様々な人や組織が、それぞれの利害関心を大切にしながら、しかし協力して、より良い世界を作っていくことです。この世界のニーズに、企業も、資本主義も同じく対応を迫られているのです。企業が直面しているのは、交換では対応できない人々との関係構築です。つまり、お金で動かせない人々との協力です。

　そのためにパーパス・マネジメントが注目されているわけです。

　パーパスは、この本で言えば一種の世界の利益を謳ったものです。それは、多くの関係者と相利を開発するのには確かに有益です。しかし、パーパスを

作っただけでは相利は生まれません。パーパスのもとにどのような活動を作れるのか。単なる社会貢献を超えて、企業の本業をどうパーパスのもとで多くの関係者の利益創造につなげていけるか。そして、PRを含めて、それら関係者との関係構築をどうやっていけば良いかが、問われているのです。

　この状況は、地域、NPO、自治体、国家も同じだと言えるでしょう。

　このパーパス・マネジメントの課題は、そのまま、自分の目的と関係者の目的、そして人権や環境と言った世界の利益の三者の利益をいかにして同時に追求し、それらのより良い結節点を築くかという、協力のテクノロジーが追求する三項相利のテーマとなります。

　すでに、この本では、協力構築サイクルと相利評価表という二つのフレームワークを使って、いかに相利を開発していくか、について説明してきました。その中で、関係者マネジメントの方法についても説明しました。三項相利の開発マップは、今後の企業のマネジメントにも有益でしょう。

　これからの新しい企業マネジメントに、協力のテクノロジーは大きく貢献できると確信しています。

4. ビジネスやプロジェクトで重要になる相利型マネジメント

　もう一つ、相利を追求し、関係者を拡大していくマネジメント（以下「相利型マネジメント」）は、プロジェクトの実施や、商品の開発・マーケティングでも、これからますます重要になってくることも指摘しておきます。それは、現場レベルでパーパス・マネジメントを実現していく方法でもあります。

　ビジネスにおける事例を見てみましょう。

　ネスレが世界的に販売するチョコレート菓子「キットカット」は、日本でも、大学受験生を中心に、勝負事などで「勝つ」ことを祈願するアイテムとして大人気です。しかし、2000年代初めまで、日本では海外と比べ売上が伸び悩んでいました。

　ネスレ日本では、売上拡大のために、どうすれば認知度を上げられるかの検討や調査を懸命に行いました。

　メインターゲットは高校生です。「キットカット」が掲げているブランドスローガン「Have a break, have a KITKAT.（ハブ・ア・ブレイク、ハブ・ア・キットカット）」から、まず高校生にとってのブレイクは何かが検討されました。調

査をしてみると、高校生にとっての日常のストレスの元は「受験勉強」「恋愛」「交友関係」の三つだということも分かりました。そこで、ネスレ日本では、キットカットのブレイクを「ストレスからの解放」と定義します。しかし、問題は、どうやって具体的に、そのブレイクスルーを実現するかでした。なかなか打開策が見つからなかったと言います。

そんな時、九州の支店長から相談が入ります。「キットカットが受験生の親に『きっと勝つと（=きっと勝つよ）』というゲン担ぎで買われているから、店頭用の販促ツールが欲しい」というものでした。そこで、ネスレ日本では、予備校などの売店にキットカットを置くなどの施策を展開していきました。しかし、予想に反して、まったく売上は伸びません。

ここで、ネスレ日本では、受験生の抱える「問題」にもう一度立ち返ります。受験生の抱えている問題は、ストレスであり、不安です。そこで、そのストレスを和らげ、不安を減らすにはどうすれば良いかという点から再度、受験生の関係者分析が行われました。

この時、いろいろテストをしてみた結果、反響が大きかったのがホテルとタイアップしたPR企画でした。受験生が宿泊するホテルにキットカットを無償配布。受験生が受験会場に向かうときに、フロントスタッフから「試験がんばってね」という一言を添えて、「キットカット」を渡してもらったのです。ホテルからも受験生からも、たいへん好評でした。これが口コミで話題となり、「キットカット」は一大ブームを巻き起こします。2003年のことです。その後売上も急拡大し、4年で利益も5倍以上になったと言います。

受験生からすると、メーカーから商品を無料でもらっても、売らんかな、の販促です。しかし、第三者のホテルからメッセージとともに受験当日に受け取ると、それはしっかりした応援となります。直接メーカーからではなく、第三者（第三項）を経由するのがポイントです。この戦略では、広告や販促ではなく、PR（広報）がより有効性を持ちます。ニュースを作れるからです。一方、ホテルも、受験生を心から応援するホスピタリティあふれるホテルとして評判を高めることができます。ネスレ日本には、受験生からだけでなく、ホテルからも感謝の声が多数寄せられたのでした（表28・1）。

今では300以上のホテルが自主的にキットカットを受験生に贈るまでになっています。相利が確立すれば、相手は自主的に協力してくれるのです。

【表 28・1　キットカットの相利評価表】

関係者	現状（問題）	目的	活動	役割	相利
ネスレ	ターゲットである高校生（受験生）への商品知が低い	キットカットの認知度をあげ、売上を拡大	受験に際してキットカットを渡すことで受験生を応援する	キットカットが受験を応援する商品だというブランディング	キットカットの売上アップ・ブランド構築
受験生	受験にストレスを感じている	受験で力が発揮できる		キットカットを食べて受験をがんばる	少しでもストレスを減らして受験に臨める
ホテル	ホテルの顧客を増やしたい。ホスピタリティを示したい	受験生のお客さんが増える		受験生にキットカットを手渡す	受験生マーケットでのホテルの認知度アップ・顧客拡大

さらに、ネスレ日本では、電車、タクシー、外食産業、大学などとの協働を拡げ、マーケットを拡大していくのに成功しています。

　この事例では、相利を開発すること、関係性を活用すること、第三項（第三者）を立てること、視点を売り手から買い手や関係者に移動すること、広告ではなく広報（PR）を活用することなど、協力のテクノロジーの要点がしっかり使われています。

　このキットカットのマーケティングプロジェクトを推進した石橋昌文氏（ネスレ日本CMO）は、「ビジネスではどうしても自分の商品のメリットをどう訴求するかばかりが追求されがちだ。しかし、相手の利益（メリット）をどうすれば実現できるかを考えていくことが、これからのビジネスには大切になる」と語っています。

　ビジネスのプロジェクトでも、相利型マネジメントは、新しい価値を生み出していけるのです。そして、それは企業のパーパスをリアリティのあるものとしていきます。

第 **29** 章 ┃ ポスト NPM の
自治体マネジメント

1. 自治体マネジメントの今日的問題

21世紀に入り、自治体マネジメントは、問題山積といった状況となっています。

今後、多くの自治体行政で、財政がさらにひっ迫してくると予想されています。社会保障費などの経常的経費は増えていくのに、歳入（収入）の伸びはそう多くは見込めません。新しい政策に使えるお金（政策的経費）は、どんどん減っていく一方です。さらに、少子高齢化と人口減が税収減をもたらし、また、地域の活力を奪っていきます。

一方で、子育て支援や地域活性化、災害への対応等と、住民からの要望は多様化、専門化してきています。コロナ禍のような感染症災害や近年多発している自然災害は、今後もさらに形を変えて続いていくことが考えられます。格差の拡大や雇用不安、拡がる孤立や孤独、在日外国人が増えたことによる社会統合の必要性は、社会問題をいっそう複雑で、対応の難しいものへと変えています。

つまり、問題の基本的な構図は、自治体行政の収入がほぼ伸びる見込みがなく、政策的経費も減少する中で、増加し、複雑化・専門化していく住民ニーズにどうすれば応えていけるのか、にあります。

もっとも、このような状況は、今に始まったことではありません。1990年代からゆっくりと顕在化してきており、そして、今日、そのスピードが加速しているのが実際です。

したがって、政府や自治体行政も今までいろいろな対策を採ってきました。

第一が、地方分権です。2000年に施行された地方分権一括法により、国から自治体に権限と財源を移譲することが本格的にスタートしました。これは、地域のことはできるだけ地域で行うことで、より住民ニーズにあった行政サービスが展開できることを目指したものです。

第二に、それと並行して、政府は、自治体行政の効率をアップさせ、共通

コストを削減するために市町村合併を進めてきました。2000年代には、平成の大合併と呼ばれる合併推進策が展開されます。これにより、1999年3月末に3232あった市町村の数は、2006年4月には1821にまで減少しました。

　さらに、1990年代後半から、政府は、当時欧米で流行していた新しい行政のマネジメント方法である「NPM（New Public Management：新公共マネジメント）」の手法を採用し、自治体にも導入を推奨していきます。これは、行政のマネジメントに、企業の手法を取り入れるものです。行政を一種の企業に見立て、住民を顧客とし、住民の満足度を顧客満足度とみなして、住民ニーズに応えつつ、効率化によって収支のバランスを取っていく戦略と言えるでしょう。

　行政マネジメントに市場原理を取り入れ、不採算部門を縮小し、外部委託を増やし、入札における競争を進めることでサービスの質の向上とコスト削減を実現していこうとしたわけです。

　この時代にPPP/PFI（Public Private Partnership / Private Finance Initia-tive）という言葉も入ってきました。PPPは公民連携とも訳されます。また、行政が開発規制を緩和する代わりに、民間企業が低所得者向けの住宅も開発するといった民間企業との協働も進められ、一方、4節で紹介するセントラルパークの公園管理など、市民協働も各地で深化しました。

　PFIは公共事業に民間の資金とノウハウを入れようとするものです。内閣府によればPFIによって「効率的かつ効果的に公共サービスを提供」し、「事業コストの削減、より質の高い公共サービスの提供を目指す」[注43]としています。

　しかし、市民を自治における協働のパートナーと見るのではなく、行政サービスの顧客とみてしまうと、顧客満足を追求してニーズを深掘りすることが避けられなくなります。住民は永遠に行政のサービスを利用する顧客であり、行政はどんどんサービスを増やして顧客満足度を高めていかなければならなくなっていきます。いくら効率を良くしても社会問題が増えるごとに、新しい満足がいく対応を、新商品開発のように考え続けるということになります。いずれそれは財源的にも人的にも限界がきます。一方、顧客化した住民は、客として満足度を追求し続け、徐々に行政サービスへの不満を大きくしていきます。満足できない体験が重なると、地方自治への関心を失ってい

きます。結果的に地方自治衰退の悪循環を生み出してしまうのです。

　また、NPM では積極的に外部委託を進めます。専門性がある業務を外部委託することは良いのですが、透明性と市民協働・市民参加による運営がないと住民の利益を損なう危険性があります。さらに外部委託では、ノウハウが外部に出ていってしまいがちになり、行政には適切な管理をする能力が残らなくなることもあります。その結果、むしろ無駄遣いが増え、効率性が悪くなっていくことが海外では問題になっています。

　さらに、コストをカットし、採算が取れない部門を縮小した結果、医療や保健、福祉、災害対策などといった、私たちの生活にとって不可欠なサービス（エッセンシャル・サービス）が大きく弱体化してしまいました。このことが、たび重なる災害に対して、十分対応ができない状況を生んでしまったのです。

2. 自治体マネジメントの考え方を見直そう

　では、どうしたら良いのでしょうか。

　行政にお金はないのです。コストカットと効率化以外に方策はあるのでしょうか。

　ここで重要なことは、自治体マネジメントの考え方について見直してみることです。

　そもそも「自治体マネジメント」とは何なのでしょうか。

　実は、自治体には、常に二つの意味があります。一つは、都道府県や市区町村という地域とそこの住民を指す場合であり、もう一つは、県庁や市役所、役場などと呼ばれる行政組織（自治体行政）を指す場合です[注44]。これが、紛らわしいために、しばしば混乱が起こります。たとえば、市の財政が危機にある、と言っても、別に市民それぞれの財産が危機にあるわけではありません。これは、市行政の財政がパンク寸前だと言っているにすぎません。一方で、市の幸福度が低い、という場合は、市民の幸福度を指していて、市行政の職員の幸福度を指しているわけではありません。

　このような紛らわしさを避けるために、ここでは、都道府県や市区町村の地域住民全体のマネジメントを指す場合を、「住民自治マネジメント」、自治体行政の組織マネジメント指す場合を「行政マネジメント」と分けておきます。すると、自治体マネジメントは、住民自治マネジメントと行政マネジメ

【図 29・1　自治体マネジメントの二つの構造】

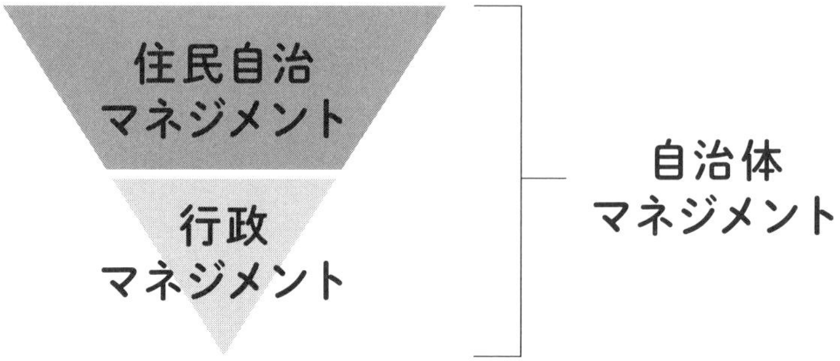

ントという二つのマネジメントから成り立っていることがはっきりします（図 29・1）。

　自治体において、行政の歳入や歳出をどう運営していくか、自治体行政の資産をどう管理していくか、国の事務をどう実施するかは、行政マネジメントの課題となります。一方、住民の幸福度の向上や地域活性化などは住民自治マネジメントの課題です。

　さて、いったん、このように分けた時、この二つのマネジメントの関係をどのようなモデルで捉えるかは、自治体マネジメントにおける大きなテーマとなってきます。

　たとえば、住民を顧客と捉え、行政をサービス提供事業者と捉える NPM の企業モデルを採用すると、首長は社長であり、選挙は市場における顧客評価の現れとみなされます。こうなってくると、住民自治マネジメントの概念はほとんどなくなってしまいます。企業でも顧客をマネジメントするとは言いません。あるのは、組織マネジメントだけです。すなわち、地方自治も、行政マネジメントだけとなっていきます。そして、顧客相手に使えるのは、統治と交換の力であり、協力や互恵の力は使いにくくなっていきます。住民の主体的な力も発揮されません。このモデルは地方自治・住民自治の視点からは大いに問題があるのです。

　では、これからは、どのようなモデルを考えたら良いのでしょうか。ポイントは四つあります。

　第一に、自治体行政の責務は、住民の幸福を実現することにあります。つ

まり、住民自治マネジメントのためにあります。行政を黒字化するためにあるわけではありません。行政が財政悪化すると、住民サービスが減少劣化し、住民の幸福の実現が危うくなるので回避しなければならないのは、その通りです。それでも中心テーマは住民自治マネジメントにあります。つまり、二つのマネジメントにおいて、住民自治マネジメントが適切にできるような行政マネジメントが求められます。

　第二に、住民自治マネジメントの主役は、行政ではありません。住民は自治の主体であり、住民自治マネジメントは住民自身が地域で様々な幸福追求としての自治活動を展開できるようにしていくことです。そして、今日、自治を推進する機関は行政だけではありません。地域には、様々な自治の担い手が多数存在しています。町内会や自治会、NPO、TMO、DMO、産業組織、協同組合、商店街組合などです。地縁組織は、特定の地域の自治を推進し、NPO等は特定のテーマにおける自治を推進します。これらの組織が、行政と同じく、今日の自治の担い手です。行政の仕事は、これらの組織の自治を促進し、支援し、コーディネートし、補完することで、住民自治マネジメントが適切に行われるようにしていくことにあります。

　第三に、幸福に関する認識を変えることです。人々の幸福度を上げる要因で重要とされるものは、経済だけでなく健康や自己決定や自己効力感、人々とのより良い関係性などです。NPMでは、住民をサービスの対象とみなして住民満足度を重視しますが、ただサービスを受けるだけでは、自己効力感や人々の関係性は高まりません。むしろ、サービスの消費者となることは、人々の自己効力感や関係性を弱めていくことになってしまいます。

　住民が、様々な組織やネットワークを自ら作り、自分たちで地域を運営していくことのほうが、自己決定や自己効力感を増し、幸福感が高まります。人々の関係も深まります。この点でも、行政の住民自治マネジメントにおける役割が、様々な地域組織（地縁組織やNPO等）を通じて、住民の自治を支援することにあることが分かります。

　第四に、住民が行う地域マネジメントにおいて、相利の開発による協力の仕組み作りが重要なように、行政が参加する住民自治マネジメントにおいても、様々な住民組織の間、住民組織と行政との間の相利の開発による協力が重要になってきます。地域には、異なる利害関係を持つ住民がおり、場合に

よっては相反する利害関係を持つ住民組織があります。その間で、いかに相利を開発し、調整を行い、協力関係を構築できるかが、より良い自治の実現になっていくのです。

3. 世界の自治体マネジメントの新しいトレンド

ここで、世界の行政マネジメントのトレンドに目を転じてみましょう。

2000年代以降、日本ではNPMによる行政マネジメントが主流となってきましたが、世界では、2010年頃から、むしろポストNPMの動きが大きくなってきています。

その背景には、様々な原因があります。格差の拡大や環境問題など、市場原理で解決できない問題が増えてきたこと。むしろ、市場原理がそれらの問題を拡大しているという認識が拡がったこと。2008年のリーマンショックにおいて、経済政策にとっても、行きすぎた市場原理に対する反省が強まったこと。さらに、何より、行政の効率化を進めるとされたNPMがそれほど効率的でもなく、また、利害の異なる多様な住民ニーズを調整していくのに適していないという結果が表れてきたことも、大きな要因です。

実際、NPMの中心的政策手法とされるPPP/PFIの先進国だったイギリスは、2018年、PFI政策が失敗だったと認めて、新規PFIを廃止すると宣言しました[注45]。行政をスリム化した結果、外部委託した企業のコスト管理が十分できず、むしろコスト増になってしまったのです。さらに、委託を受けた企業は利益が出るサービスや購買力のある住民しか相手をしませんから、格差の問題をいっそう拡大してしまいました。NPMの問題点が大きく噴き出していったのです。

1990年代のNPMの先進国とされたニュージーランドは、大きく方向転換をし、今では幸福度指標による政策実施の先進国となっています。

2015年に国連が策定したグローバル目標であるSDGsも、効率性という点に評価基準を置いていません。市場原理中心の解決も目指していません。ここにも、市場原理だけでは公共的な問題は解決しきれない、という理解が増えてきているのです。

では、NPMに代わる公共政策の手法はどのようなものが提案されているのでしょうか。

結論から言うと、参加と協力による自治の強化がキーコンセプトだと言えます。協働またはパートナーシップと言っても良いでしょう。

　行政だけの効率性に代わり、各関係者の自治力を強化し、住民の自発性と満足度を高め、各主体同士の協働により社会問題を解決することがその主眼です。行政マネジメント主軸から、住民自治マネジメント主軸へと、自治体マネジメントが変化していっていると言っても良いでしょう。

　このような自治体マネジメントが、何を目的としているのかについては、次章で述べます。ここでは、新しい自治体マネジメント手法が、増大し、複雑化、多様化していく住民ニーズや社会問題と、縮小していく政策的予算という問題をどう解決していこうとしているか、を見ていきましょう。

　すでに、新しい自治体マネジメント手法は世界各地でいろいろな方法で実施されています。それらは統一的な方法論を持っていませんが、基本となる

【表 29・1　ポスト NPM の行政マネジメント手法】

手法	実施国	概要
NPG （New Public Governance）	スウェーデン等	地域の多様な主体と行政が協力して、多様な地域課題に取り組んでいく協創型の行政マネジメント手法
ユーザーデモクラシー	デンマーク	福祉サービスの受益者と行政が、共同して利用者委員会を作り、費用やサービスの内容を決めていく方式。公共サービスの質の改善と肥大化の抑制を行う
参加型予算	世界各国	自治体の予算配分を住民が一部決定する制度。日本でも一部自治体が採用
ネットワーク型統治	アメリカ	NPO、企業、自治体が、一種のコンソーシアムを結成し、役割分担と協力で公共施設の共同運営を行う
ミュニシパリズム	EU 等	水道、電力などの公共施設を公営化するとともに、地域の市民参加で管理していこうという運動
デジタル民主主義	台湾等	デジタル技術を活用して、市民参加や市民協創で、政策や公的事業を作り運営していく参加型民主主義
SDGs（ローカル SDGs）	国連	すべての国・関係者の参加によるパートナーシップを基盤に、目標達成を目指す

コンセプトは共通しています。

　代表的なものとして、NPG（ニュー・パブリック・ガバナンス）、ユーザーデモクラシー、参加型予算、ネットワーク型統治、ミュニシパリズム（自治体主義）、デジタル民主主義、SDGs（ローカルSDGs）などがあります（表29・1）。

　いずれの手法も、多様な市民や組織が協力者として参加し、それぞれの利益追求をベースに主体的に活動を展開しながら、行政と協働して事業を進めていくことに主眼が置かれています。これは、公共サービスに投入される人々の力の総量を増大させるとともに、主体性を促進することでそれぞれのパフォーマンスを高め、参加者の主体的満足度を実現し、社会問題の解決をより強力に推進していこうとするものです。市場原理ではなく、むしろ協動型の民主主義をベースにしていると言えるでしょう。

　今、世界で起こっているのは、行政資源の限界を超えるために市民パワーという資源を強化することで、市民の幸福や社会問題の解決を達成していく「協治（協働型統治）」手法へのシフトなのです。それは、自治体マネジメントのコンセプトが、市場原理から民主主義へ再転換するとともに、市民は、決定しサービスされるだけの民主主義から、それぞれの利益を追求し協働で実現する民主主義へ発展していくことに他なりません。

4．自治体でも相利型マネジメントが求められる

　このような協治を実現していくために有効なのが、相利を追求する住民自治マネジメント（関係者マネジメント）、つまり相利型マネジメントです。相利型マネジメントは、自治体行政が直面している課題、それは財政的制約が厳しくなる中で、いかにして住民の多様なニーズに応え、地域の幸福度を上げていくことができるのか、に対する一つの回答でもあります。

　ニューヨーク市の事例をみてみましょう。

　ニューヨーク市の中心地区にあるセントラルパークは、日比谷公園の20倍以上の341haの広大な敷地を有する世界でも有数の都市型公園です。公園はニューヨーク市（行政）の所有ですが、管理をしているのはセントラルパーク管理委員会というNPOです。

　観光客が毎年4000万人以上（コロナ・パンデミックの前）訪れ、ニューヨーカーの憩いの場として、とても人気の場所です。

しかし、かつては、セントラルパークは危ない場所と言われていた時期もあったのです。ニューヨーク市は、1970年代に破綻寸前まで財政が悪化します。公共サービスは停滞し、治安がとても悪化しました。当時、市が管理していたセントラルパークも管理が行き届かなくなり、荒廃してしまいます。麻薬や殺人といった犯罪の巣窟となり、薄暗くなったら近寄ってはいけない場所だとされました。日本のある観光ガイドブックでは、一般観光客が極めて注意しなければいけない場所であるとして、地図が赤く塗られていたものもありました。

このような現状を憂いて立ち上がったのが、昔からセントラルパークを利用していたニューヨーク市民です。もともと、セントラルパークを利用して、ガーデニングをしたり、レジャーを自主企画したりする市民グループがありました。それらのグループがセントラルパークの再生を目指して、1980年にセントラルパーク管理委員会というNPOを立ち上げたのです。そして、ボランティアで公園の修復活動を行いながら、寄付金を募り、市に代わって管理費を自主的に調達することを始めたのです。

ニューヨーク市は、セントラルパーク管理委員会とパートナーシップ協定を結び、管理を任せることにしました。セントラルパーク管理委員会は、ボランティアをより広く募集するとともに、精力的に募金活動を展開しました。このようなNPOの活動が成果を上げるとともに、ニューヨーク市の治安も1990年代に入ると回復してきたことから、セントラルパークは市民の憩いの場として復興を果たしていきます。

NPOの活動も発展し、2015年には、公園の維持管理費約60億円のうち、75%をNPOが稼ぎ出しています。そのうち、約70%は寄付で賄われています。また、公園の維持管理には、約8000人の住民ボランティアがあたっています。

ここで重要なのは、このNPOは別にニューヨーク市行政を助けたいから活動を開始したわけではない、ということです。ガーデニングやレジャーなど、自分たちがしたいことを、公園を活用してしたい。だから、自分たちで公園を管理しようと立ち上がったのです。

このパートナーシップによって、市行政は財政を削減しながら、公園の維持管理を行え、住民満足度を向上するとともに、観光客に素晴らしいニュー

ヨーク体験を提供できます。一方、NPO は、自分たちのしたいガーデニングやレジャー活動が展開できます。協定を結ぶことで、市は行政目的に即した公園の維持管理ができ、またボランティアが望ましくない活用をしないようにできます。NPO は、ルールに沿った形で、自由に公園を利活用できます。公園が、NPO の活動によって、市民の自己実現の場となっているのです。

つまり、相利がしっかり確立されるわけです（表 29・2）。

今、日本の多くの自治体で、市民協働が進められていますが、しっかり相利を追求していっているか、と言われれば、なかなかそこまでいっていないというしかありません。また、NPO は市民参加の舞台として、多くの市民の相利を開発し、参加と協力を広めているか、といえば、ここも不十分です。

これまで説明した事例には、相利を追求した優れた協働事例があります。地域猫活動も、NPO フュージョン長池も、フェスティバルズ・エディンバ

【表 29・2　ニューヨーク市セントラルパークにおける相利評価表】

主体	課題	目的	活動	役割	相利
NY 市	公園を管理する資金と人がない	安全な地域づくり。住民満足度の向上。行政経費の削減	市行政と協定を結んだNPOが、お金とボランティアを集めて、公園を管理する	公園管理の委任。費用の一部負担。長期計画の策定。協定を結ぶ	コストを削減しつつ、高いクオリティで公園の維持管理ができる。観光など市の発展に役立つ
NPO・ボランティア	公園が危険地帯となり、ガーデニングやレジャーができない	ガーデニングやレジャーを楽しみたい		公園の管理、資金と人手を集める	公園を活用して、好きなガーデニングやレジャーができる
住民	公園が危険地帯となり、公園を利用できない。治安が悪い	公園で楽しみたい。治安をよくしたい		寄付やボランティアとして参加。公園の適切な利活用	公園で楽しめることによる満足度向上
観光客	安心して観光が楽しめない	安心して都市型公園の素晴らしさを楽しみたい		公園の適切な利用	安全に公園を楽しめることによる満足度向上

ラも、行政とNPOだけの協働ではありません。NPOは、異なる関係者の相利を開発し、多様な市民の自己実現を推進し、市民参加の媒体となっています。そして、それが住民自治を強化し、行政が直面する制約を打ち破っていっています。

協働においては、常に行政、NPO、そして多様な住民の相利を目指しましょう。行政の目的とは別に、住民はしたいことがたくさんあるのです。そのしたいことを大切にしていかなければ、地域は住民にとって価値あるものになりません。

この新しい協働の在り方のなかに、目標を市民自身で決定し、住民自らが実施していく新しい民主主義の形があります。そして、この新しい協働にもとづく住民自治マネジメントを可能にするのが、協力のテクノロジーなのです。

（第 **30** 章）1人1人の幸福のための 国家のマネジメント

1. 変わる世界の国家マネジメント

2010年前後から、世界の国家マネジメントのトレンドは大きく変化しています。

第2次世界大戦後、世界の国家マネジメントの柱は、経済成長（GDPの伸び）と社会保障の充実でした。西側諸国の福祉国家と東側諸国の社会主義国家という二つの国家モデルが、お互いの優位性を示すべく競争を展開していました。統治の方法でも、多党制民主主義と、民主集中制（民主主義的中央集権制）の二つのシステムが大きな競争を展開してきました。

この二つのモデルが重視していた価値観は、経済成長と一種の平等の実現であり、国民全体の生活水準の底上げ（ナショナル・ミニマムの達成）です。

この時代、とりわけ西側諸国では、経済成長と社会保障の充実、そして民主主義と国民の幸福は、一つのつながりを持っていると考えられていました。つまり、国の経済成長が、個々人の所得を増やし、個人の幸福を向上させる。

所得の向上は、国民の中に大きな中間層を形成し、それが自由主義的な思想を強化し、民主主義を発展させる。さらに、経済成長によって生まれた富が、社会保障を充実し、平等と生活の安全を担保していく。それによって、いっそう国民の幸福の実現に寄与する、という図式です。ここにおいては、国家の経済的発展＝国民全体の幸福＝国民個々人の幸福、という暗黙の図式（一種の社会契約）が共有されていたのでした。

しかし、1980年代から90年代にかけて、この二つの国家システムは、それぞれが大きな壁に直面します。経済成長が鈍化し、社会保障の充実と両立が難しくなっていきます。民主主義や民主集中制では、政府が肥大化する一方で、それを是正する方策に乏しく、無駄遣いが多い非効率なシステムと見られるようになります。とりわけ民主集中制では、個人の自由の保障ができなかったことが大きな問題となりました。

結果として、1989年にベルリンの壁が崩壊し、社会主義の国家モデルが、中国などの国を除いて、急速に衰退していきます。一方、西側諸国、とりわけ英米でも、1980年代には福祉国家からの転換が図られていきます。

欧米で、福祉国家に代わって登場したのが、新自由主義と言われる国家マネジメントモデルです。これは、財の生産と分配に関して、市場システムをもっとも効率的で優れたモデルとみなし、行政や共同体をすべて企業的な活動へと転換させていく考え方です。五つの合力の視点で見れば、統治や互恵、協力といった合力の仕組みをすべて交換に置き換えていくトレンドだと言えるでしょう。

新自由主義においては、革新的な企業が成長することで経済成長をもたらし、企業の成長による富の段階的分配（トリクルダウン）で、社会の富の分配をもたらすとされました。拡大する社会保障も、企業によって効率化することで、持続可能になるとされました。市場が、一種の万能の解として扱われるようになったのです。19世紀の夜警国家論とは違い、新自由主義では国家にも積極的役割が与えられました。国家の役割は、企業の成長を支援し、市場を創造し、国民を職業訓練することで、この市場が生み出す富の分配システムに組み入れていくことだとされたのです。これによって、国民の幸福を実現していこうというのが、基本戦略だったと言えます。

この新自由主義が重視していた価値観は効率性です。市場競争によって効

率性（生産性）を高めることが成長を生み出します。効率性を高めるために、競争力の強化が国家マネジメントの目指すべき目標とされたのでした。

しかし、この考え方は、21世紀の10年をすぎた頃には、大きな問題があることが広く認知されるようになってきます。

まず、企業が成長しても、企業が富の分配を積極的に行うことはありません。企業は、さらなる成長を目指して、富の蓄積と再投資をいっそう強化していきます。福祉国家と違い、国家が富の再分配を積極的に行わないため起こってきたのは、世界的な格差の拡大です。格差の拡大は、個人の幸福度にマイナスの影響を及ぼすことが研究では分かっています[注46]。それだけでなく、OECDのレポートでは、経済成長の大きな足かせは格差の拡大である、という研究結果も報告されています[注47]。企業の成長を優先する国家マネジメントモデルは、逆に経済成長を阻害しているのです。

また、企業成長のみに重点を置いた国家マネジメントは、持続性のある社会という視点からも大きな問題があることがはっきりしてきました。経済活動がもたらす温暖化ガスの増加は、環境の激変をもたらし、地球が私たちにとって極めて住みにくい場所となる可能性を高めています。そうなると、国民の幸福は望むべくもありません。

2008年に起こったリーマンショックの影響もあり、世界の国家マネジメントは、2010年代に入ると、新しい方向性を求めるようになってきました。それは、1人1人の個人の幸福に焦点を当て、持続性を重視し、経済、政治、社会、環境などの幸福の実現条件を、バランスを図りながら発展させていこうというモデルです。

2. 新しい国家マネジメントモデルの特徴

この新しい国家マネジメントモデルは、まだ試行錯誤の途中にあって、しっかりしたモデルとはなりきってはいません。しかし、このモデルのために作られた国際的な評価指標を見れば、このモデルがどういう方向性を持っているかが、よく分かります。

現在、このモデルの代表的指標は二つあります。それは、SDGsと幸福度指標です。

SDGsは、「誰1人取り残さない」持続可能で多様性と包摂性のある社会

を実現することを目的とし、2030年までに達成されるべき17のゴールと169のターゲット、進捗状況を測るための232の指標で構成されています。

　幸福度指標は、国連とOECDが、2010年代に始めたものが有名です。これは、GDPに代わる国家マネジメントのための指標を作ることを目的としています。幸福は主観的なものですが、国連とOECDは、幸福を可能にする社会的条件を整備するという前提で、それがどれだけ揃っているか、効果を上げているかを中心に指標化しています。国連とOECDの指標は、経済的な豊かさの他、政治の透明さや市民参加、人々のつながり、生活の豊かさなど、経済以外の指標にも重きを置いているのが特徴となっています。

　さて、SDGsと幸福度指標はそれぞれ別の目標・評価指標ですが、基本的な性格は共通のものがあります。そのポイントを三つ挙げておきましょう。

　第一に、どちらも目標が、1人1人の幸福に置かれていることです。SDGsでは、これを「誰1人取り残さない」という表現で表しています。幸福度指標では、幸福の測定に、たとえば経済なら、1人当たりGDPなど、1人当たりの指標を重視しており、国全体より個人に焦点を当てたものとなっています。20世紀に重視されたのは、GDPに見られるように、国家としての経済的豊かさでした。しかし、格差の拡大を受けて、国家の経済成長が必ずしも、個々人の生活の豊かさにつながらないという反省から、焦点を明確に1人1人の幸福に当ててきているのです。

　第二に、この個々人の幸福を実現するものとして、政治、経済、社会、環境、個人の能力といった多元的な条件を整備していくことを追求していることです。SDGsでは、貧困や飢餓をなくすとした経済面だけでなく、平和や司法へのアクセスといった政治面、健康や教育といった個人面、海や陸の持続可能性という環境面、そして、ジェンダー平等が実現され社会的排除がなく参加も保証されているといった社会面、などの様々な分野の価値の実現が求められています。幸福度指標では、1人当たりのGDP、健康、社会関係、環境の質、透明な統治などが指標の内容です。やはり政治、経済、社会、個人、環境といった多元的条件が幸福度を支える指標として取り上げられているのです。

　第三に、SDGsも幸福度指標も、参加や協力を重視していることが上げられます。SDGsでは、17の目標を達成するために、すべての関係者が役割

を持って参加し、パートナーシップを築いて実行する、としています。この場合の役割は、経済的分業ではなく、社会的分担であり、協力の仕組みを使うことに他なりません。幸福度指標では、市民参加や寛容度を重要な指標としていますが、これは、寄付やボランティアの頻度で計測されます。つまり、協力がどれだけされているかを重視しているわけです。

さて、これらが提起している新しい国家マネジメントモデルの方向性をまとめてみましょう。

20世紀後半の新自由主義の国家マネジメントモデルにおいては、目的は国家の富を増大させることにありました。国家の富の増大が国民の幸福の増大を生み出すというのが大前提です。そのために、取るべき戦略は、企業の競争力を高めることにあります。そして、それを実現するために、国家や共同体を市場化し、競争環境を拡大していこうという戦術を採るわけです。

しかし、21世紀に提案されている新しい国家マネジメントモデルは、これとは違います（表30・1）。

国家の富が、1人1人の幸福と必ずしも結びつかないという経験のうえで、新しいモデルを提案しています。その目的は、1人1人の幸福を実現する、という個人をターゲットにしたものとなっています。戦略は、政治・経済・

【表30・1　国家マネジメント方法の比較】

項目	20世紀型	21世紀型
目標	国富（GDP）拡大	国民1人1人の幸福
キーワード	成長	幸福
対象となる単位	国	個人
価値	経済的価値（効率性）	経済、社会、環境など多元的価値
統治の方法	国が目標を決め、自治体と市民が実施する	多様な主体が役割分担する多元的協治
考え方	交換の仕組みである市場を活性化し、経済が成長すれば、福祉と民主主義が実現できる	協力の仕組みである民主主義を基本に、経済、社会、環境の発展と持続とのバランスをとっていく
マネジメント指標	GDPを中心とする経済指標	幸福度を実現する多元的指標
指標管理	すべてを経済的価値に還元	多元性を重視するダッシュボード型統制

社会・個人・環境の多元的条件を整備していく、というものです。それを、人々の参加と協力を強化することで達成していこう、という戦術が目指されているものです。

つまり、競争を基盤とした社会システムから、協力を基盤とした社会システムへの転換が、今、世界で進められているのです。

これは、経済成長を止めるという方向ではありません。経済成長と環境保全、社会福祉と個人の幸福というそれぞれの価値を調整しつつ共に実現していこうというものです。協力のテクノロジー的に言えば、相利の追求が、この戦略の中核をなしているわけです。

3. 日本の国家マネジメントモデルの問題

このような世界のトレンドに対して、日本の国家マネジメントモデルはどうなっているのでしょうか。

現状を幸福度指標で見てみましょう。日本の幸福度は、国連の幸福度指標では、2012 年の測定開始から低落傾向にあります。世界 149 の国と地域の比較では、日本は 2012 年の 44 位から、2021 年は 56 位に落ちています。先進国の中では、最低クラスと言ってよい順位です。OECD の幸福度指標では、国別のランキングは発表されていませんが、各指標を総合すると、OECD の調査対象となっている 40 か国の平均より下で、25 位という成績となります。やはり主要先進国の中では最低クラスなのです。そして、これも年々ランキングを落としていく傾向にあります。

なぜこのように低いのでしょうか。そして、なぜランキングを落とし続けているのでしょうか。まず、GDP は世界第三位なのですが、1 人当たりGDP に直すと 24 位と決して高くないことが分かります。そして、国連の指標では、社会の寛容さや社会的支援、人生選択の自由度が低いことが、全体のランキングの低さを招いていることが分かります。

OECD の指標でも、日本の評価が低い原因は、住居の狭さ、頼りになる知人の少なさ、市民参加の低さ、健康不安、生活の満足度、ワークライフバランスの状態など、経済的な問題ではなく、個人や社会の問題に起因していることが分かります。

一方で、日本政府の国家マネジメントの方針は、毎年 6 月に政府が決定

する「経済財政運営と改革の基本方針」に示されますが、タイトルからしても、経済的価値が最優先されています。

　つまり、日本は、国家マネジメントのモデルとして、新しい世界的トレンドに対応できておらず、20世紀型のシステムのまま、国としての経済成長を追求し、そのために、国民1人1人の幸福が実現できないでいるという状況なのです。そして、20世紀型の思考そのままで、国全体の経済成長が、国民の幸福を実現するルートだと考えているのです。

　しかし、この国家マネジメントモデルは、皮肉な結果しかもたらしていません。

　日本は、これだけ経済成長を追求しているのに、先進国の中で経済成長率は最低クラスですし、国民の1人当たり所得は、1998年をピークに減り続けています。そして、格差が拡大しています。

　OECDの調査では、経済成長の最大の足かせは格差の拡大であるとされています。つまり、競争環境を強化して、社会保障を削減し、経済成長を目指すことは、逆に経済成長を妨げてしまうのです。

　また、協力や互恵がもたらす人々のつながりを「社会関係資本」と言いますが、この社会関係資本は、経済成長にプラスの相関関係があるとされています。

　一方で、競争環境の強化は、協力や互恵を崩し、社会関係資本を弱体化させていきます。結果、経済成長も達成できないことになります。現に2000年代から、日本は、国家を企業的な仕組みに変え、社会での競争を強化し、企業の競争力を高めようとしてきましたが、多くが裏目に出ています。社会関係資本も減少しており、個人の社会参加の意欲も落ちています。協力ができない状況は、心理的安全性をむしばみ、企業の創造力の発展を阻害しています。結果として、企業の競争力は低下し、経済成長率も鈍化していっています。なんとも皮肉なこととしか言いようがありません。

　国連やOECDが主導する国家モデルはすでに次の時代を目指しています。それは、経済、政治、社会、環境、個人のそれぞれの持続性と可能性を高めるための資本整備が、決してトレードオフではなく、むしろ相利的な関係がある、という前提のもと、それらを同時に追求していくモデルです。それらを同時的に追求していくことが、むしろ、全体として個人の幸せを実現でき

るという理解があります。そして、そのためには、競争より、協力が必要とされているのです。

4. 求められるのは相利追求のダッシュボード型マネジメント

では、これから日本はどのような国家マネジメントモデルに変えていけば良いのでしょうか。

ここで、もう一度、幸福度の考え方に戻ってみましょう。すでに述べましたが、人々の幸福度を向上させるためには、経済的豊かさや健康だけでなく、社会的つながり、社会への参加、自己決定、格差の縮小など、多様で多元的な要件が必要であるということが分かっています。

また、集団的な利益だけではなく、1人1人の幸福を実現していくことも追求していかなくてはなりません。

つまり、多くの異なる価値指標を併存させ、その調整を取りながら、それぞれの価値を実現できるようなマネジメントモデルが必要となってきているのです。自動車の運転席で、速度メーターやガソリンの残量、燃費やエンジンの回転数などの多様な指標を管理する計器類をダッシュボードと言いますが、このような複数の指標を一覧しながら国家や組織を運営していく仕組みは、それに例えてダッシュボード型経営と呼ばれます。

OECD は、幸福度を向上させる諸要件をダッシュボードで評価していますし、幸福度の向上を国家目標に掲げているニュージーランドでは、OECDの指標をベースに独自のダッシュボードを作成し、すでにそれをもとに国家の予算編成を行っています。

企業経営も、ダッシュボード型経営の時代に入っています。従来は、企業成績は経済的価値を表現する損益計算書と貸借対照表で測定していました。しかし、今日、ESG 投資は、それに加えて、環境や社会への貢献、企業統治などの多元的な指標を用いて企業価値を評価しています。企業の業績報告書の新しい在り方である統合報告書も、経済的価値だけでなく、社会関係や自然の保全、職員の能力などの多元的価値で、企業価値を評価しています。これもダッシュボード型経営へのシフトです。

SDGs も、その評価は多元的な指標とそれを評価する SDGs ダッシュボードで行っています。

21世紀には、おおよそほとんどの組織マネジメントが、多元的な指標に基づくダッシュボード型経営に移行していくでしょう。

　そのことを踏まえると、日本も、重要な価値指標を明確にし、ダッシュボード型国家マネジメントに早急に移行していく必要があります。今は、まだ経済成長が優先されています。多様な指標も作られていますが、統合的なダッシュボードは作られていません。

　そして、このダッシュボード型国家マネジメントを上手く実現していくために必要なのが、相利主義の採用です。経済的発展を追求する企業と、環境保護を重視する環境団体、そして、地域の豊かさを実現したい自治体とでは、それぞれ求めるものが違います。この異なるしたいことを、それぞれに実現させる道を探るのが相利主義です。これは、最大多数の最大幸福を求める功利主義とは違うアプローチです。

　私たちは、それぞれが異なる価値観を持っており、多元的な社会に暮らしています。そして、今日の社会に求められるのは、この多元的な価値のそれぞれを尊重しながら上手く調整し、発展させていくことです。それが、社会全体の持続性と個人の幸福を実現します。これが、ダッシュボード型経営の中心にある理念です。そのためには、それぞれの異なる価値をバラバラに追求していったのでは、効率が極めて悪くなってしまいます。異なる価値を同時に実現していく方法が求められるのです。

　これは、それぞれのしたいことを一つの協力によって追求する相利型協力そのものだと言えるでしょう。ダッシュボード型マネジメントには、相利評価表に基づく相利型マネジメントが必要なのです。

　個々の施策を相利の実現から検証し、その有益性を測ることを、相利評価における「相利性テスト」と呼びます。ダッシュボード型マネジメントは、すべての施策を相利性テストで評価していくことで可能となります。

　国民1人1人の幸福を追求し、同時に集団としての利益も追求する。マジョリティの利益とマイノリティの利益の双方が成り立つ施策を検討する。日本の新しい国家システムを、このような協力をベースとし、相利（三項相利）の実現を基軸としたマネジメントモデルに変えていくこと。それが、21世紀の新しい日本社会の豊かさを達成していくものとなるのです。

終章　あなたが世界を変えたいと思ったら

1. 世界が直面する問題と協力のテクノロジー

　今日、私たちは、多くの複雑な問題に直面しています。

　合力が世界を作っているという本書の視点からすると、それらは力の統制とバランスが上手く取れていないことに一つの要因があります。

　たとえば、拡大する経済格差や環境危機は、行きすぎた資本主義がもたらしているとされますが、これは交換の力が上手く制御されていないことに起因します。

　権威主義や排外主義は、統治の力が多様な人々によって管理しきれていないことによります。また、財政危機も、統治において人々の合意形成が上手くいっていない結果です。

　コミュニティの衰退は、互恵の力の衰えですし、一方で、全体主義化する社会主義は、互恵の力が統制を欠いた現れと言えるでしょう。ファシズムの危険性やポピュリズムの弊害は、協力の仕組みである民主政（民主主義に基づく政治）が機能不全に陥ることから生まれてきます。NPO における協力の不全も、多くの市民による参加が上手く機能していない証拠です。これらの問題は、すべて、それぞれの力が、多様な人々の異なる利益を実現するのではなく、特定の人々の利益だけを追求し、他の人々の関与が及ばないことから拡大していっています。そのために、世界のいたるところで分断が拡がり、合力の不全が頻発しています。

　このような問題を是正していくためには、私たちは、五つの力を制御し直し、組み立て直していくことが必要です。その時、役に立つのが協力に基づいた民主主義（democratism）の手法です。民主主義は、力の統制を、その関係者が、それぞれの利益を追求できるように、参加を通じてオープンに調整していこうという思想です。その政治での現れが民主政（Democracy）であったわけです。

　これからは、市場（資本主義）・政府・非営利公益セクターと非営利共益セクターを、民主主義によって運営していくことがいっそう求められてきます。

民主主義的運営とは、その構成員だけでなく、多様な利害関係者が、その目標設定に関与できることであり、その目標設定で生まれる相利をそれぞれが追求できることです。このように、政治だけでなく、様々な組織を、相利を追求しながら民主的協働活動で運営していこうという考え方は、「相利型民主主義」と呼ぶべきものでしょう。

　そして、その相利の追求において求められるのが、最大限に多数の参加と二項相利を求めていく相利主義に他なりません。この相利主義においては、マジョリティの利益とともにマイノリティの利益が、関係者の利益とともに世界の利益が、どれほど配慮されているかが問われます。

　常に、個々の力の統制やその方向性を検討し、施策を講じる場合には、それが民主的な統制を受けているか、また、それが三項相利を最大限追求しているかの相利性テストを、施策を採用する基準としていくわけです。

　とりわけ、今日、持続可能性が大きな世界の利益となっている点を考慮する必要があります。第三項には、持続可能性、そして、将来世代の利益が十分に配慮される必要があるのです。

　このような考え方は、別に新しいものでも、特別なものでもありません。この考え方を実現していくトレンドは、すでに国際的に生まれ、拡大しています。

　資本主義が、株主資本主義から関係者資本主義へ転換しつつあることは、説明した通りです。関係者資本主義は、関係者の利益を配慮する資本主義ですが、その背景には、環境運動や人権運動、ESG投資などの、関係者からの関与（統制）が強まってきていることにあります。関係者資本主義は変化の始まりでしかありません。すでに、民主主義的資本主義（相利型民主的統制を受ける資本主義）への歩みは始まっているのです。

　相利型民主主義は、市民が様々なNPOを作って、それぞれの現場で問題に取り組みながら、それを政策化し、協働で実現していくことで達成できます。これは、従来の代議制民主主義とも直接民主主義とも違う形の提案です。

　このような新しいトレンドは、今、日本でも海外でも広まってきています。市民提案制度や、行政とNPOとの協働事業提案制度、マルチステークホルダープロセス[注48]、参加型予算制度、NPG（ニュー・パブリック・ガバナンス）、SDGsなど、このような相利型民主主義を支える仕組みも、世界中に広まっ

てきています。

　公園や道路、水道などの公共施設を行政と NPO が市民参加型で運営していくという社会的共通資本の市民運営化も進んできています。これも相利型民主主義のトレンドの一つです。

　世界で広がりつつあるデジタル民主主義も、単に政府の仕組みをデジタル化するというだけでなく、デジタル化によって政策の透明性・公開性を増し、市民参加をより容易にし、市民提案と市民協働の政治を実現していくという点で、相利型民主主義を実現する手法だと言えるでしょう。

　私たちの世界は、異なる多様な人々からなる多元的な世界です。多様な価値観が併存し、それぞれが自らの利益の実現を追求して活動しています。それを、政治や宗教や経済的富などの一元的な価値で統合していくのは、もはや無理なのです。

　それらが共存しながら、しかし、共に世界を良くしていけること。そのためには、私たちは協力が生み出す新しい民主主義について、もっと探求していくことが必要なのです。

2. 自由と集団の利益の新しい未来

　もう一つ、新しい民主主義世界を考える時、自由の在り方についても考え直してみる必要があります。

　よくある理解としては、自由とは、自分の好き勝手にものごとを行うことで、私利の追求です。そして、自由を実現するためには、なるべく国家や周囲の人々は、その個人の私利の追求に介入すべきではない、とされます。これが、いわゆる消極的自由と言われる古典的な自由概念です。要は、「ほっといてくれる自由」です。

　しかし、私利を追求していくと、どうしても、他者のしたいことと衝突したり、集団が必要としていることと合わなかったりしてしまいます。自由を追求することは、「わがまま」と言われ、非難されることもしばしばあります。

　自由を追求する側からすれば、自分の自由は、集団の利益とは合わないと感じていることが多いでしょう。集団の利益を重視する立場からすれば、個々人の自由を認めすぎることは、集団の利益を損なうことと同義と見てい

るところもあります。つまり、自由と集団は対立するものと見られてきたのです。

　もちろん、個人の自由が、集団の利益と相反しない、もしくは、相反させない方法というものもいろいろ検討されてきました。有名なのが、最大多数の最大幸福を唱えた功利主義や、全体の利益と個人の利益は一致しており、全体の利益が実現できれば個人の利益も実現できるとする全体主義があります。また、個人の利益には、個人を超えて共通した部分があり、それを実現するのが集団の役割である、とするルソーの一般意思論もあります。

　しかし、今日のように、個々人の異なりが重視され、多元的な価値観・世界観を尊重していこうという考えが拡がっている時代において、全体主義や一般意思による解決を目指すのは無理があります。一方で、功利主義では、多数派を優先し、少数派を切り捨てることにもつながり、今日の世界のトレンド、つまりマイノリティの権利を重視し、「誰1人取り残さない」ことが目標とされ、個々人の幸福を追求していくという方向性には合致しません。

　しかし、改めて考えてみればおかしな話です。これまで見てきたように、私たちの自己決定の能力は、集団に依存しています。私たちがしたいことをするためには、集団が不可欠です。あなたがより自由に何かを実現（自己実現）していきたいと考えれば考えるほど、人々のより多くの協力は不可欠となってきます。つまり、集団は自由の基盤です。自分の自由は他者の協力があって成り立ち、他者の自由はこちらの協力があって促進されます。自由の基礎は協力にあるのです。

　もちろん、自動的に、自己の自由な利益追求が、集団の利益になるわけでもありませんし、その逆も成り立ちません。個々人の自由の追求が、他者の自由を拡張することにつながり、さらに集団の利益を増していくようにするためには、この世界の仕組みをそれが実現できるように設計していくことが必要となります。

　もともと、それを実現する仕組みとして生まれたのが民主主義です。

　民主主義とは、人々のそれぞれの利益の追求を、総体として集団の利益の向上につなげる手法です。そして、民主主義は、共同で策定した「共有の目標」のもとに、市民の主体的政治・社会参加を強化し、その力で集団の力を強めていく協力の仕組みです。ここに効率性を重視する市場との違いがあり

ます。

　民主主義の原型を作ったとされる古典期アテネでは、人々は共通の利益（ポリスの発展）を持っていました。そこでの民主主義はその共通の利益[注49]をどうやって追求するかを決定し、その実現のためにより多くの市民が参加し、主体的に実行することでした。参加した市民には、共通の利益の配分が与えられたのです。18世紀のフランス革命の理念的支柱となったルソーも、この古典的民主主義を引き継ぎました。彼は、人々の共通の利益を一般意思と呼び、人々が本来持っているものと考えました。その実現が民主主義の役割であるとしたのです。

　これらの民主主義は、共通の利益の追求という目標（第三項）があり、それを全員で分担して実現していくという協力の働きに他なりません。協力の仕組みで統治をコントロールしていたのです。この仕組みは、全員参加型で同じ利益を追求する協力 1.0（同利型協力）に該当するので、これを民主主義 1.0と呼んでおきましょう。

　しかし、19世紀以降、共同体が解体していき、個々人の利益の共通性は少しずつ失われていきます。その時、採用されたのは、最大多数の最大幸福を掲げ、多数派の形成で集団の利益を決定する代議制民主主義だったと言えます。また、行政機構の巨大化・専門化も、実施する側と従う側の2極化を拡げていきました。利益の実現のために、主たる活動者とその支持者という構造は、代理者が目標実現を遂行する協力 2.0（代理型協力）の仕組みです。したがって、この形の民主主義を民主主義 2.0と呼ぶことができます。

　しかし、これまでに見たように、これから求められる民主主義は、地域、NPO、企業、自治体、政府などのすべてにおいて、多様な主体の相利を追求し、それを協働で実現していくものにする必要があります。このような民主主義が民主主義 3.0（相利型民主主義）なのです。相利性の実現によって、個人の自由と他者の自由、そして集団全体の力の向上を追求していくことが可能になります。

　他者への配慮に基づいた相利主義が、施策や制度を作る基準となる世界ができれば、そこでの自由の追求は、自然と他者の利益の実現へとつながっていくこととなります。これが、協力する世界における見えざる手となります。そして、このような仕組みを実効性のあるものにするのが、協力のテクノロ

ジーに他なりません。

　改めて、協力のテクノロジーの視点から民主主義を見た時、代議制民主主義は協力 2.0 をベースとした一劇方式だと言えるでしょう。すでに説明したように、この方法では、市民の力が十分強化されません。民主主義を強化しようとしたら、協力 3.0 の仕組みを導入し複劇化していく、つまり、市民が主体的に政策を作り、実現できるルートを強めていく必要があります。それが、協働であったり、参加型予算だったり、NPG（ニューパブリックガバナンス）だったり、デジタル民主主義だったりするわけです。

　再び、19 世紀の思想家トクヴィルの言葉を掲げておきます。

　「民主主義国家においては、結社の科学（the science of association）は母なる科学であり、他のすべての科学の進歩は、この結社の科学の進歩に依存しています。人間社会を支配する法則の中で、他のどの法則よりも決定的で明確と思われるものがあります。それは、人間が文明的であり続けるためには、あるいは文明的になるためには、人々の間で、仲間とつながる技術（the art of associating）を発達させ、人々の平等性が高まるのと同じ割合で完成されなければならないということです」注50。

　この結社の科学、そして、仲間とつながる技術が、この本で扱ってきた協力のテクノロジーです。あなたが世界をより民主的で、より良い場所に変えたいのであれば、協力しあう技術を学ぶ必要があるのです。

3. 考えや利害関心が違う人たちとの協力を大切にしよう

　「もし、私が、世界をより良く変えたいと思ったらどうしたら良いのだろう？」。

　あなたのその問いに答えるために、ここまで書いてきました。

　この本で書いてきたことは、そのようなあなたの「変えたい」を実現するには、やり方がある、ということです。世界を変える方法は、すでにたくさん開発されており、それは誰でも利用ができます。

　そして、その様々な方法の中でも、もっとも重要で、もっとも誰でも使うことができて、そして、効果も実証されているのが、人々の広い協力を築いていくことに他なりません。第 15 章の「場面を見える化する」で説明したように、協力を拡大し、世界を変えていくには、基本となるストーリーがあ

り-ます。つまり、あなたが「したいこと」「解決したい問題」を見つける→協力者を集める→困難に直面する→協力者を増やす→困難を乗り越える→したいことを実現する、というストーリーです。このプロセスでは、「困難に直面する→協力者を増やす→困難を乗り越える」という循環を何回も繰り返すことになるかも知れません。それでも基本パターンは同じです。

「変えたい」を見つけ、仲間探しの旅に出た当初は、たぶん同じ志を持った人々が見つかると思います。しかし、この「困難に直面する→協力者を増やす→困難を乗り越える」という循環を繰り返すうちに、あなたはきっと同じ志を持たない、価値観も違う人たちと多数出会い、その人たちの協力を得ていかなければならなくなるでしょう。

その時、効果を発揮するのが、この協力のテクノロジーであり、協力構築サイクルと相利評価表です。この二つのフレームワークは、考え方も価値観も、問題に対する解決策も違う人たちと、それでもどうやって協力を組み立てていけるかについて解説しています。

カギとなる考え方は、相利の開発です。あなたと他者の関心や価値観が違っても、その両方が実現できる目標や活動を開発することで、相利を実現し、協力を拡げていくことができるのです。

あなたが、世界を変えたいと思った時、それがどんなに身近で小さな世界であろうと、国際的で大きな世界であろうと、なすべきことは同じです。人々の協力を拡大し、それをパワーに世界を変えていくのです。そして、協力を拡げるためには、多様な他者の利益に配慮し、その実現を同時に考えていきましょう。他者も、あなたの目標が相手自身の利益になると理解すれば、そこには自発的な協力が生まれてきます。

私たちは、すでに他者の利益を見つけ出し、それを自分の目標と調整していく方法をたくさん持っています。

この本で紹介したのは、協力のテクノロジーの手法のほんの一部でしかありません。世界には、まだまだたくさんの協力を組み立てる方法が開発され、ストックされています。可能性は、尽きることなくあるのです。

あなたは、もう世界を変えるのにどうしたら良いか分からないと悩む必要はありません。なすべきことは、世界を変える技術を学び、実践し、技能を高めていくことだけなのですから。

【付表　五つの関係性の比較】

関係性／項目	統治	交換	互恵	協力	威信
力	武力	財力	恵力	与力	信力
主な担い手	政府	企業	非営利共益組織	非営利公益組織	宗教団体／科学者コミュニティ
システム	主権国家制	市場	共同体	社会	セクト・学派
セクター	統治セクター	交換セクター	互恵セクター	協力セクター	威信セクター
領域	ガバメント	プライベート	コモン	パブリック	サークル
経済的機能	税と再分配	売買	贈与と返礼	貢献と分配	寄付と分配
所有形態	国有	私有	合有（共有）	総有	非所有
法律	行政法	商法（経済法）	民法	民法	民法
力の分与	分権	分業	入替／交代	分担	代理
財源	税金	対価、資本金、借金	寄付金、助成金、補助金、出資金	寄付金、助成金、負担金	寄付金、助成金
メディア	法律	貨幣	恩義	目的（第三項）	教典・法則（超越性）
価値観	恭順と保護	損得	義理・不義理	公正（正・不正）	真偽
2分法	敵／味方	売り手／買い手	内／外	仲間／非仲間	正しい／間違い
関係	1対多	1対1	1対1（変形）	三項関係	1対多
促進・抑制策	報償を与える／罰を与える	利益が得られるようにする／コストが増えるようにする	リスクが減る／リスクが増える（保障／排除）	したいことに力を貸してもらえる／したいことを邪魔される	正統性を得られる／異端化

1　この本では、「世界」という言葉がよく出てきます。世界は、辞書で引くと、「地球上のすべての地域・国家」という意味と、「自分が認識している人間社会の全体。人の生活する環境」という意味の二つがあります。この本で、「世界」が使われる時には、このうち後者の意味で使っています。「学問の世界」とか「子どもの世界」など、個人が理解しているある全体像を持った環境のことです。その意味では、「半径5mの世界」というように、小さな身の回りの環境も含みます。また、この本では、「世界」と「社会」を使い分けています。社会は、政治・経済・社会というふうに、政治や経済と違う、人々が互恵や協力で作り上げていく空間を指さしています。「地球上のすべての地域・国家」を指す場合は、「国際社会」を使っています。

2　この本では、マネジメントという言葉を、経営、運営と同義で使っています。リーダーシップもマネジメントに含めているので、通例より広い用法となっています。管理と捉える人もいますが、管理というより、目的を立て、その実現のために活動をやりくりしていくという意味合いで使っています。

3　この本で、NPO（Non-Profit Organizations）とは、民間非営利の公益団体で、市民が自発的に設立したものを指しています。NGO（Non-Governmental Organizations）とほぼ同義だと考えてください。法人格の有無や種類は問いません。特定非営利活動法人（NPO法人）、公益法人、社会福祉法人、一般社団・財団法人で公益目的のもの、任意団体のボランティア団体・市民活動団体等を指しています。特定非営利活動法人の場合は、「NPO法人」と表記します。自治会、組合など共益団体は含めていません。

4　この本では、「利益」は経済的・金銭的な利得だけでなく、メリット、幸福、したいことの実現などを含めた広い意味で使っています。

5　トクヴィル『アメリカの民主主義　第2巻』（松原の翻訳による）

6　この本では、「したいこと」と「意図」をほぼ同じ意味で使っています。読みやすいように文脈によって使い分けています。

7　テクノロジーとは、一般に、科学的知見を実用的な目的のために応用する方法論のことです。さらに、ある体系だった知識という意味もあります。この本では、科学的知見（サイエンス部分）と、経験的知見や想像力部分（アート部分）を合わせたものをテクノロジーと呼んでいます。協力に関するサイエンスとアートを合わせて、体系的にまとめたものが、協力のテクノロジーだとお考えください。

8　もちろん、考え方が一致する他者も取り扱います。その場合は、考え方が違うことのバリエーションだとみなしていきます。

9　この道具主義において追求されるのは、絶対確実な知識（真理）ではなく、どうすればできることを増やせられるか、という可能性です。

10　この本における協力に関する知見は、認知心理学者マイケル・トマセロの『ヒトはなぜ協力するのか』（橋彌和秀訳、勁草書房、2013）に多くをよっています。

11　互恵と協力は、共に利他主義的行動を採りますが、内容は違うことも知っておきましょう。互恵による利他は、助け合いによる援助行動です。相手を助けるために自己犠牲を行います。一方、協力による利他は、貢献における自己犠牲です。目的や集団に奉仕しています。結果として相手のために自己犠牲を払うことがありますが、それは目的の達成への貢献としての利他主義なのです。このように利他には2種類あります。

12　この本では、「共有」と「共通」を使い分けています。「共通」は、たとえば「AさんとBさんに共通する意見X」と言った場合、Aさん、Bさんは、その共通する意見Xをそれぞれが持っていることを指しています。Aさんも意

見 X を持っていますし、B さんも持っていま
す。集合的に言えば、重なる部分です。一方、
「A さん、B さんが<u>共有する意見 Y</u>」と言った
場合、A さん、B さんは、必ずしも意見 Y を
持っている必要はありません。それぞれが持
っていなくても、2 人が意見 Y を共有できる
と認めた意見なら OK です。共有は、もとも
との重なりである必要はなく、それぞれが支
持できる第三の地点です。地域猫の事例で言
えば、猫嫌いの人は、野良猫にいなくなって
ほしいと思っています。地域で猫を飼うなど
という考えはもともと持っていません。しか
し、地域猫活動で、野良猫の迷惑が減るなら、
その目標を共有できると考えるわけです。共
有目標と言った場合、それぞれがその目標を
持っていなくても、その目標をともに持つこ
とが可能だと見なしたら、共有目標となりま
す。もちろん、共通目標が共有目標になる場
合もあります。

13 もしあなたがプログラミングをする人で、
オブジェクト指向プログラミングを利用して
いるのであれば、構築物はオブジェクト、設
計図はクラス、役割はプロパティとメソッド、
担い手はデータ、手順はアジャイルやウォー
タホールなど、工具はフレームワークやコン
ピュータなど、力はメッセージ(入力)である
と言えば、もっとイメージが掴めるかもしれ
ません。

14 アマチュア社会人サッカーチームという
と、協力とどう関係があるのかと思われる方
もおられるかもしれません。しかし、アマチ
ュアサッカーの場合、メンバーがチームの勝
利という目標のために役割分担し、その役割
期待やルールを守るのは、誰に命令されたわ
けでも、お金をもらっているからでもありま
せん。また、誰かに借りがあるからとか、リ
ーダーの威信に従いたいからでもないのです。
それぞれのメンバーが、「サッカーで楽しみ
たい」という目標の実現に向けて、相利的に
力を貸しあうわけで、協力の力に基づいたゲ
ームなのです。

15 交換と協力は、どちらも分業／分担の仕
組みを作りますが、内容が違います。交換は、
持つ・持たないによる分業です。経済学では、
市場における分業とも言います。一方、協力
は、全体(目的達成やチーム等)における役割
分担です。サッカーチームにおけるフォワー
ドとゴールキーパーの関係を思い浮かべてい
ただくと分かりやすいでしょう。交換におけ
る分業が、相手との関係から生まれる分業で
あるのに対し、協力の分担は、目的達成のた
めに、メンバーが違う役割を担うことです。
つまり、目的との関係から生まれます。ここ
では、交換による分業を「分業」と、協力によ
る分業を「分担」と分けて呼びます。

16 他にも、行動科学を使ったプロファイリ
ング(顧客プロファイリング)や、ペルソナを
使う手法、ナラティブ・アプローチなどもあ
ります。

17 アメリカの社会学者パーソンズは、集団
を維持させるためには、適応(Adaptation)、
目標達成(Goal attainment)、統合(Integrati-
on)、潜在(Latency)の四つの機能が必要とし
ました。これは一例ですが、集団自体を維持
するために必要なニーズのことです。

18 個人の主観の強さや確かであるという信
念に基づくもので、主観性を大切にしていま
す。哲学ではデカルトの「我思う故に我あり」
という信憑はこの信念の方法の最も強力な形
です。

19 主観を離れた客観的な存在(真理)がある
と考え、それに認識を一致させようという立
場です。プラトンのイデア論、カントの定言
命法、ロールズの正義論などがあります。

20 個々の主観には共通する部分があり、そ
の共通する部分に、目標や認識を基礎づけよ
うとするものです。カントの批判哲学、ルソ
ーの一般意思、フッサールの共同主観、フロ
イトの深層心理などが有名です。

21 ソクラテスの論駁、ホッブズの自然状態、
ポパーの反証可能性などは、この「論理の方
法」の事例です。手続き論として扱うことも

ありますが、ここでは基礎づけ論に整理して
あります。

22 アリストテレスの形相と質料や、ヘーゲ
ルの弁証法、フッサールの現象学的還元・本
質直観、フーコーの知の考古学などは、この
方法を採っています。

23 協力のテクノロジーでは、認識を一致さ
せるための視点(戦略)として、主観でも、客
観でも、普遍でも、共同主観でもなく、俯瞰
を使います。

24 この相利主義は、功利主義と共通すると
ころもあるのですが、違う考え方です。功利
主義は、一般に、四つの特徴があるとされて
います。第一が、結果を価値判断の基準とす
る帰結主義、第二が、結果の中でも幸福を重
視する幸福主義、第三が、最大多数の最大幸
福を求めること(総和主義)、第四が、1人1
人の幸福に関して優先性を認めない公平性で
す。相利主義は、このうち、帰結主義、公平
性については、功利主義と共通しています。
違うのが、2番目の幸福主義と3番目の最大
多数の最大幸福(総和主義)です。幸福主義や
最大多数の最大幸福との違いは、目指すもの
が「三項相利の最大化」にあることです。この
相利とは、お互いの利益(幸福、したいこと)
がそれぞれ実現される「関係」を指しています。
つまり、すべての関係者(三項)の相利性があ
る関係の実現が重視されるのです。また、功
利主義と違い、個々の幸福を変換可能な数字
に変えて、総和することはしません。個々人
の幸福は交換不可能という前提に立ちます。
幸福も、快楽ではなく、したいことができる
ことにあります。さらに、人間の欲求や価値
の多元性を前提としていますので、あるした
いことができなくても、別のしたいことで代
替することも認めていきます。そして、相利
主義が目指すのは、個々の幸福だけでなく、
三項の利益(したいこと)が並立して実現する
関係構築であり、それが可能となるより良き
社会集団です。総和主義ではなく、関係主義
と言うべきものです。

25 この七つの要素は、マイケル・トマセロ
『ヒトはなぜ協力するのか』などを参考に整理
したものです。

26 こども食堂には、ここで取り上げた経済
困窮支援を主目的とするものの他、交流・社
会関係資本形成支援、体験・文化資本形成支
援など、主目的にはいろいろあります。ここ
では、経済困窮支援を主目的としているケー
スを取り上げています。

27 この場合、問題に思っている人が少なく
ても、質的に大きな問題であるということも
あります。とりわけ、世界の利益において、
人権や環境などの視点から問題であるけど、
多くの人が気づいていないという場合もあり
ます。人権や環境などの専門家等の視点を活
用することで、このような問題も扱うことが
できます。

28 立法活動においては、このような多くの
視点による問題を、「立法事実」と言います。
立法するために、その法律が必要であること
を証明する事実のことです。

29 理性と並んで、協力を組み立てていくた
めに使う能力として想像力があります。理性
が、異なる二つの事柄をなんらかの規則や基
準に基づいて関係づける能力だとすれば、想
像力は、異なる二つの事柄を、規則や基準に
基づかないで関係づけていく能力です。また、
理性は、存在するものを明晰に見る能力であ
るとするならば、想像力は、存在しないもの
を見る能力であると言えます。想像力は、創
造力と見なされる時もあり、創造性という大
切な能力をつかさどるものとなります。一方
で、思いつきやフィクション(虚構)と言われ
ることもあり、でたらめで、虚偽を含んでい
て、あてにならない、とされることもある、
扱いにくい能力でもあります。しかし、協力
にとっては、なくてはならない重要な能力で
あるのは間違いありません。想像力を誰でも
使えるようにする技術も開発されてきていま
す。よく言われる発想法などもその一つです。
他にも、社会学的想像力という概念もありま

す。最近は、インターネットのサービス(予測検索等)を利用する方法も考案されています。デザイン手法の他にも、方法はいろいろあるので、ここでは、それらの一部を紹介しておきます(表1)。

30 経営学では、ハブ人材が持つつなぐ働きをストラクチャホールと呼びます。また、民俗学者南方熊楠は、このハブ的存在を「萃点」と呼んでいます。

31 他にも「システム変更による敵対関係の解消」という方法もあります。これは、敵対関係が何かを奪い合っているような場合に有効な方法です。対立する二者がある限られたものを奪い合っている状態は、闘争におけるゼロサム状態ということができます。この場合は、相手を倒さないと、このあるものを奪えないからです。一方、このあるものが非ゼロサムで増やすことができれば、この二者は対立する必要がなくなることもあります。たとえば、ある認可事業について政府が強い規制をしいていて、全国で1件しか認可が下りないような場合、その認可を求めて参入を希望する企業は、他社を打ち倒すべく闘争状態に入るしかありません。このような場合は、権力のゼロサム状態となっていると言えます(社会学者のウェーバーの権力概念がこのよ

うなものです)。一方、この認可が規制緩和というシステム変更により、届け出さえすればいくらでも認可が下りる状態(非ゼロサム)となれば、この二者は闘争する必要はなくなります(社会学者のパーソンズの権力概念はこちらです)。この二つの状態は、システムによって生み出されています。したがって、システムを変更すれば、闘争状態であるものも、非闘争状態に変えることもできます。実際、この手法は、NPO法立法で使いました。政府の強い許可の制限の下にあった非営利公益法人制度だったものを、要件さえ満たせばどんな団体でも認証を受けられるNPO法を作ることで、それまでの公益法人の許認可をめぐる闘争を解消することができたのです。

32 協力構築サイクルは、前半は、協力の組み立てについて説明していますが、後半は組み立てられた協力の運営・拡大について説明しています。

33 「ヒーロー」というと男性を指しているような印象もありますが、ここでは、性別を問わず、その人の主人公としての位置づけを指して「ヒーロー」を使っています。

34 上から命令して人を動かす「支配型リーダーシップ」に対して、サーバント・リーダーシップとは「下から人々の目的達成を助け

【表1　想像力を使うための技術例】

組み合わせる	異なる二つのものを組み合わせてみて、何ができるかを考える方法です
ブレーンストーミング	集団でアイデアを出し合うことによって、お互いの連鎖反応や新しい発想を生み出す方法です
他者視点でみる	他者の視点や価値観で、対象を見てみる方法です。同じものが違って見えてきます
リコメンド機能の活用	インターネット検索にあるリコメンド機能を使って、ある事柄から、関連する事柄を見つけ出す方法です
未来像からみる	ユートピア的未来やディストピア的未来を想像し、そこから現在を見て、何が見えるか想像する方法です
仮定条件法	「もし〜だったら」と仮定を使って異なる世界のあり方を見つける方法です
反事実的条件法	「もし地球に海がなかったら」のように、事実に反する仮定を使って、新しい知見を見つける方法です

る支援型リーダーシップ」のことです。

35 この NPO 法立法の事例紹介は、あくまでも松原視点で再構成しています。

NPO 法の立法過程には、とても多くの人が関係しています。一緒に活動した人、協力者、シーズ以外でも法案を推進した人も多く、それぞれが違う物語と視点を持っています。なので、あくまでも松原の主観的な物語であることはご了解ください。松原に見えていないことも多いのです。また、多くの人名は省略しています。これは、この話が協力のテクノロジーの活用を解説することが目的で、立法過程の松原の経験を話すのが目的ではないからです。

また、同じ理由で、様々な試行錯誤や失敗をかなり省いています。一見スムーズに協力のテクノロジーが活用されたように読めるかもしれませんが、実際はやってはやり直しの連続でした。NPO 法立法を始めた段階で、松原は協力のテクノロジーについてはまるで分かっていなかったのです。したがって、あくまでも現在から見た事実の再構成であり、時間軸としては正確でないところがあります。ご了解ください。もう一つ、NPO 法立法過程でのいくつかの重要な出来事も省略されています。立法経過の記録にはなっていません。これも、協力のテクノロジーの解説に主眼が置かれているためだとご理解ください。

36 東ティモールの独立運動を支援する東京東チモール協会のボランティア事務局長をしていました。

37 NPO 法の詳しい立法経緯に関しては、『ロビイングの政治社会学—NPO 法制定・改正をめぐる政策過程と社会運動』（原田峻著、有斐閣、2020）や『政策形成と NPO 法—問題、政策、そして政治』（小島廣光著、有斐閣、2003）を参照してください。

38 「有償ボランティア」に関する議論はありますが、ここでは扱いません。

39 正式には「ストップ！18 省庁連絡会議」というものでした。

40 正式名称を「市民活動の制度に関する連絡会」と言います。

41 正式名称を「NPO/NGO に関する税・法人制度改革連絡会」と言います。

42 メンバーシップモデル、マネジメントモデルの整理は、スコッチポル『失われた民主主義』（河田潤一訳、慶應義塾大学出版会、2007）の整理をベースに、日本の現状に合わせて修正しています。

43 内閣府 HP「PPP/PFI とは」
https://www8.cao.go.jp/pfi/pfi_jouhou/aboutpfi/aboutpfi_index.html。

44 自治体の統治組織を指す場合、行政組織と議会の二つがあることから「地方政府」と呼ぶのが適切である、とも言われます。確かにそうなのですが、ここでは、正確とは言えないのですが、分かりやすさを重視して、地方議会も自治体行政に含めています。

45 2018 年 10 月 29 日イギリス財務省発表の政策声明「Budget 2018 Private Finance Initiative (PFI) and Private Finance 2 (PF2)」。

46 リチャード・G. ウィルキンソン、ケイト・ピケット『平等社会　経済成長に代わる、次の目標』（酒井泰介訳、東洋経済新報社、2010）。

47 OECD 日本語ニュースレター「特集：格差と成長 2014 年 12 月」。

48 マルチステークホルダープロセスとは、三者以上の異なる関係者、たとえば、国、企業、NPO などが、開かれた状況で対等に、合意形成や意思決定などをしていくことです。

49 もっとも、もっぱら軍事的な目標であり、古典期アテネの民主政は軍事民主主義とも呼ばれています。

50 トクヴィル『アメリカの民主主義　第 2 巻』（松原の翻訳による）。

あとがき

　はじめて私（大社）が松原と会ったのは、まだインターネットが普及していない 1990 年代の前半、品川駅近くの区民会館のようなところで催された市民活動団体や NGO の集まりだった。

　当時、私は、大学をベースに「旅先で学ぶ」という特殊なプログラムを展開する米国の NPO、Elderhostel inc.（現・Road Scholar）の日本における提携団体で旅の仕事に従事していた。90 年代前半といえば、日本ではバブル経済の崩壊があり、世界に目を向けると、湾岸戦争・東西ドイツの統一・ソビエト連邦の崩壊・EU の誕生など激動の時代だったことを思い出す。

　振り返ると、日本経済が成長のピークに向かう 1980 年代、円高ドル安に誘導するプラザ合意があり、製造業は海外現地生産に舵を切ることになる。貿易摩擦の代表的な相手国だった米国では、レーガン政権が小さな政府を志向し、大幅な減税とともに寄付金の控除額引き上げを行っていた。国家の役割を縮小し、公共部門を民間（非営利活動を含む）に担わせる流れであり、英国においても、サッチャー政権が電気・ガス・水道・鉄道など公共部門の民営化を推し進めていた。そして日本においても、電電公社や国鉄の民営化が中曽根政権のもとで進められ、いわゆる新自由主義的な政策が世界的に広がっていく時代であった。

　こうした 90 年代の初頭、米国に進出した現地法人が地元 NPO から寄付要請を受け日本の本社に判断を仰ぐといった出来事もあり、経団連が米国に調査ミッションを派遣し、1％クラブを作り、企業メセナ協議会ができるなど、企業市民・市民公益活動・NPO/NGO といった言葉とサードセクターへの関心が高まりをみせるようになっていく。そして、1995 年の阪神淡路大震災を契機にボランティアの重要性が広く認識されるようになり、NPO 法成立に向けた動きが加速していったのである。

　私は、松原およびシーズの立法活動に積極的にかかわったわけではなかった。たまに集まりに顔を出しては話を聞く程度で、東日本大震災の時、新宿のシーズ事務所の片づけや引っ越しを手伝う程度だった。そんなゆるい友人関係だった大社と松原が、この本を制作しようと考えた動機と出版に至る経緯について大社の目線から記しておきたい。

　この本に記される「協力のテクノロジー」は、特別な権力や財産や人脈がない人でも世界を変えることができる、そのための方法論である。この条件からいうと、私の場合は、権力もお金もなかったが、人脈だけはあったことで、ある変革への道筋を作ることに貢献できたと言える。

　ここ10年ほど取り組んでいるDMO形成は、昭和から続く「観光行政×観光協会」という従来の地域観光の体制を見直し、行政職員に代わり専門性の高い人材が地域観光の舵取りを担うことで、より効果的に地域の発展に貢献できる体制に転換を図ることを目指すものである。

　前述の通り、80年代後半から補助金を貰わない事業型の民間非営利団体（NPO）に従事していたため、霞ヶ関や永田町との縁は皆無だった。しかし2000年代に入ると、小泉政権が「観光立国」を打ち出し、地域主導型観光への関心が高まることで国交省（観光庁）との縁が生じる。2009年には民主党政権が誕生し、後輩にあたる前原誠司国交相に声をかけられ「成長戦略会議」委員として観光圏整備法の改訂などを通してDMO政策につながる動きに取り組んだ。2012年に自民党が政権に返り咲くと、政府からは声がかからなくなるが、人のつながりを辿っては、観光庁がダメなら経産省、霞ヶ関がダメなら永田町、と「ひとりロビー活動」を続けていた。

　2014年春、懇意にしていた先輩の伊藤達也衆院議員が「ローカルアベノミクス自民党案」のとりまとめを担っていることを知り、政策調査会で説明をさせてもらい同案に「DMO」「観光まちづくり」の単語を書き入れてもらった。外遊の際には米国DMOの視察に協力するなどしていたところ、9月に内閣府に「まち・ひと・しごと創生会議」が設置され、国を挙げた地方創生が始まる。偶然といえば偶然かもしれないが、その伊藤さんが石破茂地方創生相の補佐官に就いたことから同会議の委員として内閣府や観光庁とともにDMO政策を進めることになった。

　政府が進める地方創生の真っただ中にいた2015年、事業構想大学院大学のプロジェクト研究を担当することになり、合わせて授業も受けもった。テーマは「観光と地域活性化（観光地域経営）」だが、最大の問題意識はその「手法」にあった。企業経営の理論や手法については専門家や著作物が巷に溢れている。しかし地域経営に関しては、一般化された理論や手法が見当たらな

かった。

　観光地域づくりの現場では、観光カリスマと呼ばれる飛び抜けた能力を持つ逸材が属人的なやり方で観光地域づくりをリードしてきた歴史があるが、そんなカリスマたちも体系的に教育を受けた経験はない。カリスマの話を聞くことが無意味とは思わないが、次世代育成には不十分と感じていた。なぜなら、若い人にとって年配者の経験談は、時として自慢話に聞こえるだけでなく、「あの人だからできた」「特殊な環境があったから上手くいった」という印象を与えかねないからだ。

　地域に飛び込んで活動しようとする次世代の学びに適した教材について頭を悩ませていた時、ふと思い浮かんだのが、同世代でもっとも尊敬する人物の１人、松原明だった。

　立法過程は政治そのものであるが、地域経営（マネジメント）もまた政治的要素が求められる営みであり、松原の経験を言語化して整理し、汎用性あるカタチ（手法）に構築できるかもしれない、そしてそれが地域経営の手法として活用できるかもしれない、という仮説（妄想）が浮かんだのである。さらに、かねてより NPO 法立法過程における彼の経験は文字に残しておく必要があると強く感じていたこともあり、それを実現するチャンスでもあった。

　久しぶりに連絡して、その趣旨を説明し、快諾を得たことで、新たな試みの授業と本の制作が動きだした。2015 年秋のことなので書籍になるまで 6 年の歳月を要したことになる。

　当時のシラバスには、以下のような内容（要約して転載）が記されている。

　私たちは、社会に有意義な変化をもたらすことは誰もができることだと考えています。ただし、そのためには正確な状況判断のもとに合理的な方法により手順を踏んでプロジェクトを進めていく「技術」が必要となります。社会変革を進めるためには方法論があり、その考え方や組み立て方を理解することが不可欠なのです。（中略）ソーシャルな活動は、特別な才能を持った人だけが実現できるものではなく、現実社会の仕組みや利用可能なツール、事業推進の方法論を学ぶことで、誰もが実現可能な取り組みなのです。「地域社会」に有意義なインパクトを与える公共性の高いビジネスやプロジェクトを企画立案し、実行に移していくための技術を学びましょう。

「われわれ世代が 10 年かかったことを、これを学ぶことで次世代は 1〜2 年でできるようになること」を一つの目標に、NPO や地域づくりのリーダーを招いてはケーススタディを行い議論を深めていった。しかしながら、原稿制作は順調には進まなかった。当初、「技術」という言葉を使っていたが、技能と技術、テクニックとスキルなど言葉の定義をどうするかに始まり、次第に議論しても整理がつかなくなって暗礁に乗り上げ、時間だけが過ぎていくこともあった。

　2 人で議論することに限界を感じていた頃、松原から「トヨタ財団の助成が決まった」と連絡が入った。松原は、相談するより先に自分で決めて前に進めるタイプで、松原がやりたいようにやる以外、本の完成はないと確信し、その後は流れに任せることにした。トヨタ財団の助成による研究会、観光地マネジメントのセミナーや授業での講義、オンラインおよび各地での講演などを通して、原稿の内容が整理されていった。研究会の最初の頃は、参加者の頭に、はてなマークが飛んでいたことを思うと、よくここまでまとまったものだと感慨深い（松原本人は未だ不十分と思っているだろうが）。

　NPO（DMO 等を含む）や自治体に必要とされる 2 種類のマネジメント、特に関係者（地域）マネジメントの部分はかなり議論したが、最終的にこの本の原稿の 9 割方は松原が執筆した。本書における問題意識や世界の見方について、松原と考えを同じくしていることは間違いないが、第 29 章の PPP 等における松原の記述とは、少し異なる見解を有していることだけは付記しておきたい。

　NPO 法制定に向けた自身の取り組みについては、本人に美学があるのか頑として書こうとしなかったが、結局、Part 4 に詳述されている（これは嬉しい誤算）。一方、私の作業は、協力のテクノロジーが地域経営（マネジメント）に援用可能な手法であるということを、事例を交えて書き加えていくことだった。また、それと並行して松原が書いた原稿の編集を担うことでもあった。

　出版にあたり文字数に制約があり、原稿を大幅に削ったり、分かりにくい部分を書き直したりしたが、その度に軋轢が生じた。直した原稿を松原に戻すと新たな話が追加されて戻ってくるなど極めてストレスの高い作業が続き、青筋となった額の血管がプツンと音をたて、右手の拳が石のように固まることは、一度や二度ではなかった。

こうした２人に根気強く伴走してくれた学芸出版社の前田裕資さんには頭が上がらない。通常の本を出す時の何倍もの時間と労力を割いていただいた。前田さんが社長のうちに、その名前が発行人の欄に記されることを目指したが、これも実現できなかった。心からのお詫びとともに、深くお礼を申し上げたい。

　最後に30年ほど昔に遡って現在の問題意識を記しておきたい。

　米国から大学開放（ユニバーシティ・エクステンション）の専門家を招聘し、その取り組みを学ぶセミナーを開催した時のことである。名だたる大学の副学長や事務局長が参加する中、大学開放の意義や学校経営に与えるメリットなど実例に基づき詳しく解説してもらった。

　セミナーを終え、彼女をホテルへ送る車の中で、次のような会話があった。

「参加者の反応はどうだったかしら」

「講演はとても良かった。みなさん勉強になったと喜んでいたよ。
　ただ、日本では法律の壁があるので難しいとか話していたかな…」

「どうして難しいの？」

「えっ、どうしてって……」

「簡単な話よ。日本の主要大学の偉い人があれだけ集まっているんだから、
　みんなの意見をまとめて法律を変えれば良いだけじゃない」

　言葉に詰まったというより、返す言葉が見つからなかった。

　そもそも法律を作ったり変えたりするのは政治家や官僚の仕事で、一般市民や民間企業のやることではないという固定観念があったかもしれない。ちょうど松原とはじめて出会った頃の出来事であり、それから30年以上の歳月が流れているが、はたして「それは○○があるからできない」という固定観念から日本（日本人）は解放されただろうか。

　私の携わる分野では、決裁権者が学ぶことなく、現状を変えたくないことで、まったく変革が進まないという壁にぶち当たっている。決裁権者の多くは、変革を避け、「自分の知っていること」「自分のできること」「自分のやりたいこと」だけをやり続けて役職を逃げ切ろうとする。

　新型コロナ感染症が広がる前の2019年、観光庁の仕事で海外調査に行っ

た際、ヒアリングのため準備していた資料が、バルセロナ（スペイン）でも、エディンバラ（英国）でも、すでに過去のものとなっていた。変化に適応するため、わずか数年の間に組織や仕組みを改変させていたのだ。

　この本をお読みいただいた若い世代に伝えたいのは、年配者が退場しないとイノベーションは困難という有力な説もあるものの、協力のテクノロジーは、組織や地域づくりにおいても有効性が高く、万が一、組織や地域に見切りをつけようと思ったり、権限を持つ年配者を「ボス〇〇〇」といって諦める前に、一度で良いので決裁権者との相利性を検証して変革へのチャレンジをしてみてほしい。

　そして自戒を込めて、私たち世代は「自分は分かっている」と過去だけに頼ることを辞め、時に勇気をもって自分の慣れ親しんだやり方を手放し、現実に照らし合わせながら変革し続けることを心掛けたい。NPO法ができたからといって世の中が急に良くなるものでもなく、観光庁にDMO登録したからといって観光客が増え地域が良くなるという話ではない。制度や仕組みとともに、その本質を理解したうえでの適切な運用が伴わなければ、現実的な変革は進まないのである。

　「協力のテクノロジー」は、松原流の言葉を借りれば、松原明が発想した新しい「道具」であり、それを活用しながら、より使い勝手の良い道具に進化・発展させていくことが大切である。読者のみなさんには、「一人の百歩より百人の一歩」の考え方に沿って、協力のテクノロジーに対する率直なご意見や、道具として使った時の感想など、ぜひともお聞かせ願いたい。この本をきっかけに、より良い世界を作る手法についての議論が深まり、いずれ確立されていく一助になれば幸いである。

2022年2月

謝辞　　　　　　　　　　　　　　　　　　　　　松原 明

　この本は、「協力のテクノロジー」の入門書として書きました。考えや価値観が異なる多様な人々がいかにしてより良い協力関係を築いていけるかについて、その具体的な技法を説明するものです。

　テクノロジーと名付けたのは、単に技術の集合にとどまらず、そもそも協力とは何かから説明し、協力のための技術を体系的にまとめていったものだという点にあります。

　執筆においては、途中で分量が多くなりすぎたために大幅に削減し、基礎的な部分だけの紹介になっています。多くの技法やフレームワークが紹介しきれなかったこと、協力構築サイクルの回し方を丁寧に説明できなかったこと、そして何より、合力の原理的な解説と歴史編をカットせざるを得なかったことは、松原としては残念な点です。

※

　さて、この協力のテクノロジーは、大社との6年にわたる議論、そして各地で呼ばれて講演をしていく中で、参加者に発展途上のアイデアを発表しながら、練り上げられていきました。有意義なテーマで松原を招いていただいた以下の方々に厚くお礼を述べたいと思います（重複している人は、代表的なものにまとめさせていただきました）。

　「松原流市民社会論」の鈴木崇弘さん、岡本仁宏さん、永田賢介さん、柏木登起さん。「NPO2.0」の上土井章仁さん、福島貴志さん、秋澤徹さん。「コミュニティは求められていない」の吉澤卓さん。「そもそも市民社会って何ですか？」の津富宏さん、深野裕士さん。「読まずに参加できる読書会」の細川甚孝さん。「グラスルーツスクール」の谷隼太さん。「再考・NPOの存在意義と日本のNPO・コミュニティ政策」の出口正之さん。「新自由主義対抗戦略」と「社会的にゃんぱくと評価」の小池達也さん、野尻智周さん、下田恭子さん。「これからの市民活動と中間支援」の川島紀之さん、今枝久さん。「NPOは社会とつながっていますか？」の平尾剛之さん。「ボランティアはネコ？ならばどうマネジメントできるのか？」の早瀬昇さん。「ポストコロナ時代の社会と市民活動」の実吉威さん、松田康之さん、細谷崇さん、小嶋新さん、村上桂太郎さん、坂西卓郎さん、野崎隆一さん、津久井あゆみ

さん。「社会的にゃんぱくと評価を学ぼう」の河内山信一さん、阿部圭宏さん（「社会的にゃんぱくと評価」は「相利評価」の愛称で、松原はもっぱら講演ではそちらを使っています）。日本NPOセンター・シーズ・まちぽっとによるNPO法20周年記念のイベントで松原を呼んでいただいた東京実行委員会、東北実行委員会、北信越実行委員会、関西実行委員会、九州実行委員会の皆様。また、事業構想大学院大学で、大社と松原の授業を受けていただいた学生の方たちにも感謝いたします。あの授業での皆さんとのやり取りがこの本の起点となっています。

　2020年夏に行われた「協力のテクノロジー勉強会」では43名の参加者を得て、協力構築サイクルを発表しました。この事務局を務めていただいた池本桂子さん、中原美香さん、大庭勇さんにはこのテクノロジーの整理をお手伝いいただきました。渡真利紘一さん、福島貴志さん、津富宏さん、小和田尚子さん、深野裕士さん、戸田美雅さんには、実践例として俎上に上っていただいきました。また、研究会では、その他に、池本修悟さん、石井雅章さん、井上広之さん、今枝久さん、植村友美さん、岡幸江さん、小倉有美子さん、鬼澤秀昌さん、喜田亮子さん、小池達也さん、西郷民紗さん、下田恭子さん、鈴木平さん、高戸祥子さん、田中沙知さん、田中雄一郎さん、冨田昌吾さん、鳥居亜佑美さん、永田賢介さん、中村陽一さん、野尻智周さん、濱田千夏さん、早瀬昇さん、藤井敦史さん、藤本正明さん、細川甚孝さん、村上桂太郎さん、森山誉恵さん、雪松直子さん、吉澤卓さんに、貴重なフィードバックをいただきました。

　皆様には心より感謝しています。

　貴重な事例を教えていただいた、富永一夫さん（元NPOフュージョン長池）、田所喬さん（NPOフュージョン長池）、小田泰久さん（楽笑）、鶴田浩一郎さん（ハットウ・オンパク）、村上健太郎さん（NPO砂浜美術館）、松居秀子さん（鞆まちづくり工房）、目加田説子さん（地雷廃絶日本キャンペーン）、石橋昌文さん（ネスレ日本）にも深く感謝いたします。

　そして、シーズの準備会から活動の終了まで、活動をともにしたスタッフ、理事・監事、顧問、会員、ボランティア、寄付者、協力者や関係者の皆様には、心から感謝いたしています。この協力のテクノロジーは、皆さんとともに作ってきたものに他なりません。

　本の草稿時点で読んでいただき貴重なご意見をいただいた藤井敦史さん、原田峻さん、石井雅章さん、米田佐知子さん、小池達也さん、永田賢介さん、吉澤卓さん、池本桂子さん、中原美香さん、大庭勇さん、鈴木歩さんにも深くお礼を申し上げます。

　この本は、公益財団法人トヨタ財団の助成プロジェクトの成果の一環として作られました。トヨタ財団の助成がなければ、この本は完成にこぎつけるのは難しかったと思います。このプロジェクトへの助成をいただいたトヨタ財団、および担当していただいた大野満さん、武藤良太さん、鷲澤なつみさん、元トヨタ財団で助成のきっかけを作っていただいた喜田亮子さんに厚く感謝いたします。

　最後に、なかなか進まない本の完成を粘り強く待っていただき、多くの有益なアドバイスとともに編集の労を取っていただいた学芸出版社の前田裕資さん、すてきなイラストを描いていただいた美馬智さんに深く感謝いたします。

2022 年 2 月

本書の HP ｜ 関連のセミナーなどもご案内しています
https://book.gakugei-pub.co.jp/gakugei-book/9784761528126/

特 典 ｜ 白紙の相利評価表等をご利用いただけます
｜ 下記ページよりお申込みください
https://book.gakugei-pub.co.jp/campaign/4761528125/

松原 明（まつばら あきら）

協力世界代表。
1960 年大阪府豊中市生まれ。神戸大学文学部哲学科社会学専攻卒。広告制作会社、フリーランスのコピーライター、事業開発コンサルタントを経て、1994 年、NPO 法立法を推進するシーズ＝市民活動を支える制度をつくる会を創設。NPO 法、認定 NPO 法人制度、NPO 法人会計基準、寄付税制拡充などの制度創設・改正を推進。また、多くの自治体の NPO との協働制度創設にも携わる。NPO 支援財団研究会、日本ファンドレイジング協会、東日本大震災支援全国ネットワークなどの創設にも携わった。現在、協力のテクノロジーの開発普及を行う「協力世界」を主宰している。
著書に『NPO 法人ハンドブック：特定非営利活動法人設立のための検討事項』、共著に『「国家」の限界が見えてきた。』『NPO 法コンメンタール—特定非営利活動促進法の逐条解説』『NPO はやわかり Q&A』。

大社 充（おおこそ みつる）

芸術文化観光専門職大学教授／NPO 法人デスティネーション総研（DMO 推進機構）理事長。
1961 年宝塚市生まれ 1985 年京都大学卒。1987 年よりエルダーホステル協会創設に参画。海外約 30 カ国、国内 100 以上の地域で体験交流型プログラムの企画運営を行う。2007 年日米の元兵士による親善野球試合をハワイで開催。観光まちづくりの人材育成研修（日本観光協会主催）を全国 80 以上の地域で実施。2009 年国土交通省「成長戦略会議」委員として観光地域づくり政策に携わり、2011 年「DMO 推進機構」設立。2014 年内閣官房「まち・ひと・しごと創生会議」委員として DMO 政策を主導。京都大学経営管理大学院では「デスティネーションマネジメント論」を担当。観光地域経営の概念整理と手法開発、「観光が地域に与えるインパクト」の調査・評価に取り組む。学生時代は、アメリカンフットボール部 QB として京大初の全国制覇に貢献し「年間最優秀選手賞」受賞。
主な著書に『体験交流型ツーリズムの手法』『奇跡のプレイボール』『地域プラットフォームによる観光まちづくり』『DMO 入門』

協力のテクノロジー　関係者の相利をはかるマネジメント

2022 年 4 月 10 日　　第 1 版第 1 刷発行
2024 年 6 月 20 日　　第 1 版第 3 刷発行

著者	松原 明・大社 充	編集	前田裕資
発行者	井口夏実	装丁・DTP イラスト	美馬 智
発行所	株式会社 学芸出版社	印刷・製本	モリモト印刷株式会社
	京都市下京区木津屋橋通西洞院東入		
	電話 075-343-0811　〒 600-8216		
	http://www.gakugei-pub.jp		
	E-mail info@gakugei-pub.jp		

Ⓒ Akira Matsubara, Mitsuru Okoso 2022　Printed in Japan　　ISBN 978-4-7615-2812-6